SOS BRASIL

Blucher

S.O.S Brasil
Atendimento psicanalítico gratuito para bebês, crianças, adolescentes e cuidadores

FEBRAPSI
FEDERAÇÃO BRASILEIRA DE PSICANÁLISE

SOS BRASIL

Atendimento psicanalítico emergencial

Organizadora

Alicia Beatriz Dorado de Lisondo

SOS Brasil: atendimento psicanalítico emergencial

Editora Edgard Blücher Ltda.

Publisher Edgard Blücher
Editores Eduardo Blücher e Jonatas Eliakim
Coordenação editorial Andressa Lira
Produção editorial Mariana Naime
Preparação de texto Luciana Duarte
Diagramação Thaís Pereira
Revisão de texto Maurício Katayama
Capa Laércio Flenic
Imagem da capa Futebol em Brodósqui, Cândido Portinari, 1935

Blucher

Rua Pedroso Alvarenga, 1245, 4º andar
04531-934 – São Paulo – SP – Brasil
Tel.: 55 11 3078-5366
contato@blucher.com.br
www.blucher.com.br

Segundo o Novo Acordo Ortográfico, conforme 6. ed. do *Vocabulário Ortográfico da Língua Portuguesa*, Academia Brasileira de Letras, julho de 2021.

Dados Internacionais de Catalogação na Publicação (CIP)
Angélica Ilacqua CRB-8/7057

SOS Brasil: atendimento psicanalítico emergencial / organizado por Alicia Beatriz Dorado de Lisondo. – São Paulo: Blucher, 2023.

p. 366

Bibliografia
ISBN 978-65-5506-570-1

1. Psicanálise 2. Saúde pública I. Lisondo, Alicia Dorado de II. Série

23-4673 CDD 150.195

Índices para catálogo sistemático:
1. Psicanálise

Equipe de edição

Alicia Beatriz Dorado de Lisondo

Ângela Fleck Wirth

Marly Terra Verdi

Lazslo A. Ávila (coordenador)

Raya Angel Zonana

Susana Muszkat

Thalita Salomão Rodrigues Alves

Colaboradores

Alicia Beatriz Dorado de Lisondo, analista didata e docente da Sociedade Brasileira de Psicanálise de Campinas (SBPCamp) e da Sociedade Brasileira de Psicanálise de São Paulo (SBPSP). Analista de crianças e adolescentes pela International Psychoanalytical Association (IPA).

Ângela Fleck Wirth, membro associado da Sociedade Psicanalítica de Porto Alegre (SPPA). Participante do ateliê coordenado por **Rosa Sender Lang**, membro efetivo, docente e didata da Sociedade Psicanalítica do Rio de Janeiro (SPRJ).

Anne Maria Pflüger, membro associado da Sociedade Psicanalítica de Porto Alegre (SPPA) e do Grupo de Estudos Psicanalíticos de Santa Catarina (GEP-SC).

Celina Sforza, membro da Clínica de 0 a 3 – Intervenção nas relações iniciais pais-bebê, da Sociedade Brasileira de Psicanálise de São Paulo (SBPSP).

Cláudia Janette Boutros Carvalho, membro filiado do Instituto do Grupo de Estudos de Psicanálise de Rio Preto e Região (GEP Rio Preto).

Denise de Souza Feliciano, membro associado da Sociedade Brasileira de Psicanálise de São Paulo (SBPSP). Participante do ateliê coordenado por **Maria de Lourdes Negreiros Lima**, membro efetivo e didata da Sociedade Psicanalítica de Fortaleza (SPFor).

Denise Vivian da Rocha Lahude, membro aspirante do Instituto da Sociedade Psicanalítica de Porto Alegre (SPPA). Participante do ateliê coordenado por **Anne Maria Pflüger.**

Dinora Borges Rodrigues Maricevich, membro efetivo da Sociedade Psicanalítica do Recife (SPRPE), analista de crianças e adolescentes (IPA). Participante do ateliê coordenado por **Joice Calza Macedo**, membro efetivo da Sociedade Brasileira de Psicanálise de São Paulo (SBPSP) e analista didata pela Sociedade Brasileira de Psicanálise de Campinas (SBPCamp). Analista de crianças e adolescentes (IPA).

Edilene de Lima, psicóloga, formação em psicanálise pelo Grupo de Estudos de Psiquiatria, Psicologia e Psicoterapia da Infância (GEPPI).

Haydée Augusto Brito, membro efetivo e didata da Sociedade Psicanalítica de Fortaleza. Participante do ateliê coordenado por **Rosa Sender Lang.**

Juliana Venancio Impieri, membro associado da Sociedade Brasileira de Psicanálise de São Paulo (SBPSP). Participante do ateliê coordenado por **Raya Angel Zonana.**

Lazslo Antônio Ávila, psicólogo, formação em psicanálise pelo Centro de Estudos Freudianos (CEF), livre-docente da Faculdade de Medicina de São José do Rio Preto.

Marly Terra Verdi, membro efetivo e analista didata da Sociedade Brasileira de Psicanálise de São Paulo (SBPSP) e do Grupo de Estudos Psicanalíticos de São José do Rio Preto e Região (GEPRPR).

Monica Povedano, membro da Clínica de 0 a 3 – Intervenção nas relações iniciais pais-bebê, da Sociedade Brasileira de Psicanálise de São Paulo (SBPSP).

Raya Angel Zonana, membro efetivo e docente da Sociedade Brasileira de Psicanálise de São Paulo (SBPSP).

Susana Muszkat, membro efetivo e docente da Sociedade Brasileira de Psicanálise de São Paulo (SBPSP).

Sérgio Lewkowicz, membro efetivo com função didática da Sociedade Psicanalítica de Porto Alegre (SPPA). Participante do ateliê coordenado por **Raya Angel Zonana.**

Tatiana Bitelman, membro associado da Sociedade Brasileira de Psicanálise de São Paulo. Participante do ateliê coordenado por **Maria Auxiliadora Campos**, membro efetivo da Sociedade Brasileira de Psicanálise de Ribeirão Preto.

Thalita Salomão Rodrigues Alves, membro aspirante do Instituto da Sociedade Psicanalítica de Porto Alegre (SPPA).

Agradecimento aos supervisores

Aos nossos analistas sêniores, convidados durante os anos 2021, 2022 e 2023.

Nosso profundo agradecimento pela generosa colaboração em discutir nas Reuniões Científicas dos domingos, das 10 às 12 horas, as situações clínicas apresentadas e pelas contribuições teóricas e da *techné* para aprimorar os fundamentos epistemológicos deste Projeto SOS Brasil emergencial e gratuito.

Nem todas as reuniões já realizadas estão publicadas neste livro. A falta de consentimento dos pacientes apresentados em reuniões cientificas que aqui não figuram, supervisionadas por: Fernando Gomez, Mauro Hegenberg e Ricardo Reali, nos exige zelar pelo sigilo e respeito ético. Helí Morales nos apresentou uma interessantíssima e triste situação clínica de uma menina mexicana.

Esses colegas nos têm oferecido, muito além da experiência aprimorada e dos conhecimentos dela derivados, um modelo de identificação, precioso legado a replicar!!

A paixão pela psicanálise e o compromisso de semear nossa ciência-arte na comunidade, além dos limites da prática privada, nos têm permitido transformar o sofrimento em um saber em expansão.

O trabalho clínico realizado com bebês, crianças, adolescentes e adultos do entorno que, em vez de se nutrir em ambientes sociais, econômicos, culturais e familiares suficientemente bons para construir sua subjetividade, são às vezes despojados da condição humana nos permite aprender dia a dia sobre a força de *Eros*, a vigência do tropismo criativo, a vitalidade da preconcepção psicanalítica da personalidade desenvolvida em cada sessão, a força da resiliência desses seres. Também sobre o poder e as limitações da psicanálise.

Muito obrigado a todos por tudo!!!

Fabiana Alejandra Isa, Universidade de Buenos Aires

Fernando Gomez, Associação Psicanalítica de Buenos Aires (APA)

Gianna Williams, British Psychoanalytical Society

Helí Morales, Universidade de Paris

Mauro Hegenberg, Instituto Sedes Sapientiae

Mônica Cardenal, Associação Psicanalítica de Buenos Aires (APdeBA) e International Psychoanalytical Association (IPA)

Patrícia Schoueri, Sociedade Brasileira de Psicanálise de São Paulo (SBPSP)

Ricardo Reali, Associação Psicanalítica Chilena e British Psychoanalytical Society

Suzanne Maiello, International Psychoanalytical Association (IPA)

Yolanda Gampel, Sociedade de Psicanálise de Israel

Biografia dos supervisores, integrantes do Projeto SOS BRASIL

Yolanda Gampel, Ph.D., professora da Faculdade de Ciências Sociais, Departamento de Psicologia, Universidade de Tel-Aviv. Analista por formação e ex-presidente da Sociedade Psicanalítica de Israel, vice-presidente, Federação Europeia de Psicanálise (2001–2005), representante da IPA para a Europa no Conselho da IPA (2007–2011). Recebeu o Prêmio Hayman Internacional por trabalhos publicados relacionados a crianças e adultos traumatizados, 2001, e o Prêmio Mary S. Sigourney, 2006-2005. Atua como pesquisadora e psicanalista no campo do impacto da violência sociopolítica em crianças e adolescentes.

Gianna Williams, analista de adultos e crianças da British Psychoanalytical Society e ex-consultora de psicoterapeutas de crianças e adolescentes na clínica Tavistock, trazendo da referida clínica os cursos de psicoterapia infantil, adotado em cinco escolas italianas. Atualmente é psiquiatra infantil na Universidade de Pisa e consultora na ONG Juntos con los Niños organização para meninos de rua no México.

Suzanne Maiello, membro fundador e ex-presidente da AIPPI (Associação Italiana de Psicoterapia Infantil Psicanalítica), membro docente e supervisora do programa de treinamento de pós-graduação modelo AIPPI Tavistock, pertence ao corpo docente do Mestrado em Estudos Observacionais Psicanalíticos (Universidade de Essex, Reino Unido), membro do INSPIRA, além de ganhadora do Prêmio Memorial Frances Tustin e coautora de livros e autora de publicações sobre estados mentais primitivos, traumas precoces, ruptura do desenvolvimento psíquico, estados autistas.

Fabiana Isa, bacharel em Psicologia, graduada pela UBA com Diploma de Honra, além de especialista em Psicologia Clínica Infantil e Juvenil. Professora associada e idealizadora da Prática Profissional "Acolhimento e Adoção, promovendo intervenções com crianças desfavorecidas e avaliação dos pais" na Faculdade de Psicologia-UBA. É supervisora da equipe de Casal e Família do Centro de Saúde Mental Ameghino, coautora do livro *Apoyo y adopción familiar* da Editorial Espacio e tem publicado um podcast para adoção chamado "Finding us" (Spotify).

Mônica Cardenal, psicanalista com função didática na Associação Psicanalítica de Buenos Aires, presidente do Comitê Global de Assistência a Crises e Emergências (PACE-IPA) e consultora da Comissão de Psicanálise de Crianças e Adolescentes (COCAP-IPA). Professora associada de Pós-Graduação na Especialização em Psicologia e Psiquiatria Infantojuvenil do Instituto Universitário do Hospital Italiano e coordenadora do Seminário de Observação do Bebê, Método Bick, no mesmo hospital. Assessora acadêmica e supervisora no trabalho realizado com crianças e adolescentes em situação de rua e jovens refugiados, pela Fundação JUCONI, Puebla, México.

Patrícia Schoueri, mestre, doutora em psiquiatria pela Faculdade de Medicina da Universidade de São Paulo e coordenadora do Grupo de Psicoterapia Breve de Orientação Analítica do Serviço de Psicoterapia do Instituto de Psiquiatria do HC-FMUSP. Membro associado da Sociedade Brasileira de Psicanálise de São Paulo (SBPSP).

Fernando Gomez, médico especialista em Pediatria e Psiquiatria. Membro e psicanalista de crianças e adolescentes da Associação Psicanalítica Argentina (APA), FEPAL e IPA. Copresidente para a América Latina do Comitê de Psicanálise da Criança e do Adolescente (COCAP-IPA). Delegado do departamento da Criança e do

Adolescente (APA) na Área da Infância e Adolescência (FEPAL). Diretor do departamento da Criança e do Adolescente "Arminda Aberastury" da APA. Membro do Conselho Consultivo da Direção Geral de Saúde Mental (DGSAM) do Governo da Cidade de Buenos Aires. Parceiro junto ao Departamento de Psiquiatria Infantil do Hospital de Crianças Doentes/Toronto-Canadá.

Mauro Hegenberg, médico, especialista em Psicoterapia Breve pela Universidade de Lausanne, Suíça, professor e coordenador do curso de Psicoterapia Breve Psicanalítica de Casal e de Família do Instituto Sedes Sapientiae. Fundador e supervisor do Núcleo de Atendimento e Pesquisa da Conjugalidade e da Família (NAPC), da Clínica Psicológica do Instituto Sedes Sapientiae. Autor dos livros *Borderline*, *Psicoterapia breve psicanalítica* e *Psicoterapia breve psicanalítica de casal*, publicados pela Editora Artesã.

Helí Morales, Ph.D., recebeu o Prêmio Sigourney 2020, concedido pela Sigourney Trust Foundation, EUA, pelo reconhecimento de sua carreira ao longo de dez anos, promovendo a psicanálise em diferentes áreas da vida social. Estudioso da psicanálise, direcionou seu trabalho para a criação de escolas, permitindo o acesso ao estudo da psicanálise e à formação de psicanalistas com rigor teórico. Busca a aplicação clínica da psicanálise a populações vulneráveis e de baixa renda, como mulheres em situação de violência letal, familiares de desaparecidos e vítimas indiretas de feminicídio. Idealizador, junto com outros colegas, da Fundação Social de Psicanálise, por meio da qual três Casas de Escuta Psicanalítica foram instaladas até o momento: em Oaxaca, Cidade do México e Cuernavaca, além de outras prestes a serem inauguradas em Puebla e Tlaxcala. Fundador da Escola de Letras Psicanalíticas no México em 2014. Doutor em Filosofia e Ciências Sociais pela Escola de Estudos Avançados em Ciências Sociais de Paris e mestre em Psicanálise e Campo Freudiano na Universidade de Paris.

Ricardo Readi, Asociación Psicoanalítica Chilena / British Psychoanalytic Society. Hospital Cassel, Londres. Co-chair para América Latina do Comité IPA para la Asistencia Psicoanalítica en Crisis y Emergencias Internacionales (PACE).

Conteúdo

Prólogo

Alicia Beatriz Dorado de Lisondo

Aos pacientes.

A esperança é o sonho do homem acordado.

Aristóteles

A ciência não é apenas uma disciplina de razão, mas também de romance e paixão.

Stephen Hawking

O Projeto SOS Brasil nasceu em janeiro de 2021. No Brasil, aumentava vertiginosamente o número de mortes causados pela falta de vacinas; pelo sistema de saúde ineficiente, mesmo com o suporte heroico oferecido pelo SUS; pelas comorbidades da população; pelas mentiras propagadas pelas autoridades sobre medicações milagrosas perigosas para a saúde, como a cloroquina; pelos ataques sistemáticos às recomendações dos profissionais da saúde sobre o uso de máscaras e a importância da vacinação quando estivesse disponível; pelo isolamento social; pelas máximas ideológicas e *slogans*, entre outros fatores. A perigosa idealização das forças destrutivas, nos discursos fanáticos, totalitários, aniquilavam a possibilidade de duvidar e pensar.

Em Manaus, em plena pandemia faltava oxigênio em consequência das atrocidades de um governo truculento e agenciador de políticas públicas tão inadequadas que chegaram a receber o qualificativo de genocida.[1] Ali, cogitava-se separar os bebês em UTI de suas mães para que recebessem atendimento em outros estados. Essa atrocidade foi impedida graças à intervenção de organismos internacionais, entre eles a ALOBB.[2]

Mãe e bebê precisam formar uma unidade indissociável após o nascimento, no momento da dependência absoluta, no dizer de Winnicott. A simbiose é fundamental para sustentar a gradual diferenciação posterior EU-NÃO EU, pela prematuridade do bebê. O contato mental, corporal, sensorial com a mãe, objeto primário, cria os alicerces psíquicos do sujeito em formação. A subjetividade é construída na intersubjetividade. O sujeito da pulsão se constitui na relação com as funções parentais, num espaço social, cultural, econômico, político, mítico, histórico.

Como cidadã, mulher, mãe, psicanalista, refleti em como transformar a indignação e revolta neste ambiente nocivo, thanatico para a formação de seres que precisariam de uma UTI psíquica, numa ação pensada. Assim surgiu a ideia de oferecer um atendimento psicanalítico a essas famílias com os bebês em risco de vida, no que se constituiu o EIXO I do Projeto SOS Brasil. Com o apoio de diversos psicanalistas, este projeto foi se estruturando, subdividindo-se em

---

1 Genocídio é uma palavra criada pelo jurista Raphael Lemkin, em 1944, derivada do grego *genos* (raça tribal) e do latim *cide* (matança). Ao se inscrever na ordem simbólica, essa palavra permite meditar sobre os crimes cometidos contra a humanidade.

2 Associação Latino-americana de Observação de Bebês.

eixos de trabalho para cada etapa do desenvolvimento, e articulando-se como um trabalho interdisciplinar, visando a atenção às múltiplas demandas da população vulnerabilizada.

A tragédia não tinha limites geográficos, ia além das fronteiras de Manaus, por isso este projeto logo se estendeu a todo o país. Organizaram-se as propostas direcionadas para as crianças (EIXO II), adolescentes (EIXO III), pais, cuidadores, profissionais da saúde, da educação e do Poder Judiciário (EIXO IV), que suplicavam por atendimento. Recentemente, também os abrigos solicitaram ajuda. O EIXO V foi criado para trabalhar com as instituições, como escolas, creches, abrigos, hospitais; cenários para a construção da subjetividade dos seres em formação.

O GRUPO CORPO, que é multiprofissional e coordenado por um psicanalista, é formado por assistente social, enfermeira especializada em amamentação, fonoaudióloga, osteopata, pediatra, psicomotricista e psiquiatra, permitindo realizar um trabalho interdisciplinar, já que as dores da alma de bebês, crianças, adolescentes, e dos seres responsáveis por propiciar-lhes crescimento mental, são complexas e multifatoriais.

O Projeto SOS Brasil, emergencial e gratuito, oferece de três a oito sessões, realizadas por psicanalistas pertencentes à Febrapsi.[3] Cada psicanalista escolhe o Eixo de atuação de sua preferência. Para a clínica de 0 a 3 anos é preciso ter formação e conhecimento do método Esther Bick de observação de bebês. Para o trabalho com crianças e adolescentes, é preciso formação específica.

Os analistas se reúnem nos ateliês de cada eixo, coordenados por um psicanalista experiente. São espaços de continência, reflexão e criatividade para pensar e zelar pela postura analítica e evitar atuações. Psicanálise é ciência e arte. Ela pode ser cultivada no

3 Federação Brasileira de Psicanálise.

espaço de cada ateliê. O novo pode surgir no exercício de uma ética da abstinência, com o aprofundamento epistemológico, a criação de recursos na *techné*, numa compreensão compartilhada no grupo, para lidar com a intensidade da experiência emocional no campo analítico, quando é preciso trabalhar na linha de fogo. O grupo funciona como um terceiro que exerce a lei para lidar com limites e discriminações.

O Projeto SOS BRASIL oferece um encontro psicanalítico, em que o paciente é um ser humano que merece receber escuta, atenção qualificada e continência, para recuperar sua dignidade e respeitabilidade, muitas vezes perdida na história singular pelos maus-tratos de sua condição social. Seres quase despossuídos de sua condição humana. Existências condenadas à mera sobrevivência. A privação do encontro com um outro significativo, suficientemente bom, na vida privada e, também, na vida pública potencializa o desamparo catastrófico. O que esperar desse outro, encarnado numa autoridade governamental, em regimes totalitários, fascistas e corruptos?

O analista é testemunha e dá legitimidade a uma experiência que estava destinada à negação, à desmentida, à alucinação negativa do trauma e da dor social. Nesta distopia selvagem, o analista oferece sua presença transformadora, sua capacidade de sonhar, de desenhar pictografias afetivas, de enunciar a palavra poética para dar forma e nomear o insuportável, no caminho da representação.

A pandemia desnudou a miséria estrutural das condições quase sub-humanas de vida psíquica. Ambientes contaminados com toxinas psíquicas radioativas que repetem, compulsivamente, a ancestralidade genética e cultural de histórias transgeracionais. Entretanto, o pedido de ajuda já é um sussurro, às vezes um grito de uma vida ainda pulsante, embora quase sepultada pelo peso dos traumas cumulativos sofridos e dos potenciais ao sofrimento. O projeto pode inscrever, mesmo num encontro, uma experiência inédita. Novos brotos de vida psíquica podem nascer ao propiciar uma revitalização, uma oxigenação, ao tecido mental esburacado pelas agonias, terrores, angústias, pânicos, desesperos transbordantes, sem representação. Mas nos fios desse tecido também há fiapos de esperança que convocam o encontro humano.

O SOS divulga a psicanálise a pacientes que nem suspeitam da existência dessa forma de auxílio, mas que vivenciam as dores da alma humana, sangrando em hemorragias existenciais. Ao despertar a preconcepção psicanalítica da personalidade dos pacientes, ao perceber clivagens narcísicas com partes da personalidade mortas pelos traumatismos sofridos, mas com potencialidades de vida, é possível oferecer aos pacientes a continuidade do atendimento psicanalítico, com profissionais e instituições da comunidade, após as oito sessões. Assim, o projeto inicia um percurso esperançoso e apresenta, propicia e encoraja o prosseguimento do caminho de transformação psíquica.

O projeto é um elo que, às vezes, quando possível, encaminha o paciente para os recursos que a comunidade oferece. A assistente social do Grupo Corpo, com persistência e responsabilidade apaixonada, busca as possibilidades para dar continuidade aos tratamentos já iniciados. O tempo cronológico dos atendimentos é limitado, mas o alcance no *après-coup* pode ser infinito.

Um adolescente falou para a sua analista:

"Me aguarda. Eu vou te encontrar. É com você que eu vou me tratar. Agora eu sei que posso estudar, posso trabalhar, posso namorar. Eu vou sair dessa religião de meu pai. Isso é uma prisão."[4]

Esse depoimento, como muitos outros que marejam nossos olhos em lágrimas e aceleram a pulsação do coração, encoraja-nos a continuar no aprimoramento do projeto. Aprendemos com esta clínica

4 Declaração do paciente adolescente do EIXO III, no ateliê coordenado por Alicia Beatriz Dorado de Lisondo.

a força de Eros, os tropismos criativos, a condição humana e suas formas desesperadas de sobrevivência, a vigência da preconcepção psicanalítica da personalidade, a capacidade de resiliência, o poder transformador da psicanálise e suas limitações. Como um *trailer*, vou apresentar sinteticamente algumas experiências clínicas discutidas nas reuniões científicas e apresentadas nos capítulos deste livro:

Um atendimento do Eixo I: ouvindo a mãe de uma filha de 2 anos, mergulhamos na tragédia do *Unheimlich*,[5] o estranho inquietante do abuso, do incesto, da prostituição. Em trágica repetição compulsiva, ela não pode sair de uma relação abusiva com o pai de sua filha. No intento de proteger a menina dessa herança maldita, ela a priva do sobrenome do pai. Ela busca em um homem um "pai" provedor de necessidades materiais e assim se aprisiona no claustro de um falso amor, numa relação pervertida.

Em uma reunião científica do Eixo IV, três situações clínicas que mostram a efetividade da escuta analítica são apresentadas:

Uma analista traz questões cruciais para pensar o projeto. A jovem paciente não comparece aos encontros marcados. Suas faltas e o descaso colocam à prova o lugar da analista. Não se trata de uma emergência. A paciente precisa que sua analista viva o que ela viveu quando houve descuido e falta de atendimento no parto e perdeu o seu bebê com quarenta semanas de gestação. A escuta psíquica de sua dor, em sua comovente narrativa, permite que ela inicie a construção metafórica de sua casa mental que deverá prosseguir num futuro tratamento.

Outro analista permite que entremos em contato com os efeitos devastadores da pandemia. A paciente perdeu a mãe pela Covid, que contaminou o pai e a irmã maior. A seguir, seu companheiro

---

5 Freud, S. (1919). Das Unheimlich. In Freud, S. *Obras completas*. São Paulo: Autêntica.

também morre nos seus braços, dessa vez por dengue. O namoro da filha adolescente é vivido como perda da filha-menina e a confronta com sua solidão diante de tantos lutos. O anúncio das férias do analista e a procura de um atendimento num momento posterior levam-na a interromper o tratamento, talvez para não se sentir deixada novamente. Mas ela reconhece que precisa cuidar de si e buscará atendimento psíquico.

Outra analista nos mostra o sofrimento de uma mãe que acaba de enterrar sua filha deficiente de 6 anos, que nasceu de um relacionamento abusivo. Dor ante uma perda que não se pode elaborar. A paciente, numa relação simbiótica com essa criatura morta-viva, reedita com a terapeuta vivências idealizadas adesivas. O trabalho permite iniciar a discriminação e iluminar a luz da vida que reaparece.

Outra colega relata a travessia com um menino de 8 anos, e sua família. Desidentificar esse menino do sinistro lugar de débil mental, promover uma mudança para uma escola "normal", com uma abordagem inclusiva, o encaminhamento a um psiquiatra, uma neuropsicóloga e a uma terapia analítica presencial na sua cidade foram conquistas desse atendimento, graças também ao trabalho conjunto realizado com o Grupo Corpo na equipe interdisciplinar. A mãe pode tomar certa consciência, outrora negada, sobre as dificuldades de seu filho.

A força do projeto aparece no tratamento de uma menina em "carne viva" e sua família. Ela, com 8 anos, é a primogênita de três irmãos. Uma grave dermatite a condena a uma coceira permanente. Ao tentar aliviar-se, provoca feridas na pele, que "berra" as dores da alma. Já na primeira sessão, percebe-se que Rosa faz sem pestanejar o que a mãe lhe impõe. Ela não tem espaço físico e talvez não tenha espaço psíquico. Rosa precisa adaptar-se a essa situação para atender aos ideais parentais e se sentir querida. É possível, no trabalho analítico, mostrar que ela é uma criança e não gente grande, tal o mandato transgeracional. O Grupo Corpo a socorre, a pediatra Claudia Carvalho coordena os tratamentos. Ela segue em psicoterapia psicanalítica individual com uma psicóloga com formação específica.

Outra analista, no atendimento a uma sofrida mulher, mostra a força do racismo estrutural no Brasil. A mãe, casada com homem preto, rejeita o filho caçula também preto, como se fosse um excremento, com fantasias de agredi-lo fisicamente a facadas. Essa mulher está sobrecarregada, no plano manifesto pelos vários trabalhos, no latente pela culpa e as ansiedades persecutórias e fóbicas de seus conflitos, que descarrega em desabafo com a analista.

A paciente busca uma escuta psíquica. A analista, além de interpretações profundas, intervém no real para que a paciente consulte seu oculista, brinque com o filho. Questão da *techné*: o que é psicanálise? O jogo de dominó surge num arrebato poético com as fichas brancas e pretas. Com elas é possível brincar. Seu sonho é construir uma casa-mente.

Meu agradecimento profundo:

Às instituições que colaboram ativamente com este projeto: Febrapsi, Fepal,[6] IPA,[7] com ajuda financeira, divulgação das atividades, e as supervisões oferecidas por membros do Pace[8] da IPA.

Aos analistas que generosamente têm participado das reuniões científicas, para discutir as diferentes situações clínicas e contribuir com os alicerces epistemológicos do Projeto SOS Brasil.

6 Federação Latino-americana de Psicanálise.

7 International Psychoanalytical Association.

8 Assistência Psicanalítica em Crises e Emergências (Pace – Psychoanalytic Assistance in Crises and Emergencies).

A todos os amigos e colegas que participam no SOS, pelo sonho compartilhado, a criação de um grupo de trabalho apaixonado, o compromisso ético para fazer o melhor possível com cada paciente que nos procura!

A coisa mais linda que podemos experimentar é o mistério. É a fonte de toda arte e toda ciência.

(Albert Einstein)

1. Prêmio IPA – 2023

Raya A. Zonana e Susana Muszkat

SOS Brazil

Psychoanalytic assistance in emergencies and crises.

Primeiro lugar na categoria "Health" do edital da International Psychoanalytical Association, IPA Awards: "IPA in the community and the World"

SOS Brasil

Nasce um novo projeto: SOS Manaus

Em janeiro de 2021, em um Brasil dominado pela pandemia de Covid-19 e dirigido por um governo negacionista, fomos confrontados com um agravamento sem precedentes da situação sanitária em Manaus, capital da Amazônia, devido a uma nova variante do vírus.

Além disso, a falta de oxigênio para doentes críticos nos hospitais, resultado da negligência das autoridades sanitárias, elevou o já alarmante número de mortes por Covid no Brasil. O estado de calamidade pública devido ao colapso dos sistemas de saúde e funerários, e um enorme contingente de órfãos, totalmente desassistido, com famílias inteiras destroçadas por essas ocorrências, sensibilizou um grupo de psicanalistas.

Sob a coordenação de Alicia Beatriz Dorado de Lisondo (SBPSP/SBPCamp) e o apoio da Federação Brasileira de Psicanálise (Febrapsi), que compreende todas as sociedades de psicanálise brasileiras, foi criado o projeto SOS Manaus para prestar assistência psicanalítica online a crianças, adolescentes e seus cuidadores (adultos que estavam a cargo dessas crianças/adolescentes).

Revisando as necessidades: a história revelada por meio dos sintomas

Em face da urgência, na tentativa de fornecer atendimento a um número maior de pessoas, pensou-se em limitar o atendimento em três a oito sessões online. Esse formato teve a intenção de dar uma lufada de ar (fornecer oxigênio psíquico) a bebês, crianças, adolescentes e cuidadores adultos, para que pudessem sair do estado de urgência e, se necessário, ser encaminhados para serviços de acompanhamento a mais longo prazo.

Pouco a pouco, com base nas pessoas que nos procuravam, começou a emergir um panorama que, infelizmente, não constituiu surpresa. A pandemia revelou um país pleno de desigualdades socioeconômicas. Uma massa de sujeitos em condições de vida precarizadas, na saúde e na educação. Isso permitiu uma enorme penetrabilidade de um vírus que já era, por si só, altamente transmissível. Assim, as questões reveladas nos encontros dos psicanalistas com a população iam além da pandemia. Eram questões anteriores a esta, de sofrimento psíquico causado pela vulnerabilização de uma população extremamente empobrecida, em que a miséria estava presente em incontáveis camadas.

Percebemos o que talvez já soubéssemos, que a situação em Manaus era a ponta de um iceberg que atingia grande parte da população brasileira, uma condição que persistiu mesmo com o arrefecimento da pandemia. No Brasil, a desigualdade social e econômica é estrutural, e podemos afirmar que o Brasil é um país em permanente estado de crise. Nesse cenário, a chegada da pandemia encontrou um terreno propício para aprofundar esse grave quadro. Nas classes mais ricas, as precauções necessárias para evitar a contaminação eram mais passíveis de serem seguidas, enquanto as camadas mais pobres da população estavam mais expostas e vulneráveis a crises de vários âmbitos.

Assim, o SOS Manaus se torna SOS Brasil com a ideia de atender as pessoas mais afetadas pela dor dos muitos sofrimentos que as atingiam: mortes, pobreza, fome, falta de escolas para crianças e adolescentes, falta de habitação, ou superlotação em habitações precárias.

Os psicanalistas que se dispuseram a trabalhar no SOS Brasil, no auge da pandemia de Covid-19, foram também expostos a essas condições, mas com possibilidades de acesso a recursos pessoais subjetivos e objetivos que, ainda que não impedissem o sofrimento, permitiam uma elaboração.

O conceito cunhado por Puget e Wender (1982), de "mundos superpostos", descreve circunstâncias extremas impostas a populações inteiras, num determinado tempo e espaço partilhados por todos, ou seja, guerras, catástrofes ambientais ou naturais, como foi o Covid-19. Atingiu-nos a todos, em todo o mundo, com a sua força implacável e resultados desconhecidos, e fez-nos curvar e submeter-nos a ela.

Contudo, tornou-se claro que a pandemia se impunha de forma diversa aos diferentes grupos socioeconômicos. Assim, não eram mundos superpostos na sua verdadeira acepção. Vivíamos um desastre nacional e os sentimentos de consternação, frustração, depressão e perplexidade estavam muito presentes. As cenas mostradas na televisão de milhares de valas comuns onde os mortos eram enterrados sem quaisquer rituais humanos estavam para além das palavras.

As crianças, especialmente, não podiam ir à escola. As refeições diárias fornecidas pelas escolas públicas já não estavam disponíveis, deixando muitas famílias e seus filhos em estado de desnutrição. Os adultos tinham que trabalhar pela subsistência diária, pois o confinamento eliminava a maior parte das tarefas dos trabalhadores não especializados. Nas regiões mais pobres, o vírus se propagava com maior força, em virtude da inexistência de água corrente ou de sistemas de esgoto para manter as medidas de higiene.

Assim, relativamente à nossa situação como país, podemos dizer que, somado à Covid-19, a gestão negacionista dessa pandemia tornou-se um elemento adicional importante, que nos afundou marcadamente na crise social, econômica, sanitária, humanística e psicológica já existente.

Isso levou os psicanalistas do Projeto SOS Brasil a "saírem a campo", a utilizarem seus recursos para, por meio de sessões online, oferecer um serviço de escuta que facilitasse, para a população mais vulnerabilizada, algum grau de metabolização da doença psicológica e um significado que transformaria a angústia difusa em sofrimento simbolizável e nomeável.

Além disso, a população do Brasil, e o país como um todo, sofria com a abertura de feridas cada vez mais profundas. Tornou-se evidente que, em muitas das consultas, após as oito sessões oferecidas pelo projeto, havia a necessidade de um novo encaminhamento para outro tipo de serviço que pudesse sustentar o que se iniciara durante as sessões do SOS. É interessante notar que os pedidos de encaminhamento vinham principalmente da própria população. A necessidade de ajuda emocional tornou-se patente.

O funcionamento dos grupos de trabalho

Um processo de triagem é feito por uma colega a fim de verificar a demanda e o grupo (ateliê) para o qual o paciente precisa ser encaminhado, de acordo com a faixa etária. A triagista faz contato com o analista que estiver disponível para atender o/a interessado/a.

O projeto consistia, inicialmente, em quatro eixos de assistência, cada um deles centrado em um grupo específico e no tipo de procura:

Eixo 1 – Grupo de atendimento para bebês e seus pais ou tutores.

Eixo 2 – Grupo de atendimento para crianças e famílias.

Eixo 3 – Grupo de atendimento para adolescentes.

Eixo 4 – Grupo de cuidados para adultos (pais e/ou cuidadores).

Recentemente, foi criado um eixo adicional:

Eixo 5 – Provê assistência às instituições para crianças.

Para além da rede tecida para conter o mundo subjetivo, foi formado outro grupo para cuidar do "corpo" e dos seus vários sintomas. Esse grupo inclui profissionais das áreas médicas e paramédicas: pediatria, odontologia, serviço social, osteopatia, psiquiatria, fisioterapia e fonoaudiologia, todos trabalhando de forma voluntária.

A procura de uma escuta está presente também entre os profissionais envolvidos no projeto, em face das situações de impotência a que se sentem expostos em contato com a dor, que muitas vezes excede a capacidade de possíveis cuidados, deu lugar a reuniões tanto em pequenos grupos, nos ateliês, como em reuniões regulares com todos os coordenadores de vários ateliês.

Em encontros quinzenais, os psicanalistas, coordenados por um colega do seu próprio grupo, podem trazer à baila dúvidas e incertezas que os trabalhos suscitam. A discussão dos casos permite que a angústia decorrente das dores que emergem da escuta seja processada e utilizada como um motor para conter as necessidades emocionais da população. O mesmo acontece nas reuniões dos coordenadores, e assim, nestes sucessivos grupos de escuta, forma-se um tecido que permite a criação de estruturas mais coesas.

Além disso, a procura de colegas com experiência reconhecida em trabalho psicanalítico de curta duração, ou especialistas em situações de catástrofe e de emergência ou, ainda, de trabalho institucional, levou o SOS a ter uma agenda de supervisão mensal com profissionais que oferecem seu trabalho e conhecimentos especializados.

Em 2022, tivemos reuniões de discussão clínica com variados colegas, como: Yolanda Gampel, Gianna Williams, Monica Cardenal, Fabiana Isa, Mauro Hegenberg, Patricia Schoueri, Heli Morales, Suzanne Maiello, Fernando Gomez.

Cada reunião começa com a apresentação de um caso de um dos eixos do projeto. Uma discussão fértil tem ampliado os horizontes do trabalho, propondo questionamentos e transformações que se impõem a cada um dos participantes e ao projeto como um todo.

O alcance do SOS Brasil vem ganhando uma maior dimensão dentro do vasto território brasileiro, assim como tem tido ecos na América Latina e na Europa, por intermédio dos convidados que oferecem suas ideias.

Psicanálise na comunidade: impactos sociais e políticos do trabalho extramuros

Ainda é possível ouvir questionamentos que pairam sobre o valor da clínica extensa: será isto psicanálise? No entanto, cada vez mais, o trabalho com a comunidade vem se sedimentando no campo psicanalítico. Pensamos nesse tipo de trabalho como um ato político e, de fato, ele permanece essencialmente psicanalítico.

A clínica psicanalítica, como definida por Roussillon (2019), não se limita à chamada clínica padrão – em que o trabalho clínico individual e no divã é privilegiado –, mas, muito mais do que isso, é uma clínica ampliada que se estende para muito além do consultório tradicional. Harriet Wolfe, presidente da Associação Internacional de Psicanálise (IPA – International Psychoanalytical Association), recorda as palavras de Freud (1926): "O uso da análise para o tratamento das neuroses é apenas uma das suas aplicações; o futuro talvez mostre que não é a mais importante".

Foi também dessa forma que Freud, com base no sofrimento e nos traumas que marcaram os sobreviventes da Primeira Guerra Mundial, instigou os psicanalistas a criarem clínicas públicas em toda a Europa e nos Estados Unidos. Não estaríamos agora numa situação semelhante? Diante do abrandamento da pandemia e de uma mudança no momento político, o que podemos fazer com os escombros deixados para serem reconstruídos se o que sabemos fazer é psicanálise?

A psicanálise e a política sempre estiveram juntas. A escuta psicanalítica é um ato de mudança que, como um jogo de dominó, conduz cada sujeito que está disposto a ser escutado, a "carregar" outros, com os quais está entrelaçado no espaço social que habita. O que se move com a escuta psicanalítica é o mundo inconsciente que permeia o tecido social e promove a mudança. Tanto o sujeito que passa a ter acesso à escuta, como o analista disposto a esse trabalho sofrem um processo de transformação que se traduz em deslocamentos dentro da sociedade. Assim, algo necessariamente novo se produz no campo da psicanálise.

Dessa forma, não como resposta, mas como uma possibilidade de expansão do pensamento, entendemos que o projeto SOS Brasil funciona como atendimento de urgência que ao mesmo tempo expõe questões estruturais crônicas. A consciência da exclusão de acesso aos cuidados de saúde mental leva a população a ter um maior contato com suas dores, bem como com seus próprios recursos para elaborá-las.

Os efeitos que temos visto como resultado do trabalho do SOS são:

- Ampliação das condições para representar e identificar o sofrimento.
- Respirar, "sair do sufoco": dos múltiplos sufocos, produto de uma precarização para além da pandemia.
- Uma visão e uma escuta guiadas pelo método psicanalítico.
- Encaminhamento para diferentes profissionais dentro de uma rede profissional.
- Encaminhamento para processos analíticos gratuitos em outras instituições.

O projeto SOS tornou-se um promotor do alcance da psicanálise a populações cada vez mais numerosas ao criar formas de trabalho dentro do campo psicanalítico.

Número de pacientes atendidos pelo SOS

Em 2021

Os 189 pacientes atendidos pelo SOS se distribuíram da seguinte forma:

Eixo 1 – 42 pacientes (22,2%)

Eixo 2 – 36 pacientes (19,1%)

Eixo 3 – 45 pacientes (23,8%)

Eixo 4 – 66 pacientes (34,9%)

Em 2022 (janeiro-novembro)

Os 162 pacientes atendidos se distribuíram da seguinte forma:

Eixo 1 – 33 pacientes (20,4%)

Eixo 2 – 33 pacientes (20,4%)

Eixo 3 – 32 pacientes (19,7%)

Eixo 4 – 64 pacientes (39,5%)

Totalizando em 2021 e 2022: 351 pacientes.

O Eixo 5 é mais recente e, até agora, duas instituições chegaram até nós.

Número de psicanalistas que trabalham voluntariamente no SOS Brasil

Em novembro de 2022, havia 51 analistas diretamente envolvidos no atendimento de pacientes; nove coordenadores de grupo, distribuídos pelos cinco distintos eixos de trabalho e cinco coordenadores gerais, num total de 65 analistas.

Para além do grupo de psicanalistas mencionados, profissionais de saúde médica e social fazem parte do que denominamos de Grupo Corpo.

Como avaliamos a eficácia de nosso trabalho?

Temos trabalhado no desenvolvimento de um formulário de avaliação. Até o momento, todos os analistas que responderam aos questionários sobre o trabalho realizado pelo SOS manifestaram-se de forma muito satisfatória. Relativamente à população atendida pelo projeto, descreveremos a seguir duas pequenas vinhetas clínicas que retratam os efeitos da proposta de trabalho.

A)

Iracema (nome fictício) é uma avó de 49 anos de idade, cujos quatro netos, crianças, se tornaram órfãos de sua filha de 31 anos, falecida há poucos meses, devido a um câncer da mama diagnosticado durante a pandemia. O pai da criança tinha sido assassinado, cerca de um ano antes. Assim, as crianças foram viver com a avó, que tem, ela própria, um filho de 13 anos de idade. Iracema registou dois dos seus netos, bem como o seu filho de 13 anos de idade, para serem vistos no programa SOS. Entretanto, enquanto o seu filho estava sendo atendido, o seu analista foi notificado de que Iracema havia sofrido um AVC e fora hospitalizada. Foi um ataque leve e ela foi logo liberada, mas estávamos preocupados com a sua saúde física e mental, na sua condição de único adulto responsável por cinco crianças.

Iracema provou ser uma mulher de grande desembaraço, pois, ainda que com limitados recursos financeiros, soube lidar tanto com aspectos práticos como emocionais em relação à sua família, procurando assistência psicológica para todos. Enquanto chorava pela sua filha falecida, numa escala menos marcada, chorava também por ter tido de desistir de projetos pessoais de vida relativos ao regresso à escola.

No final do seu processo, foi-lhe perguntado se gostaria de ser encaminhada para um analista fora do projeto, a fim de continuar a ter ajuda psicológica, o que ela concordou em fazer. Tanto a analista do SOS quanto a paciente avaliaram que havia sido um processo útil, não só para a própria paciente como para as crianças, que se beneficiaram diretamente do atendimento e dos cuidados emocionais e práticos que lhes foram transferidos por Iracema, por sentir-se psicologicamente mais estruturada.

B)

Rosa (nome fictício) foi atendida, com a sua família, por uma psicanalista ao longo de três sessões, sendo em seguida encaminhada para o Grupo Corpo do SOS. Diagnosticada com dermatite crônica, rinite e má-formação das vias respiratórias superiores, foi tratada por um pediatra, fonoaudióloga, dentista pediátrico e osteopata.

Rosa, uma menina de 8 anos, é filha de S., 30 anos, que nasceu no Peru e vive no Brasil desde os seus 10 anos de idade, e de G., seu pai, de 32 anos de idade. O casal tem também três outras crianças, de 5, 4 e 1 ano de idade. Durante o atendimento à família, torna-se evidente que é difícil para Rosa ter desejos próprios, considerando seu espaço entre tantos irmãos pequenos.

A mãe de Rosa, contando a própria história, relata que, quando era pequena e muito pobre, tinha de cuidar do seu irmão mais novo e "ser boa, não ser um incômodo". Quando nasceu o filho mais novo de S. e G., a menina foi enviada para a casa da avó materna, onde ficou por vários meses. A mãe nota que Rosa se queixa de uma coceira intensa sempre que é mais demandada. A analista mostra como Rosa necessita de atenção e cuidados dos pais, e sublinha o fato de ela ser ainda uma criança e não uma adulta. Essa intervenção faz a diferença e, segundo o pediatra, a mãe, que evitava medicar os seus filhos com alopatia, concorda em dar os medicamentos prescritos, o que em breve melhora a irritação da pele que se manifestava havia um ano, bem como a rinite. Para tratar um processo inflamatório crônico na pele, a pediatra sugere tratar com leite materno (S. amamenta o seu filho de 1 ano) sobre a pele de Rosa. Tanto a mãe como a filha ficam felizes com a sugestão. A intervenção de um fonoaudiólogo, de um osteopata e de um odontopediatra melhoram o estado respiratório de Rosa, que volta a poder ser uma criança na sua idade e no seu tempo.

Avaliando a eficácia do Projeto SOS Brasil

Tomamos aleatoriamente os dois casos mencionados como um modelo do trabalho desenvolvido no SOS Brasil. Em alguns casos, (Rosa), não foi necessário qualquer outro encaminhamento. Noutros, (Iracema), o encaminhamento foi feito.

Para finalizar, observamos que o projeto atende em caráter emergencial pessoas em sofrimento psíquico, sofrimento que "emerge" do caos criado pela pandemia e para além disso.

A escuta favorece que, ao nomear a angústia, o sujeito alcance alguma elaboração e maior autonomia na gestão da sua dor. Sensibilizado pelo método psicanalítico, ele pode ser encaminhado para tratar de questões mais estruturais. O SOS Brasil constitui-se como uma prática psicanalítica exercida em modelo ampliado de clínica extensa, que atinge lugares distantes dos grandes centros urbanos.

Comprovamos assim que o alcance e o poder do método psicanalítico vão muito além do consultório. A psicanálise entra no mundo da saúde pública, atingindo a população carenciada, como sugere Freud, em 1918 (Danto, 2019; Freud, 2010). O SOS Brasil é um projeto contínuo, sem prazo de término, que visa enfrentar as situações emergenciais de caráter estrutural do país.

Referências

Danto, E. A. (2019). *As clínicas públicas de Freud: Psicanálise e justiça social 1918-1938*. Perspectiva.

Freud, S. (2010). Caminhos da terapia psicanalítica (1919). In S. Freud, *Obras completas (Vol. 14,* pp. 279-292). Companhia das Letras.

Freud, S. (2014). A questão da análise leiga: Diálogo com um interlocutor imparcial (1926). In S. Freud, *Obras completas (Vol. 17,* p. 215). Companhia das Letras.

Puget, J. & Wender, L. (1982). Analista y pacientes en mundos superpuestos. *Psicoanálisis*, *4*(3), 503-521.

Roussillon, R. (2019). *Manual da prática clínica em psicologia e psicopatologia*. Blucher.

2. Escuta analítica em intervenções breves

Eixo I – Gestantes, pais e bebês de 0 a 3 anos

Reunião Científica do Projeto SOS Brasil em 27 de março de 2022, supervisionada pela Dra. Gianna Williams.[1] *Trata-se de Kátia,*[2] *uma paciente de 30 anos, e seu bebê.*

A Dra. Gianna Williams explicita que conduzirá a supervisão abordando aspectos teóricos relacionados ao caso, ao passo em que for acontecendo a apresentação, por meio de interposições de comentários breves. Dirige-se à apresentadora do caso informando que a leitura do relato despertou seu interesse e que aprecia falar sobre isso.

---

1 Analista de adultos e crianças da British Psychoanalytical Society e ex-consultora de psicoterapeutas de crianças e adolescentes na clínica Tavistock, trazendo da referida clínica os cursos de psicoterapia infantil, adotados em cinco escolas italianas. Atualmente é psiquiatra infantil na Universidade de Pisa e consultora na ONG Juntos con los Niños, organização para meninos de rua no México.

2 Nome fictício, devido ao sigilo.

Em seguida, pergunta:

Dra. Gianna – *Você via o peito da mãe durante o atendimento?*

Analista – *Sim. Via a mãe com o bebê deitado ao colo, mas não via todo o corpo dele.*

Dra. Gianna – *Quando ele estava calmo, ela o amamentava?*

Analista – *Não.*

Dra. Gianna – *Você teria visto se ela estivesse amamentando?*

Analista – *Sim.*

Dra. Gianna também indaga o quanto a mãe sabia sobre o serviço. Chama atenção o fato de a mãe saber que o número de sessões seria no mínimo três e no máximo oito. Ela considera que essa parte pode ser ansiogênica para a pessoa que recebe esse tipo de intervenção, pois, a partir do terceiro encontro, ela não sabe quando vai terminar. Além disso, reflete que a pessoa poderá ficar imaginando o que seria preciso fazer para ter mais de três encontros: será que é preciso ser muito enferma? Muito sintomática? Enfatiza que sempre há risco na delimitação do número mínimo de sessões e que esse é um aspecto técnico a ser discutido.

Diante dos questionamentos sobre esse tema, a Dra. Gianna recomenda que fique estabelecido desde o início qual vai ser o número máximo de sessões. Exemplifica que na instituição em que ela trabalha são no máximo quatro sessões, e, ao final de cada sessão, o paciente decide se quer comparecer ao próximo encontro, tendo como limite o máximo de sessões.

Dra. Gianna – *Descobrimos por meio de nosso trabalho que essa forma de proceder melhora a ansiedade causada ao paciente durante o processo. Esse é um instrumento técnico que desenvolvemos, uma abordagem técnica que achamos útil, mas que podemos discutir hoje também, além das demais que temos em mente.*

Antes de fazer a leitura do caso, a apresentadora informa que nomes e outros detalhes foram modificados para proteger a identidade das pessoas envolvidas e que o atendimento se deu por ligação com vídeo de telefone celular.

Relato de caso – primeiro encontro

A paciente se apresentou com a filha ao colo. Ela me cumprimentou e perguntou se podia fazer o atendimento assim. Respondi que sim e ela posicionou o celular de modo que eu visse somente a criança. Perguntei o nome e a idade do bebê e ela respondeu com ternura: "Beatriz,[3] 7 meses".

A menininha, parecendo perceber minha imagem na tela, ficou me olhando, muito séria, enquanto eu falava com ela. Surpreendi-me por ela não ter tentado tocar na tela. Não fez ar de riso ou de recusa, permanecendo muito atenta.

A mãe voltou a câmera para si, de forma muito próxima, de modo que eu não via nada mais além do seu rosto. Aqui e ali, Bia (como a mãe a chamava) deitava a cabeça perto do rosto da mãe ou metia o braço no campo de abrangência da câmera e se fazia presente. A paciente tentava conversar comigo, mas era interrompida, tendo que contornar as investidas do bebê que mantinha ao colo. Ela não conseguia cuidar da filha e, ao mesmo tempo, manter-se em frente à câmera para que eu a visse. Sua figura era substituída por imagens erráticas que surgiam conforme os movimentos de sua mão que segurava o celular.

Quando pôde, depois de alguns minutos de peleja, ela ajeitou o celular sobre a mesa de modo a me dar boa visão de si com a menina ao colo, embora a criança estivesse de costas para mim. As coisas se

3 Nome fictício, assim como o diminutivo Bia.

acalmaram e ela começou a falar fluidamente, contando-me como tinha sido a gravidez e o parto. Enquanto a ouvia, notei que Bia estava bem tranquila e fiquei imaginando com o que Bia estaria brincando para ficar de repente assim tão calma, deitada nas pernas da mãe.

A paciente tem cerca de 30 anos, mas aparenta ser muito mais jovem. Seu rosto é bem bonito, com expressão simpática que manteve por todo tempo, sem mudar, mesmo quando narrava coisas ruins ou tristes. Ela falava com calma, de forma pensada, voz suave, mas deixava transparecer certa tensão que parecia manifestar-se em sua postura, na expressão facial e na entonação de sua voz. Percebi uma ansiedade, a qual não parecia se dever somente ao contato inicial comigo.

Contou que sua gravidez foi saudável, que ela e o marido desejavam ter filhos e planejaram a gravidez. O parto foi complicado. Ela queria parto normal, porque tinha lido sobre os riscos das cesarianas, mas depois de três dias no hospital, em trabalho de parto, terminou sendo operada. Tudo transcorreu bem.

O início da amamentação foi muito sofrido. Só superou porque contou com a ajuda do marido, que tirou dias de férias, além da licença-paternidade, e da mãe, que veio passar o primeiro mês com ela.

Nesse ponto, Dra. Gianna solicitou esclarecimentos sobre a paciente, se ela e sua mãe moravam em cidades diferentes, o que dificultaria que se vissem com frequência. A paciente mudou-se de sua cidade devido a demandas profissionais do marido. O isolamento social trazido pela pandemia sobrepôs-se ao afastamento da família, levando-os a viverem muito sozinhos.

Em reunião com coordenadores, Dra. Gianna questiona se, fora da vigência de lockdown, seria possível fazer os encontros presencialmente, no caso de intervenções breves. Rossana[4] explica

4 Rossana Nicoliello, membro efetivo da Sociedade Brasileira de Psicanálise de Minas Gerais (SBPMG) e da Sociedade Psicanalítica do Rio de Janeiro (SPRJ).

que os atendimentos, em virtude da pandemia, foram propostos desde o início no formato online. Alicia[5] acrescenta que as dimensões continentais do país dificultam muito a organização para a realização desse trabalho se os encontros fossem presenciais. Ela ainda frisa que o SOS Brasil atende pessoas que não dispõem de recursos assistenciais, que vivem em lugares remotos do Brasil, de modo que o trabalho online é o único possível.

A continuidade do atendimento é outra questão que entra em pauta nessa supervisão. A Dra. Gianna pergunta sobre a possibilidade de o paciente continuar sendo atendido pelo mesmo terapeuta após o fim da intervenção breve. Alicia responde que, como há somente 47 psicanalistas trabalhando nesse projeto no momento, se eles continuarem atendendo os pacientes após os oito encontros previstos, não será possível manter a proposta das consultas emergenciais. Entretanto, a continuidade é considerada muito importante, especialmente quando o paciente necessita muito de tratamento e/ou quando o analista percebe que a continuidade é essencial. Nesses casos, quando terminarem os oito atendimentos com a pessoa, a coordenação do projeto faz contato com uma assistente social que integra o Grupo CORPO, vinculado ao SOS Brasil, a qual se encarrega de buscar, no lugar de origem da pessoa, um tratamento psicanalítico ou algum sistema acessível que possa atender à demanda dessa pessoa. Além disso, há um grupo de colaboradores que não trabalham diretamente no projeto, mas que se disponibilizam a atender gratuitamente aqueles pacientes egressos do projeto que precisam dar continuidade ao atendimento iniciado. Alicia ainda refere que, se o colega que está realizando o atendimento quiser continuar após os oito encontros,

5 Alicia Beatriz Dorado de Lisondo, analista didata e docente da Sociedade Brasileira de Psicanálise de Campinas (SBPCamp) e da Sociedade Brasileira de Psicanálise de São Paulo (SBPSP). Analista de crianças e adolescentes pela International Psychoanalytical Association (IPA).

ele poderá assumir essa responsabilidade, mas é preciso que tenha disponibilidade para receber outro paciente do projeto.

Dra. Gianna afirma que é muito frequente que depois de intervenções breves algumas pessoas tenham necessidade de mais sessões, mas não com o mesmo profissional. Em seu modo de trabalhar, normalmente, pede-se a um colega que receba o paciente, pois a continuidade não costuma ser realizada pela mesma pessoa. Relata que já aconteceu com ela dar continuidade a uma intervenção breve, mas quando isso ocorre é considerado uma exceção.

Sobre a metodologia de escuta feita durante os atendimentos, Dra. Gianna põe foco sobre os modos presencial e/ou online. Refere que a riqueza do atendimento presencial é nítida na dinâmica e que, sem dúvida, é melhor tanto para o psicanalista quanto para o paciente.

Relato de caso – continuação do primeiro encontro

Paciente – *No início, minha filha teve hipoglicemia e perdeu peso. Os pediatras empurravam fórmulas e diziam que eu não tinha leite. Isso me deixou muito frustrada, todo tempo tinha vontade de chorar, pensei que estava com baby blues ou até mesmo com depressão pós-parto.*

Analista – *Alguém lhe falou sobre isso?*

Paciente – *Não, eu que tive medo, tinha lido sobre isso. Mas por fim encontramos um pediatra que me ensinou e eu consegui dar só o peito a ela por uns dias. Mas meu marido teve que voltar a trabalhar e minha mãe teve que voltar para casa dela. Eu fiquei só, tendo que dar conta de tudo e não consegui mais dar só o peito. Tinha que cuidar dela, da casa, de cozinhar, de lavar e passar as roupas e isso me estressava muito. Meu marido tem sido muito parceiro, ajuda muito.*

Ela se afastou para trocar a fralda de Bia e eu me questionei sobre o motivo que a levou a procurar atendimento. Ela retornou ao lugar em que fica bem visível para mim, colocou a menininha sentada de frente para ela e de costas para mim e lhe deu uma bolinha para brincar.

Nesse momento, a paciente me pareceu muito tranquila, com a filha no colo, numa atitude expectante, voltada para mim, e eu considerei que sim, ela enfrentou dificuldades com o parto, a amamentação e tem tido muito trabalho com a criança, mas esses problemas pareciam ter sido remediados, e a pergunta sobre o que a moveu para buscar ajuda insistiu em minha mente e a formulei:

Analista – *Estou pensando, Kátia, sobre o que lhe motivou a buscar atendimento...*

Ela irrompeu em choro tão profuso e repentino que me assustou. Tentando se conter, sem conseguir, dirigiu-se à filha dizendo: "Não é nada não, viu, filha, a mamãe está chorando, mas está tudo bem, não é nada".

Sua aflição era grande! Isso me inquietou, senti impulso de ajudar, mas ela estava totalmente tomada por uma emoção inesperada e voltada para consolar a filha, parecendo não se dar conta do celular sobre a mesa.

Eu me contive, não disse nada e tentei observar a reação da criança, que há um minuto estava sentada nas pernas da mãe, entretida com a bolinha. Ao ouvir a mãe em atitude de desespero, Bia parou e ficou olhando para a mãe do mesmo modo que olhou para mim no início, parecendo atenta, mas de forma interrogativa.

Tentando controlar-se, com muito custo, a paciente voltou-se para mim, ainda chorando:

Paciente – *Foi por isso que resolvi procurar ajuda... Tenho crises de choro... não consigo me controlar.*

Analista – *Você falou do parto, da amamentação, do cuidado que precisa ter com tudo... Parece que por fora as coisas vêm se resolvendo, mas por dentro tem alguma coisa que não.*

Paciente – *Não sei o que é isso! Não tenho interesse de fazer nada... Só faço as coisas dela, tem que ser tudo correto para ela, sem deixar faltar nada. Ela acorda muitas vezes de madrugada. Vou para o quarto dela e a acalento por lá mesmo. Não quero cama compartilhada, porque ela pode cair e, também, porque sei que é errado. É a cama do casal. Sempre tive libido bem elevada, até na gravidez, transava quase todos os dias. Depois do parto, diminuiu muito, ela interrompe a gente duas, três vezes na mesma hora. É ruim.*

Analista – *Bia atrapalha uma coisa que você gosta: sua vida sexual.*

Paciente – *Agora mudou tudo! Deixar de trabalhar também foi horrível. Quando terminou minha licença-gestante, pedi demissão. Eu e ele achamos melhor viver com menos dinheiro e eu cuidar de nossa filha. Para mim, foi como deixar de viver. Fiquei isolada, sem participar de grupos, sem sair... Abro meu guarda-roupa e não tem uma roupa que possa vestir...*

Analista – *As roupas não dão mais para você?*

Paciente – *Dão sim, estou com o mesmo peso de antes, mas eu não sou mais a mesma, mudei muito. Não quero roupas curtas, nem coloridas, nem coladas... No sábado, íamos a um churrasco e eu não encontrei uma roupa para ir. Vestia uma, ele elogiava, mas não me sentia bem, vestia outra... Não quero que vejam meus contornos. Antes, não tinha isso.*

Analista – *Parece que você quer uma roupa de mãe. Ser mãe apaga a Kátia?*

Ela chorou muito e terminou a sessão dizendo que se sente muito cansada.

Dra. Gianna observou que a terapeuta foi delicada no seu atendimento e que ajudou a paciente a pensar. Apontou que no princípio ela ficou na defensiva e depois surgiram sentimentos complexos nos atendimentos, ressaltando a mudança do sentimento da mãe direcionado à criança.

Rossana chama atenção para o comportamento da criança. A Dra. Gianna também dá importância à reação da menina, mas sublinha o modo como a mãe se coloca, deixando claro que esse lugar é dela e não da menina. Em um segundo momento, ela se ocupa da menina e quase esquece da analista. Depois, ela se volta para si novamente, de forma que existe essa alternância na mãe entre ser o foco principal e interagir com o bebê.

Susana[6] comenta que a paciente trata seu lugar de mãe como lugar principal. A Dra. Gianna concorda que "esse é um dos aspectos: a mãe quer que seja um espaço para ela. Outro ponto é a mudança dos sentimentos da mãe em relação à menina. Ela parece preocupada em consolar a menina quando ela mesma (mãe) chora. A menina não chora". E continua mostrando que, quando a paciente fala da sua vida sexual, ela está com raiva da menina. Diz que essa é uma mudança muito importante para ser considerada. Que a paciente tem medo de que poderia projetar na menina em algum momento esses sentimentos raivosos.

A analista comenta que a paciente demonstra preocupação em ser uma mãe adequada, em fazer o que uma mãe deve fazer.

Dra. Gianna reitera que as roupas que a paciente usava antes não servem mais agora, porque ela é mãe, e as questões de sua vida

---

6 Susana Muszkat, membro efetivo e docente na Sociedade Brasileira de Psicanálise de São Paulo. Coordenadora de um dos ateliês de adultos do SOS.

sexual são questões relacionadas com sua mãe. Esse momento parece aflorar um conflito que ela tem com sua própria mãe.

Dra. Gianna informa que está antecipando algumas coisas: a forma pela qual a analista trata sobre esse conflito que há entre a paciente e mãe, mesmo antes da maternidade. Menciona que existe uma técnica sobre como falar de assuntos mais delicados, mas que o importante é diferenciar a técnica da intervenção breve da técnica utilizada na psicanálise, podendo-se discutir quanto se aprofundar, por exemplo, sobre o ódio em relação à menina.

Rossana entende que o que a mãe diz é que terá que fazer uma nova roupa, um vestido para essa nova mulher que se tornou depois da maternidade. A Dra. Gianna responde que, metaforicamente, está absolutamente de acordo, um novo vestido mental.

Alicia reflete que muitas questões podem ser colocadas: por exemplo, se a paciente não tivesse uma perturbação quanto à sua identidade em sua vida entre antes e depois da maternidade? As dificuldades para assumir a identidade de mulher, companheira e mãe são transgeracionais? Para a Dra. Gianna, no caso em discussão, tudo está ligado à relação da paciente com a própria mãe e pergunta à analista se, nas sessões seguintes, ela teve uma visão mais clara do que seria essa relação da paciente com sua mãe.

Analista – *Percebi falta de mãe, de entorno, apesar de o marido cooperar muito, falta alguém que ajude a paciente a ser mãe.*

Dra. Gianna – *Creio que seja uma exceção. Uma exceção foi quando ela deixou que o pediatra ajudasse a amamentar, o pediatra a ajudou por três dias e ela permitiu essa intervenção. Depois de ver o pediatra, ela amamentou por três dias.*

Analista – *Depois disso, ela ficou sozinha. Quando o marido voltou a trabalhar e a mãe retornou à própria casa, ela não deu conta de amamentar e cuidar de todos os afazeres. Algo que me chama atenção é que ela lia muito sobre o que era bom para a gravidez em manuais e sites, algo intelectualizado. Ela lia que cesariana não era uma coisa boa, ela lia que era bom amamentar, ela lia que não era bom cama compartilhada, mas tudo era leitura. Não era algo apreendido, passado por outras mães sendo mães, não era uma construção afetiva.*

Dra. Gianna – *Creio que era uma coisa teórica, não instintiva. Não observo na paciente uma mãe internalizada, que a ajude a ser mãe.*

Analista – *Exatamente! Ela não tem uma mãe internalizada que tenha sido construída pelas relações afetivas ao ver outras mulheres sendo mães, por ser filha e ver a mãe sendo mãe. Parece muito mais algo pensado do que algo vivenciado/sentido.*

Dra. Gianna entende que a paciente precisa de uma ajuda mais profunda para a internalização de um objeto parental, não só maternal, e lembra que isso é possível dentro de uma análise, mas não em uma intervenção breve. Ela diz que nessa modalidade pode ser feita uma preparação para saber se a paciente está interessada em se conhecer mais profundamente, para começar uma análise, e que essas grandes mudanças não seriam feitas na intervenção breve. Cita um artigo (*The attraction of a time limited committed*) no qual dá o exemplo de um jovem que ela viu quatro vezes em intervenções breves, as quais serviram para despertar o interesse para uma intervenção mais profunda. Ele passou para análise três vezes por semana por seis anos. Diz que ele nunca pediria por essa análise se não tivesse participado da intervenção breve antes, ou seja, que a intervenção breve serve para estimular a curiosidade pela própria vida psíquica.

Relato de caso – segundo encontro

A paciente ligou pontualmente e, após me cumprimentar, começou logo a falar, com voz calma, embora sua expressão não fosse de tranquilidade. Falou que ficou pensando sobre o que eu disse em relação a ela se ter apagado como mulher depois que se tornou mãe. Realmente! Tudo mudou muito. Nada mais é como antes. Gostava de passar muito tempo no banheiro, lavando os cabelos, cuidando da pele, das unhas... hoje mal toma banho, apressada para cuidar da filha. Relata longamente inúmeras coisas que fazia antes em relação à casa, que mantinha sempre muito arrumada e limpa e hoje é uma bagunça.

Paciente – *Depois da conversa com você, na semana passada, pensei melhor sobre as coisas e até me senti com mais energia para fazer minhas tarefas. Hoje limpei bem esse chão e coloquei a Bia aí, está vendo? Ela precisa ir mais vezes para o chão. Está começando a engatinhar e tenho medo de que ela caia. Agora só pode ficar ou no berço ou no chão.*

De repente, a menina começou a gritar. A paciente examinou a situação, viu que a mão da criança estava "cheia de pó" e começou a limpar, agitada, falando comigo, mas com certo tom de brincadeira:

Paciente – *Está vendo? Foi por isso que ela começou a gritar. Eu nem sei de onde veio esse pó, deixei tudo tão limpo... Sempre gostei de ter tudo sob controle, hoje é ela quem controla tudo!*

Respondi no mesmo tom:

Analista – *E eu fico me perguntando quem dá esse controle a ela...*

Paciente – *Eu, não é? Porque, em minha cabeça, tudo é para ela. Ela reina...*

A menininha começou a gritar de novo. Dessa vez, sem motivo aparente, mas a mãe logo interpretou:

Paciente – *Sabe o que é isso? Só quer que eu olhe para ela! Parece que sabe que estou falando dela... Ah! Cobrinha! É astuciosa!*

Seu tom de voz agora parecia oscilar entre zangado e divertido. É um modo de falar que já vi: um tom de brincadeira, algo que é, mas não é, que permite que as piores coisas sejam ditas ou aconteçam no faz de conta, sem grandes consequências.

Olho para Bia e penso que ela está se transformando ou contribuindo para ser transformada numa "tiraninha" de sua mãe. Também brinco, talvez para tirar a gravidade dessa ideia, lembrando do *Manual para crianças com pais-problema*, de Van Den Brouck (1982), e calculando como ele seria útil para Bia.

Analista – *Você acha que ela já entende muitas coisas...*

Paciente – *E entende! Antes ela só queria ficar comigo, não queria o pai de jeito nenhum, agora acontece de não querer vir para mim quando está com ele. É para fazer ciúmes!*

Analista – *E você sente ciúmes dela?*

Paciente – *Toda mãe quer que os filhos gostem mais dela...*

Analista – *O ciúme também pode ser do pai dela com ela...*

Paciente – *Ele é muito dedicado e carinhoso com ela, mas é comigo também. A gente nunca briga, mas, no final de semana passado, quase teve um problema. Nó estávamos passeando e eu fiquei com vontade de tomar um açaí. Aí perguntei a ele: "Posso pedir um açaí?" Ele ficou bravo! Disse que eu não tenho que ficar fazendo esse tipo de pergunta, que o dinheiro é nosso, que eu sei das nossas condições, do que podemos e não podemos. Ficou muito chateado. Eu também* *fiquei triste por ele não entender como me sinto mal sem ganhar um centavo, me sinto dependente. Dinheiro sempre foi um assunto muito importante para mim, meus pais sempre tiveram um orçamento muito justinho, o dinheiro mal dava para pagar as contas. Cresci me controlando, me podando. Aí decidi não comprar o açaí, seria muito caro. Ele ficou mais chateado ainda.*

Ela parou de falar um pouco e ficou perscrutando o que estava acontecendo com a filha, que, nesse momento, brincava entretida, silenciosa.

Paciente – *Tá vendo? Não estou falando dela, aí ela não liga...*

Analista – *Ela parece muito envolvida com o brinquedo... Será que você não fica chateada quando ela não fica todo o tempo ligada em você?*

Paciente – *Sei lá! Ela devia se envolver assim era com o sono na madrugada e não ficar acordando de meia em meia hora como faz!*

Usou um tom de revolta. Ficamos novamente em silêncio, por um tempo maior. Ela, parada na cadeira, deixou pender a cabeça por um instante. Cochilou? Me veio a imagem de uma pintura[7] de Leonardo da Vinci: Maria sentada ao colo de sua mãe, Sant'Ana, que a olha complacente enquanto ela cuida do Menino que brinca com um carneirinho.

A referida imagem foi projetada.

Dra. Gianna acha essa experiência de contratransferência muito significativa e comenta:

Dra. Gianna – *Na imagem temos uma mãe que cuida da criança, a mãe está no joelho da Santa e isso é exatamente sobre o que estávamos falando. O que essa mãe precisa é da sua própria Santa, é isso que*

7 Leonardo da Vinci, *Sant'Ana, a Virgem e o Menino* (c. 1510).

estamos dizendo. Falamos de uma mãe interna e uma externa. Acho muito significativo você ter lembrado dessa imagem que mostra a mãe cuidando da criança enquanto é cuidada por sua própria mãe. Essa experiência ou não esteve presente ou não foi aceita pela paciente, isso a gente não sabe, mas certamente é essa experiência que ela precisa. Creio que nossa contratransferência é extremamente importante na intervenção breve. Ela é fundamental e é muito importante referir-se a essa contratransferência porque não dá para trabalhar limitado à transferência em intervenções breves. A contratransferência da analista, para a qual ela foi muito sensível, nos diz muita coisa. Agradeço por ter nos dado essa imagem em forma de pintura.

Dra. Gianna – *Na intervenção breve, trabalha-se com dois personagens e não com dois aspectos. Os dois personagens são a criança e a mãe. Parece que a mãe roubou a cena, não deixando espaço para a menina. Idealmente, no trabalho com uma mãe e um bebê seria necessário falar com os dois. Nessa situação, creio que para a analista é muito difícil pois a mãe está tomando toda a cena. Idealmente o encontro aconteceria com a mãe e o bebê.*

Surge uma pergunta sobre como a Dra. Gianna trabalharia com a contratransferência se estivesse nesse lugar e lhe ocorresse a lembrança desse quadro. O que se pode dizer para essa dupla mãe-bebê tendo em conta o que aparece no quadro e no campo analítico?

Dra. Gianna lembra que está falando com foco em intervenções breves, nas quais uma experiência de contratransferência como essa que foi relatada pela analista não pode ser comunicada. Mas pode-se implicar algo que a mãe disse, por exemplo: que foi difícil continuar a amamentar depois que sua mãe saiu de sua casa e retornou para sua cidade. Nesse momento, em que ela parou de amamentar, pode-se falar disso de uma maneira muito leve. Todas as interpretações nas intervenções breves devem ser leves.

Relato de caso – continuação do segundo encontro

No silêncio, que continuou por mais tempo, fiquei refletindo como a paciente é precisa e assertiva no cuidado que dispensa a Bia, mas isso parece uma obrigação. Quanto aos sentimentos, ela me parece confusa. As demandas que impõe a si como mãe a exasperam. Ao mesmo tempo, se Bia ficar entretida, a paciente se ressente, parece que a mãe dedicada é desvalorizada, reclama por demandas como reconhecimento, autenticação.

Indaguei a mim mesma: como será que Bia vem percebendo isso? E me lembrei do que Catherine Mathelin (1999) contou no livro *O sorriso da Gioconda*, sobre um menino de 5 anos que, ao visitar com a mãe o Museu do Louvre, ficou intrigado diante da Monalisa, interrogando à mãe: "O que é que a moça está querendo?" A autora usa esse relato para refletir sobre a captura que a criança faz do desejo da mãe.

O famoso sorriso enigmático equivale aos sinais confusos da mãe captados por uma criança pequena que não os entende? Será essa a questão? O desejo da paciente em relação à maternidade parece confuso, mas não tenho indícios de como se dão as coisas do ponto de vista de Bia e me interrogo se o sofrimento da paciente como mãe advém da confusão que intuo que ela vivencia.

Ela retomou a palavra, em tom mais brando, queixando-se:

Paciente – *Estou cansada! Quase não durmo. Quando me olho no espelho, me assusto com minha expressão de cansaço. Pareço uma velha, você não acha?*

Analista – *Não, não acho que você pareça uma velha. Mas entendo que o fato de não dormir bem, porque tem que cuidar de Bia de madrugada, a deixe cansada.*

Paciente – *Se pelo menos ela acordasse, mamasse e fosse dormir logo, seria bom. Mas não faz assim. E ainda tem mais: dia de segunda-feira, como hoje, é o pior dia. O pai fica muito com ela no final de semana, brinca, dá muita atenção... na segunda vai trabalhar e ela, sentindo falta dele, fica muito enjoada. É difícil, entende?*

Analista – *Sim, entendo e acredito que essa falta seja difícil para você também.*

Paciente – *É! Sinto a falta dele. Ele ajuda muito, sabe? Faz as coisas, passa pano, lava roupas...*

Anunciei o fim do horário enternecida com a paciente, por sua solidão. Para a mãe que engendrou, com ênfase no cuidar, a filha não faz companhia. Tensa, ela não consegue fazer companhia a si mesma. Talvez não tenha adquirido a capacidade para estar só, condição descrita por Winnicott (1983) como sinal de maturidade emocional. É como se a paciente clamasse o tempo todo por um entorno que falta. Talvez tenha dificuldade de ser mãe porque ainda precisa muito ser filha.

São conjecturas e não conclusões.

Dra. Gianna – *Digo que são conjecturas muito válidas. Nessas intervenções não há necessidade de se aprofundar muito na questão projetiva que a paciente sente, mas fazer referência ao repetir o que ela mesma já disse sobre ser mais fácil ser mãe quando o pediatra ajuda, mais fácil quando o pai ajuda, estas são intervenções leves. A analista está em contato com os sentimentos da paciente.*

Relato de caso – terceiro encontro

Quando se abriu a chamada por vídeo, vi que a paciente estava sem a Bia ao colo. Começou falando baixinho e me explicou que ela estava dormindo e não queria acordá-la. Mas isso não durou nada, logo a menininha acordou. A paciente sorriu conformada e disse que ia dar o peito, quem sabe ela adormeceria de novo?

Fiquei com a impressão de que ela fez a criança dormir no horário da sessão e imaginei que queria ficar mais à vontade, talvez conversar sobre alguma coisa que não queria que a filha ouvisse.

Fiquei vendo o rosto da paciente inclinado, olhando para baixo, na direção em que a criança certamente estava posicionada para mamar. A paciente não falava nem com Bia, nem comigo. Sua expressão denotava interesse no que estava se propondo a fazer. Aguardei.

A paciente voltou-se para mim após alguns minutos:

Paciente – *Ontem aconteceu uma coisa péssima. Eu estava filmando Bia ficar de pé no berço, quando ela deu um pulo para a frente e bateu a boca na grade. Machucou, o sangue desceu. O Carlos estava por perto e acudiu. Ele manteve a sanidade, pegou ela, limpou, olhou o que tinha acontecido enquanto eu perdi a estribeira. Ela berrava. Pensei que ia enlouquecer ouvindo seu choro. O Carlos disse que teve um pequeno ferimento no freio do lábio superior, tão pequeno que mal dava para ver. Não ia precisar de nada, era só botar gelo. Eu disse que devia estar doendo para ela chorar daquele jeito. Ele disse que não, que ela já estava se calando, que tinha sido mais pelo susto...*

Nesse momento, ela se dirigiu a Bia, que, segundo entendi, ainda estava mamando:

Paciente – *Para! Não me morde!*

O tom foi ríspido, mas, em seguida, repetiu com tom ameno:

Paciente – *Não morde a mamãe, filha.*

Voltou ao relato do acidente:

Paciente – *Depois, fui ver o vídeo que eu estava fazendo e comecei a chorar... Fiquei imaginando como teria sido se eu estivesse só com ela... não sei o que faria! Talvez saísse correndo ou ficasse chorando...*

Lembrei-me de uma tela de Jean Charlot,[8] analisada em uma pesquisa[9] que fiz. Nessa pintura, vê-se uma criança que chora, e sua mãe também caída em prantos. Senti falta, nessa imagem, do consolo materno. A mãe, dentro de seu desespero, afigurou-se, para mim, como outra criança que chora.

Entendi que a preocupação da paciente residia no fato de que, diante de um problema com a Bia, ela não pôde se sentir capaz de ajudar, resolver ou, se não houver o que fazer, acolher, consolar.

Analista – *Você se aflige por se achar sem condições de ajudar a Bia em um momento como esse.*

Paciente – *Na verdade, não pensava que fosse assim. Ela já tinha caído outra vez e eu conversei com ela, acalmando: "Isso pode acontecer... Você pode cair... Não é bicho de sete cabeças. Vai já passar! Tenha calma". Mas, dessa vez, me desesperei... Acho que por causa do sangue. Meu marido disse que eu digo e não faço. Minha mãe disse que "Nasce uma mãe, nasce uma culpa". Acho que é mesmo assim, uma culpa por tudo que acontece...*

Analista – Você acha que falhou nessa situação...

Paciente – *Sinto-me culpada por não prever que isso poderia acontecer. Eu estava de longe, filmando, se estivesse perto dela, teria segurado.*

Analista – *Será que é possível estar todo tempo por perto?*

---

8 *El primer diente* – Jean Charlot, 1936. Disponível em: http://museoblaisten.com/en/Obra/1787/El-primer-diente.

9 Observação da relação mãe-bebê em pinturas – Pesquisa apresentada como tema livre na IV Jornada da Clínica 0 a 3 – Intervenção nas relações pais-bebê. Fronteiras da Parentalidade e Recursos Auxiliares: Pensando a Clínica 0 a 3. Na Sociedade Brasileira de Psicanálise de São Paulo (SBPSP), em 2019.

Paciente – *Não, não é. Mas a mãe tem que fazer o máximo. Preciso prever tudo o que pode acontecer com minha filha.*

Analista – *Parece mesmo que o sentimento de culpa está guiando seu pensamento. Veja: você poderia prever tudo?*

Paciente – *Tudo, tudo, não. Mas eu me preocupo muito, por exemplo, com a alimentação dela. O Carlos acha que é exagero. Mas tanto eu como ele somos obesos. Tenho que ter o máximo de cuidado para que ela não seja obesa também no futuro. Eu cuido muito de tudo! Ela não gosta de frutas, mas eu dou e faço com que ela coma, mesmo sem gostar.*

Dra. Gianna considera que essa é outra experiência contratransferencial muito importante. Lembra que no primeiro encontro a mãe percebe que quando chora, ela está projetando algo na menina. Dra. Gianna associa a pintura mencionada ao conceito de "terror sem nome", de Bion, e traz a definição desse conceito como projeções que não são recebidas e retornam sem significado.

Dra. Gianna – *Não podemos interpretar tudo por esse ponto, mas é muito útil saber e ter essa referência para que possamos escutar o que é dito. Penso que não se pode interpretar nada disso em uma intervenção breve. O que ela pode interpretar é a presença na mãe de uma voz muito severa. Em uma intervenção breve é possível diminuir o sentimento de culpa de uma mãe que se sente inadequada. Esse medo que a mãe tem de que a filha tenha se ferido vem de sentimentos ambivalentes que a própria mãe tem, porque na realidade a menina não se machucou. Penso que se pode diminuir a percepção da mãe de ser inadequada, mas não com interpretações mais profundas, visto que estamos em uma intervenção breve. Não devemos interpretar a ambivalência. A simbiose é devido a uma recíproca identificação projetiva e não acho que isso pode ser interpretado numa intervenção* *breve. É uma interpretação que já é difícil em análise. Normalmente nas intervenções breves não se interpreta a transferência.*

Rosa Lang[10] – *Talvez não interpretar, mas nomear o que aconteceu?*

Dra. Gianna – *Sim, podemos nomear, mas não nos aprofundar nessas questões. Posso definir o que são para mim essas intervenções breves, diferenciando-as de uma análise e de uma terapia. É como se fôssemos desenhar um mapa geográfico. É diferente de começar uma viagem. Esse mapa possui alguns aspectos daquilo que se pode entender do mundo interior do paciente, por exemplo, quando falamos da presença de uma voz severa no mundo interno, aqui estamos apenas desenhando o mapa. As consequências de ter esse supereu muito forte já adentra no campo a ser trabalhado dentro de análise ou terapia.*

Relato de caso – continuação do terceiro encontro

A paciente parou de falar para se voltar para Bia, dizendo:

Paciente – *Você regurgitou, bonita? Espere aí...*

E "saiu da cena" para atender Bia. Dessa vez, fui eu quem ficou pensando que a menininha parecia estar ouvindo o que a mãe falava e regurgitou na hora certa, talvez para se fazer entender. Esse pensamento fez com que meus sensores se alarmassem: estaria eu "tomando o partido" de Bia? Sendo pouco sensível e pouco atenta, e me deixando levar pela velha crença "a culpa é da mãe"? Ou, ao contrário, agora a culpa me pegou e não estou me sentindo livre para pensar, cooptada pelo que minha mente nomeou de "efeito Sant'Ana", ou seja, por sentimentos maternais pela paciente?

10 Membro efetivo, docente e didata da SPRJ.

Talvez, nesse momento, devesse me valer da "capacidade negativa",[11] *prescrita por Bion. Foi o que tentei.*

A paciente, após fazer Bia adormecer, retornou à conversa comigo, retomando o assunto do seu modo de cuidar da filha:

Paciente – *Tudo o Carlos acha que é besteira! Ele diz que nós nem fomos criados com todos esses requififes e estamos aqui firmes e fortes. Ontem inventou de dar chá de camomila para a Bia dormir melhor e ela até dormiu. Só acordou duas vezes. Mesmo assim, não concordo porque já li em vários lugares que os pediatras recomendam não dar chá, de nenhum tipo. Isso é coisa da família dele!*

Fez uma pausa e ficou olhando para mim, de um modo que me pareceu expectante. Imaginei que ela esperava que eu desse minha opinião. E eu até tinha uma opinião, mas acolhi o olhar dela, sem dizer nada. Ela começou, então, a me falar sobre sua relação com a família do marido, de forma longa e com muitos detalhes que tentarei resumir.

Antes de se casarem, ela não tinha muito contato com eles, somente depois é que passou a ter mais convívio com os sogros. Desde o início, os considerou estranhos. A sogra, por submeter-se a todas as loucuras do marido, "e ele, por ser louco". Ele fuma o tempo inteiro, não se importa com quem está por perto. Também ingere muita bebida alcoólica, fica agressivo, humilha os filhos, maltrata a esposa. Ganha bem, mas gasta tudo que tem, não se sabe com o quê. O irmão de Carlos e a mulher dele convivem com isso sem falar nada, fingem que uma coisa tão extravagante como essa não existe. A sogra explicou que o marido é assim porque o pai dele,

---

11 Estado mental de tolerância a não saber, para o qual o analista deve se esforçar, criando um espaço em sua mente para a incerteza, o mistério e a dúvida (explicação baseada no verbete "capacidade negativa" do *Diccionario de la obra de Wilfred R. Bion*, de Rafael E. López-Corvo (2020), em tradução livre).

avô paterno de Carlos, era muito violento e fez mal à família, não disse como. E nunca mais falaram sobre isso.

A primeira visita que fizeram à sua casa foi um transtorno que culminou em agressão física. Eles foram embora no mesmo dia. Desde então não os viu mais. A família de Carlos só conhece Bia por vídeo e fotos que ele envia. Vez por outra mandam presentes para ela pelos correios.

A paciente finalizou colocando que planejava passar uns dias na casa de seus pais, mas não pretendia visitar a família de Carlos, que mora na mesma cidade de seus pais. Não se sente com o direito de impedir que eles conheçam Bia, mas estava sem saber como resolver isso. Acrescentou não ter nem como conversar sobre isso. E, novamente, pareceu que ela endereçava a pergunta a mim, mas não me detive a pensar sobre isso porque o tempo da sessão já havia terminado.

Dra. Gianna – *A gente teria muito a dizer sobre essa terceira sessão, mas infelizmente não temos tempo para isso. Vejo a paciente muito engajada na relação com a analista e com isso começam a aparecer sentimentos negativos. É principalmente quando surgem esses personagens novos que ela entra em contato com esses sentimentos negativos, o que faz sozinha, já a partir desse momento. Em um trabalho mais longo, haveria muito a se fazer com essa transferência, mas nesse momento, de forma mais curta, não seria possível fazer nenhuma interpretação dessa violência que ela sofreu, a qual tem que ser levada como algo que ela contou simplesmente. As únicas interpretações aconselhadas são aquelas tangenciais/centrífugas. Só essas são possíveis nas intervenções breves.*

Ela ainda responde às perguntas sobre a relação mãe-bebê, ressaltando que muito do que diz respeito à dupla mãe-bebê está presente no quadro da Monalisa, citado na apresentação.

Dra. Gianna – *É o sorriso da Monalisa, ele diz respeito a vários problemas: exclusão, relação de casal e sobre isso tudo não conseguimos falar hoje. Nós não podemos falar do Complexo de Édipo agora também. Teríamos muito a discutir, mas talvez por hoje seria melhor terminarmos por aqui. Gostei muito da apresentação. A analista está fazendo um trabalho magnífico!*

Referências

López-Corvo, R. E. (2020). *Diccionario de la obra de Wilfred R. Bion*. Ediciones Biebel.

Mann, J. (1981) The core of time-limited psychotherapy: Time and the central issue. In S. Budman (Ed.), *Forms of brief therapy* (pp. 25–43). Guilford Press.

Mathelin, C. (1999). *O sorriso da Gioconda*. Companhia de Freud.

Van Den Brouck, J. (1982). *Manual para crianças com pais-problema*. Marco Zero.

Winnicott, D. W. (1983). *O ambiente e os processos de maturação: Estudos sobre a teoria do desenvolvimento emocional*. Artes Médicas.

3. O passado no presente: maternidade, uma brecha na repetição mortífera

Eixo I – Gestantes, Pais e Bebês de 0 a 3 anos

Reunião Científica do Projeto SOS Brasil em 19 de setembro de 2021, supervisionada pela Dra. Yolanda Gampel.[1] *Trata-se de Anie,*[2] *29 anos, e sua bebê de 1 ano e meio, que residem com a mãe da genitora.*

Anie tem 29 anos, uma filha de 1 ano e 6 meses, e procura o SOS por estar se percebendo deprimida, irritada e com medo de agredir sua filha. Aguarda consulta com psiquiatra no sistema único de saúde. Chegou ao SOS por indicação de uma professora do curso

---

1 Analista didata da Sociedade de Psicanálise de Israel. Formou-se em psicologia em Buenos Aires e fez doutorado em Paris. Membro do *Site Visiting Committee* em Roma, Madrid e Brasil. Vice-presidente da Federação Europeia de Psicanálise. Professora convidada nas universidades de Sorbonne, Lyon e outras.

2 Nome fictício, em razão do sigilo do material.

técnico, que faz à noite. Reside com a mãe. Cuida da filha durante o dia e estuda à noite.

A imagem que a paciente mostra no WhatsApp é de uma mulher jovem, bem arrumada, chama atenção o vestido vermelho com um decote profundo entre os seios, mostrando uma tatuagem que não distingo. Quando combinamos o primeiro atendimento ela diz:

Paciente – *Minha filha de 2 anos fica comigo o tempo todo, então preciso me organizar para não ser interrompida por ela e para me sentir mais confortável.*

Envia uma mensagem alguns minutos antes do horário:

Paciente – *Oi, você vai me contatar por videochamada? Eu quero me organizar com minha filhinha que está ligada a mim.*

No horário combinado ela me atende: está dentro de um carro, é noite, não vejo luzes em volta. Ela usa grandes fones de ouvido, seus cabelos escuros estão presos. Seus olhos parecem inchados, dando a impressão de que estava chorando. Apenas vejo seu rosto. Anie é muito diferente da foto de perfil do WhatsApp. Sua expressão é de sofrimento, de uma dor profunda.

Fala muito, de forma efusiva e rápida, o que dificulta o registro de tudo. Sua maneira de falar reflete sua história, uma avalanche de situações traumáticas e de abusos.

Paciente – *Venho de uma família de mulheres abusadas... Agora estou tentando sair de uma relação abusiva, mas não estou conseguindo sair.*

Fala que não se sente bem, tem muito medo de perder a paciência com a filha. Assusta-se quando se vê gritando com a filha.

Paciente – *Todas as mulheres da minha família têm um histórico de abuso, de relacionamentos abusivos dos quais não conseguem sair. Não é o que eu quero para mim.*

Seu pai desapareceu no mundo, sua mãe a criou sozinha com a ajuda da avó de Anie. Quando ela tinha 2 anos, ficava aos cuidados da avó materna enquanto sua mãe trabalhava. Ela foi abusada pelo marido de sua avó. Por volta dos 6 anos de idade contou à mãe o que havia acontecido com ela na casa da avó.

Paciente – *Eu não me lembro bem, mas disse à minha mãe e fui testada. Foi feita uma avaliação psicológica e o abuso foi comprovado.*

A avó nunca aceitou o fato e disse que era apenas imaginação de criança. A mãe cortou relação com a sua mãe. Anie relata uma história cheia de situações traumáticas e de impotência. Seu sonho era ter uma família, talvez a família que ela nunca teve, e imaginava realizar esse sonho com o pai de sua filha, mas desde o início eles estabeleceram uma relação sadomasoquista, com violência física, registro de boletim de ocorrência, medidas protetivas etc.

Paciente – *Quando eu começo a respirar, ele volta com promessas.*

Ela cede e o ciclo se repete. Em uma dessas reaproximações, ela engravida. Durante a gravidez consegue se afastar. Ele foi ao hospital quando o bebê nasceu, exigiu o teste de DNA para provar a paternidade e paga uma pensão mensal ordenada pelo tribunal.

Ela diz que é importante para a filha ter um pai e penso o quanto seu desejo está muito distante da realidade que descreve. Esse homem já tem cinco filhos. Eu a ouço em silêncio. Penso nas semelhanças da situação atual com os abusos da sua infância, a falta de um pai que a proteja. Conclui o relato dizendo que necessita ser forte para não voltar atrás, porque sabe que ele não mudará.

Paciente – *Tenho que conviver com ele por causa dela, ela precisa de um pai.*

A filha volta da casa do pai suja e malcuidada e ele não a entrega na hora combinada, ou a entrega com febre e não lhe conta. Ele não se lembra de lhe dar comida. Por enquanto a filha não tem nome. Com a gravidez eles se separaram.

Dra. Yolanda Gampel – *Este é o primeiro encontro?*

Analista – *Sim.*

Dra. Yolanda Gampel – *Uma das minhas maneiras de começar a trabalhar para entender um caso é perguntar aos ouvintes o que eles sentiram, o que cada um sentiu, percebeu e entendeu a partir do material apresentado. Sem pensar em teoria, psicologia ou qualquer outra coisa, que efeito tem a apresentação de Anie sobre a pessoa que a ouviu pela primeira vez?*

Por um lado, ela parece uma garota muito inteligente e, por outro, a Anie desaparece atrás de uma foto que não é dela, e apresenta outra foto de si mesma, dentro de uma hora.

Material clínico

Analista – *Notei que quando você fala de sua filha o seu rosto se ilumina. Sua expressão muda.*

Paciente – *Sim, ela me dá forças. Tenho que ser forte por ela.*

Nesse momento surge uma luz tênue no fim do túnel. Pergunto o nome da filha e ela responde um nome que não entendo, mas não me sinto confortável em repetir a pergunta. Anie segue repetindo, não sabe como fugir do pai, mas agora com a filha é mais difícil porque é importante para ela ter um pai.

Vejo-a presa num labirinto, lutando para encontrar uma saída. Faço a associação de que talvez ela se sinta com ele da mesma forma como se sentia paralisada quando criança, diante do abuso do marido de sua avó.

Ela olha para mim e diz:

Paciente – *Faz sentido, eu nunca pensei nisso.*

Analista – *Talvez você esteja procurando ajuda para romper com a história das mulheres da família. Élpis*[3] *te dá força.*

Paciente – *Sim, eu tenho que ser forte por ela.*

No fim do encontro ela agradece.

Questões do Chat – *Anie coloca a filha numa situação de abuso? Na foto, uma mulher profissional; na sessão, uma menina frágil. Eu acho que a foto é uma representação. A avó e a mãe colocaram sua verdade entre aspas. Como trabalhar esse abuso? Acredito que ela coloca sua filha, também, em risco de ser abusada por um homem que escolheu. Um homem que tem cinco filhas, ela é a sexta filha. Mulheres pobres podem se submeter ao abuso por questões econômicas. A paciente está dissociada.*

Outro participante do chat – *Vou responder à pergunta da dra. Yolanda. Vou dizer o que eu senti ao ouvir o relato. A paciente é uma criança muito confusa, muito indiscriminada entre a realidade externa e interna. Uma criança desamparada em busca de algo que ela não sabe bem o que é. O que há de errado? A analista descreve que ela quer um pai para sua filha. Uma justificativa para sua grande subjugação e pouca discriminação. O que é um pai, o que é uma função paterna, para que serve?*

Outro participante do chat – *Anie ainda não nasceu como sujeito do seu próprio desejo.*

Maria de Lourdes Negreiros Lima[4] – *Eu me senti muito incomodada com a sensação de desamparo dessa moça, ela continua perpetuando*

---

3 Nome fictício escolhido pelo significado na mitologia grega, personificação da esperança. O mesmo significado do nome que a paciente escolheu para a filha.

4 Membro efetivo com funções didáticas da Sociedade Psicanalítica de Fortaleza (SPFor) e coordenadora do ateliê de gestantes, pais e bebês (Eixo I) do Projeto SOS Brasil.

um abuso. Ela fala dos abusos familiares, ela continua aprisionada nesse abuso com esse homem, não consegue sair. Ela está colocando a filha também em perigo, a menina pode sofrer um novo abuso.

Anie diz que quer um pai para a filha, *mas que tipo de pai ela vai oferecer para essa filha? O que me deixou muito impactada foi a sensação de aprisionamento dessa moça nesse mito familiar de abusos sucessivos, sem saída. A própria filha está sendo oferecida inconscientemente a novos abusos.*

Joice Calza Macedo[5] – *Primeiro eu queria dizer que achei muito bem escrito o seu relato, de forma muito detalhada e muito sensível. Nós estamos no modo virtual, então, o olhar, as expressões dela, isso para mim reflete muito o seu jeito, o cuidado que essa moça está solicitando, o cuidado que ela está pedindo pelo desamparo.*

Duas coisas me chamam atenção: uma é que ela falou por duas vezes que não poderia ter a sessão porque o bebê estava muito agarrado a ela. Então há algo por aí que me faz pensar, o que é esse bebê agarrado a ela? Parece que ela não pode se separar desse bebê. Algo que me chamou atenção, também: por que não se sentiu à vontade para perguntar o nome da filha? Que será o não nascido? Podemos sonhar essa moça, podemos pensar nessa moça que suplica por ajuda.

Comentário de participante do Chat – *Ela me parece uma mãe desamparada, muito angustiada, que está revivendo o próprio desamparo. A filha traz a impotência que a mãe provavelmente já experimentou quando criança. A mãe agora pode pedir ajuda e eu acrescentaria que ela é prontamente atendida.*

---

5 Membro efetivo, professora-assistente da Sociedade Brasileira de Psicanálise de São Paulo (SBPSP). Diretora de extensão, membro efetivo e analista didata pela Sociedade Brasileira de Psicanálise de Campinas (SBPCamp). Analista de crianças e adolescentes pela International Psychoanalytical Association (IPA).

Alicia Lisondo[6] – *Ser bem atendida e sem demora revela a potência do Projeto SOS. Ela nunca tinha sido escutada sobre seu sofrimento. Sua queixa foi desqualificada, sem dar sentido à sua palavra. Sua confissão, ilegitimada: "são histórias inventadas de criança!" O tabu transgeracional precisa ser mantido numa cripta, silenciado, escondido. Justamente por não ter sido elaborado, ele se repete compulsivamente, com sua força diabólica, na nova geração.*

Participante do chat – *Essa menina que precisa ter um pai, ser colocada na vida adequadamente, do ponto de vista afetivo, é a chance de propiciar uma mudança entre as gerações de mulheres maltratadas. A mãe quer essa mudança. Ela vive adicta aos maus-tratos, ao sofrimento, como se fosse um vício. A filha parece ser uma representante da pulsão de vida, uma esperança de transformação.*

Dra. Yolanda Gampel – *Gostaria por enquanto de dizer como reunimos todas essas impressões, porque o objetivo é poder entender algo que é compreensível, mas como trabalhamos com isso? Ou seja, tudo o que cada um de vocês contribuiu é de uma riqueza muito grande. O estado de espírito de uma cultura, o estado de pensamento de uma cultura, o que é a cumplicidade das próprias mulheres, abusadas não apenas pelos homens, mas empurradas para o abuso, como tem sido dito até agora. Eu quero fazer um enquadramento. Como podemos fazer um enquadramento para que possamos entender todos os níveis, no nível do consciente, do inconsciente e do pré-consciente, em um caso como este. Minha primeira formação foi muito kleiniana, em Buenos Aires, e tenho que agradecer tudo o que aprendi para organizar o pensamento do confuso que está nos outros níveis.*

Quando ouço a primeira hora de uma reunião, penso em cinco ou seis pontos que quero esclarecer. O que eu tenho que tocar e o que

---

6 Analista didata e docente da Sociedade Brasileira de Psicanálise de Campinas (SBPCamp) e da SBPSP. Analista de crianças e adolescentes pela IPA.

não tenho que tocar nessa proposta do projeto? É assim, antes de tudo, que tipo de angústia ela tem? É uma ansiedade persecutória, uma ansiedade de confusão ou uma ansiedade depressiva? Que tipo de ansiedade ela já tem quando se dá a conhecer a terapeuta?

Quero dizer, acho que ela aparece num carro, o carro é dela? Penso como ela aparece dentro de um carro escuro, de quem é o carro? Qual é a estrutura na qual ela encontra a terapeuta? E por quê? São muitas perguntas. Aparece lentamente a angústia, a confusão nos momentos de abuso durante toda sua vida. Então pensamos: quais são as defesas dela, como ela se defende de tudo isso?

Tem ambivalência? É algo ambíguo que está trazendo, como um núcleo inteiro fechado e dúbio do qual ela não consegue sair e pede ajuda para isso? Ela está cuidando de sua filha ou de seu bebê interior? Ela não conseguiu crescer da maneira que deveria, não temos uma resposta para tudo isso. Sei que ela é uma garota inteligente, que está agora num curso para estudar enfermagem, então ela é forte e está pedindo ajuda nesse curso para ressignificar sua vida.

Ela é uma estudante. Há algo mais nela, além do desamparo. Começo a pensar qual é a sua fantasia inconsciente sobre a doença. A narração muito consciente do desamparo transgeracional é clara. Mas o que mais ela está nos mostrando? Qual é a sua fantasia inconsciente para poder sair disso?

Qual é sua fantasia inconsciente de cura? Essas são as perguntas e é muito importante, por isso cada um de nós neste dia deve contar a sua fantasia sobre o caso, porque assim, lentamente, entenderemos também a fantasia da Anie. O que a terapeuta deu como interpretação foi muito bonito, quando disse: "bem, isto parece algo pelo qual você passou". Ou seja, significa que o terapeuta pensou nas fantasias inconscientes da cura, ou seja, as verdades da loucura dentro dela. Ela lhe disse uma verdade. O silêncio, ela entendeu, foi uma surpresa.

O nome é uma das significações mais importantes a apreender sobre as relações conscientes dos pais com seus filhos. Porque ela lhe deu esse nome, então se eu não tivesse compreendido o nome, poderia indagar: "diga-me quem deu o nome a seu filho. De onde vem o nome, de quem é o nome, por que você lhe deu esse nome?"

Vamos aprender muitas coisas com isso, ou seja, não deixar de fora as pequenas coisas que aparecem, como se não fossem importantes, mas são as mais importantes para descobrir e continuar pensando como psicanalistas. Qual é a fantasia inconsciente de sua doença, de seu sofrimento e de sua cura? Continuamos a ver o segundo encontro?

Alicia – *Um comentário no chat diz que foi um pedido de socorro. A mãe está apegada à filha em busca de um pai. Anie projeta na filha seu desejo de ter tido um pai.*

Segunda sessão – 31/8/2021

Na hora marcada, eu lhe envio uma mensagem perguntando se posso fazer a chamada a ela. Ela responde imediatamente, tenho a impressão de que ela está me esperando. Novamente ela está no carro. Sua expressão é de sofrimento.

Paciente – *Eu não lhe perguntei como funcionam as consultas, quantas reuniões existem, por quanto tempo.*

Eu respondo que são três a oito reuniões, de aproximadamente cinquenta minutos.

Paciente – *Há uma coisa que eu não lhe disse e acho que é importante que você saiba. Depois que Élpis nasceu, eu não queria sair da sala por três meses, eu não queria ver ninguém. Só a levei para exames médicos e vacinações, nem mesmo queria ver meus amigos. Tive muita vergonha da maneira como fui tratada no hospital pelo* *médico e por todos os outros, eles me ignoraram. Fiquei muito deprimida, eu só chorava.*

Relata que foi para o hospital na noite anterior ao parto com contrações. Após o exame, voltou para casa com a orientação de retornar quando as contrações aumentassem. Já estava com seis dedos de dilatação e contrações regulares. Explica que residia a 40 km do hospital. Três horas após chegarem em casa a bebê nasceu. Naquele dia houve uma inundação na cidade e a ambulância demorou, quebrou no caminho, acabou chegando ao hospital trazida pelos bombeiros.

Podemos ver como a vida da Anie gira em torno de eventos traumáticos, falta de proteção, perigos e ameaças, como as que rodearam o nascimento da filha. O hospital recusa a internação, porque o parto já havia ocorrido. Os bombeiros se recusaram a ficar rodando pela cidade com as duas. No fim foram internadas. No hospital ela foi ignorada, não falavam com ela, nem entravam no seu quarto... Sente vergonha pelo que aconteceu.

Paciente – *Mas, felizmente, minha filha nasceu bem, perfeita, e eu não tive nenhuma complicação.*

Élpis nasceu saudável. Se olharmos para isso desse ângulo, é o nascimento que toda mãe deseja. Ela descreve um filme de terror, fala e chora muito, eu a escuto em silêncio, fazendo um comentário do tipo: "não deve ter sido fácil..."

Ela vincula a história do nascimento com o processo do exame para o reconhecimento da paternidade de Élpis, uma exigência do pai. Foi um processo tumultuado. Não quis registrar a filha com o sobrenome paterno.

Dra. Yolanda Gampel – *É a desolação, estar sozinha, estar exposto a tudo, a tremenda crueldade do lugar onde ela vive, do hospital, dos* *bombeiros. Ela pergunta: "quantas sessões vão ser? Quanto tempo?" Ela quer se organizar.*

Há também uma terrível desconfiança com relação à analista sobre o que ela pode oferecer. Acrescentem a isto a ansiedade paranoide dela, que precisa cuidar de si mesma e tem que fazer uma imagem de qualquer maneira. É algo muito ambíguo, por um lado, ela nos diz que belo nascimento o bebê teve e como ela tem sorte de ser mãe de um bebê saudável. Por outro lado, ela nos fala de um parto aterrorizante, ou seja, onde ninguém deu a ela e à sua filha nenhuma proteção, uma imensa impotência numa sociedade com uma tremenda crueldade.

Mas é isso que ela deve sentir diante de cada nova oportunidade. Ela tem que cuidar de si mesma, porque não há amor, não há doação, em outras palavras, há crueldade. Ela também traz seu conflito, dizendo ao pai que não dará seu nome à filha, porque não tem confiança em ninguém e nenhuma confiança no que está fazendo com a terapeuta. Acho que é saudável para ela saber sobre o enquadre, com clareza. Quanto tempo vamos ficar juntas? Quanto tempo cada sessão?

Quero dizer que existe alguma organização dentro da grande confusão, de diferentes níveis para essa paciente. Temos que pensar que ela tem vergonha. A sociedade deveria ter vergonha. Os médicos a tratam mal. Mas ela tem vergonha de sua vergonha.

Rosa Lang[7] – *Será que não há aí um deslocamento da situação que teve em sua infância com o pai para a equipe médica?*

Dra. Yolanda Gampel – *É muito provável. Mas tudo isso é a fantasia inconsciente dela. O tempo todo, a questão é a fantasia inconsciente de sua cura.*

---

7 Membro efetivo da Sociedade Psicanalítica do Rio de Janeiro (SPRJ). Presidente da Cowap Brasil.

Nesta sessão ela começa muito organizada, pedindo uma ordem. "Quando nos vemos? Quantas vezes?" Além da depressão, é uma desolação, é deixar um bebê sozinho completamente. Novamente, em outras palavras, o que aconteceu nesse lugar, para ela, é uma réplica de barbárie. Eles não cuidam da mãe com o bebê e do bebê com a mãe como uma unidade indissociável com amor, continência, respeito.

Desde o início do encontro, essa mãe fala que seu bebê não sai do seu lado, seu bebê está preso a ela. Ela teme que a terapeuta tire o bebê dela, como eles queriam tirar seu bebê e privá-la de um momento sagrado. Todas as dimensões de repetição trazidas para o presente da sessão. Quem é você? Você vai me separar da minha filha ou do meu bebê desolado dentro de mim?

Rossana Nicoliello[8] – *Esse bebê que é a paciente foi buscar pelo Eixo I, de zero a três anos. Ela foi buscar a adulta para um atendimento do próprio bebê. Então é muito interessante porque ela está falando que não gostaria, eu escutei assim, que a analista a separe do seu bebê, que ela carrega dentro dela. A fotografia, para alguns colegas, pareceu como se fosse uma garota de programa/prostituta. Eu fiquei pensando naquelas crianças que, em vez de viverem a infância, estão desamparadas e elas dão um salto para uma sexualidade, de forma a receber o amparo na sensorialidade, uma forma de amor sensual.*

Alessandra Ricciardi Gordon[9] – *Queria dizer que essa sessão foi impactante para mim. Eu senti a desolação. Talvez existam cisões importantes nessa mulher. Ela teve uma experiência de vida muito difícil, e se vê aí envolvida num circuito de repetições, as quais remontam a questões transgeracionais importantes. Nesta sessão aparece a organização, por um lado, mas aparece toda uma qualidade de afetos e de uma imagem que tem dela mesma que mostra o lugar terrível*

8 Membro efetivo da Sociedade Brasileira de Psicanálise de Minas Gerais (SBPMG) e da SPRJ.

9 Membro da SBPSP.

no qual se encontra. Esse lugar terrível no qual ela se encontra, com essas repetições, reeditadas no nascimento da filha.

Rosângela Costa[10] – *Agradeço à Yolanda pela metodologia para pensar na fantasia de cura e de doença. Creio que a Anie mostra uma crueldade que a psicanalista não conhece. Você estará em contato com a miséria humana brasileira: "vão me deixar na porta do hospital e não irão cuidar de mim e de minha filha?" Creio que foi muito importante a aprendizagem da paciente. Ela quer aprender um método para inventar saídas ante os abusos e poder ser uma pessoa diferente. Creio que ela traz sua história e vai tentar ser algo diferente nesse novo vínculo. Creio que sim, tem crueldade, desamparo e uma linhagem de mulheres desprezadas.*

Élpis tem o DNA, mas o nome do pai não é colocado na filha. Penso que ela quer ter uma nova oportunidade na vida.

Comentário do chat – *A analista sente muito receio de estar invadindo a privacidade da paciente. A porta que a Anie poderia estar abrindo está relacionada com o tempo, junto com ela, para poder confiar nesse número de vezes.*

Terceira sessão – 9/9/2021

A minha impressão é que ela está esperando por mim. Ela está dentro do carro. Não consigo ver nada fora do carro. Parece ser um lugar deserto, não vejo nenhuma luz do lado de fora, nem barulho ou movimento. Como em outras ocasiões, ela está usando fones de ouvido muito grandes, deve ter a câmera bem longe, porque eu posso ver seu rosto e parte do porta-malas. Ela está usando um casaco amarelo com desenhos infantis, eu não distingo os personagens. Seus olhos estão inchados, assim como seus lábios. Tenho a impressão

10 Membro da Sociedade Psicanalítica de Porto Alegre (SPPA).

de que ela estava chorando. Mais uma vez me surpreendo com sua imagem, tão diferente do seu perfil no WhatsApp.

Paciente – *Você sabe que na semana passada, depois de conversarmos, tive vários insights que fizeram que eu me sentisse muito melhor. Minha prima veio à minha procura porque queria minha ajuda. Isso me fez lembrar de um momento da minha vida que eu pensava que tinha acabado,*[11] *que eu queria esquecer. Sinto-me mal só de pensar como minha prima, em vez de me ajudar, me encorajou a fazer algo que me machucou... Uma coisa se liga à outra e o passado sempre volta. Eu não posso perdoar minha prima, ela deveria ter me protegido.*

Ela explica que é filha única, mas tem três irmãos mais velhos, apenas filhos de seu pai. O pai, pelo que entendi, tinha duas famílias e na gravidez de sua mãe houve a separação dos pais. Ela conta que, quando tinha 18 anos de idade, trabalhava no centro comercial, tinha comprado uma bicicleta, mas foi demitida e não tinha condições de pagar as prestações.

Paciente – *Eu não podia pedir à minha mãe, então fui ter com minha prima e pedi ajuda. A prima me disse que eu era bonita e que podia ganhar dinheiro acompanhando homens.*

Anie acabou seguindo o conselho da prima. Ela disse que não se sentia bem, era algo que tentava esconder de todos. Sua mãe estava desconfiada por causa dos horários diferentes. A prima se encarregou de contar a toda a família e com isso o pai a condenou, sua mãe a expulsou. Ela deixou a cidade para não envergonhar a família. Ela culpa sua prima por não a ter protegido.

Eu a escuto silenciosamente, entendendo sua necessidade de ser ouvida, quando ela diz que ele, o pai de Anie, a ameaça e a acusa por esse fato. A certa altura eu lhe digo:

---

11 Período em que foi profissional do sexo para se sustentar.

Analista – *Parece-me que toda essa história lhe trouxe dores muito antigas, sentimentos de estar sozinha, sem a proteção de algum adulto que deveria protegê-la, como na época em que você vivia com sua avó.*

Paciente – *Acho que sim, eu pensava que isso já tinha acontecido, como vou conseguir resolver isso?*

Entendo que ela precisa desse espaço. Élpis ainda não tem espaço. Vejo a Anie com um bom potencial de vida, percebo que ela está ansiosa por nossas conversas. Entendo que ela precisa desse espaço para si mesma, neste momento.

Dra. Yolanda Gampel – *Há muita ansiedade confusa nessa garota, ou seja, ela traz muitas coisas juntas, coisas diferentes, ao mesmo tempo que podem ser verdadeiras e não tão verdadeiras também. Portanto, também temos que tentar ver onde ela está. Em outras palavras, assim como na segunda sessão ela trouxe a crueldade, expressão de toda a crueldade que ela sofreu durante sua vida. Também traz como eles queriam levá-la, querem levá-la para ser uma prostituta, para viver bem, pagar a bicicleta e assim por diante. Como se houvesse um grande desejo de aprender coisas novas, de conhecer coisas novas, mas ninguém lhe dá essa possibilidade.*

Portanto, chegar ao tratamento é uma possibilidade para ela aprender uma nova forma de vida. Como você se sentiu? O quanto cada participante comentou de seu próprio lugar. Ela é sua paciente. Como você a sentiu?

Analista – *Achei que alguns comentários foram muito sensíveis, conseguindo tocar em algo dela, tem outros comentários que incomodam o meu ouvido, quando ela é denominada prostituta. Eu não a vejo assim, eu vejo uma moça que passou por uma série de situações, com problemas que desconhecemos, eu penso que ela tenta desesperadamente sobreviver. Como alguém que está se afogando e se agarra ao primeiro tronco de árvore que encontra. E realmente para* *mim ela está num labirinto, à procura de uma saída. A luz que eu vejo no fim do túnel é ela procurar ajuda e ser atendida psicanaliticamente. Ela é extremamente inteligente. Ela consegue captar muito bem minhas interpretações.*

Dra. Yolanda Gampel – *Estou muito, muito impressionada com essa ideia sobre a Anie como prostituta. Acho que ninguém no grupo disse que a paciente é uma prostituta. Eu não ouvi isso. Quer dizer que eles queriam prostituí-la, é outra coisa. Mas todo o grupo trouxe com grande força a desolação, o apoio que ela precisa, o pedido de ajuda. Ela não quer ser uma prostituta. Não sei por que você entendeu que alguém disse que ela é uma prostituta.*

Mas ela está apresentando dois aspectos de si mesma, que eu gostaria de colocar juntos de alguma forma. Eu acho que o grupo entendeu o sofrimento, muito mais que sua aparência, a forma como ela se apresenta na foto do celular. Ela não é um anjo, nem uma prostituta. Eu falei de uma ansiedade persecutória, de uma ansiedade depressiva e de uma ansiedade confusa, uma ansiedade tóxica.

Em cada uma das três sessões apareceu algo tóxico. Esse é um conceito que não usamos, mas podemos aprender a usá-lo neste caso. Angústia tóxica não é apenas persecutória, mas também depressiva e confusa, nós vemos essa angústia tóxica, eu a vi e ainda a vejo em todo meu trabalho transgeracional, com aqueles pacientes que estavam em situações impossíveis, situações terríveis de crueldade, onde há uma angústia tóxica que é passada para a outra geração. Por exemplo, nos sobreviventes do Holocausto.

Alicia – *A pergunta que a analista traz é muito comum em muitos dos participantes do projeto. Ela percebe que a Anie tem potencial, que precisa de uma terapia pessoal, ir além das oito sessões do projeto. Temos um limite, se a analista prolongar as sessões com esta paciente, ela não estará disponível para outros, e há uma lista de pacientes esperando pelo atendimento.*

Dra. Yolanda Gampel – *Uma das questões que eu começaria a abrir muito cuidadosamente seria indagar de quem é esse carro que ela usa. Que carro é esse? Como ela está nesse carro? Alguém lhe empresta o carro? O carro é um lugar de proteção fora de casa, ninguém a escuta, ela está sozinha em um lugar desolado, ela pode falar e dizer o que quiser, e ela está lá dentro com toda sua contaminação tóxica, que compartilha com você. Ela traz toda essa toxicidade para que você a sinta. Então, lentamente, explorando o sentido do carro, pode-se começar a pensar o que seria possível ela fazer de sua vida com seu potencial. Concordo completamente com a vitalidade que existe nela. Não há só toxinas mentais. Ela poderia sair do carro e ir para um analista que esteja perto de sua casa, perto do bairro, perto da cidade onde ela mora, para poder ter um encontro cara a cara. Esse é o futuro, isto é o que ela tem que fazer. Eu começaria a prepará-la para essa alternativa e começaria a procurar alguém na sua cidade. Ela precisa sair do carro em todos os sentidos.*

Nádia Franco[12] – *A avó dizia que suas histórias eram coisa de criança. Era algo que se dizia poucos anos atrás, mesmo em psicanálise, para nós psicanalistas era fantasia; agora pensamos que não é fantasia, pensamos que possa ter havido um abuso com ela, mesmo com a cumplicidade de sua avó! Vários tipos de abusos foram cometidos. Agora, ela sabe que se prostitui, porque menina de programa é um tipo de prostituição. Ela provavelmente comprou seu carro com o dinheiro dos homens. Ela está completamente confusa, dividida e todo o seu mal parece estar dentro do carro. Ela parece não perceber a relação com sua filha.*

Dra. Yolanda Gampel – *É verdade que estamos diante de pessoas no mundo onde o que elas passaram não foi uma fantasia, elas passaram por isso com toda a crueldade de uma realidade, de um ser humano diante de outro ser humano. Há muitos trabalhos antropológicos*

12 Membro associado da SPRJ.

interessantes em pesquisa. Como as mães e avós empurraram suas filhas para extirpação do clitóris na África até agora, mesmo as meninas de 12 anos, para que não sentissem desejo sexual, eram as mães e as avós que as empurravam para cortar o clitóris, não os homens.

Portanto, aqui há um fenômeno de crueldade feminina, uma vingança, não sei como chamá-lo. Penso que somos feitos de uma realidade, de um corpo que sofre terrivelmente de uma psique, de um espírito, de um ser que também tem fantasias que se baseiam na crueldade.

Portanto, tenho que tecer entre a crueldade da realidade e a fantasia inconsciente dela, para torná-la humana para mim. Esse carro também é um lugar de privacidade. É verdade, poderia ser também o lugar, o ponto de encontro com todos os homens. Então esse espaço é um espaço terrivelmente tóxico E ela tem confiança para trazer esse espaço, esse cenário para a terapeuta na terceira sessão, mas será que ela realmente quer ser ajudada? Ela precisaria sair daquele núcleo pegajoso de gerações que não deixa a mulher viver.

Marly Terra Verdi[13] – *Gostaria de expor o que me parecem ser dois pontos importantes. Um é que ela tenta deixar seu passado para construir seu lugar como mãe! Penso que sua maternidade é tóxica porque esse passado-presente interfere em todas as suas relações. O carro é o local de transporte, parece querer se transportar para ser mãe de outra forma. Parece tentar percorrer essa travessia.*

Por outro lado, a crueldade social é o que nos levou a construir o projeto, a crueldade ante o não atendimento, com os filhos/crianças, como ela relata no nascimento de sua filha. Anie mostra com clareza aterrorizante os efeitos dessa crueldade na constituição subjetiva.

Dra. Yolanda Gampel – *Mas eu acho importante ajudá-la a criar uma ponte para tirá-la do carro. E ir a um tratamento cara a cara,*

13 Membro efetivo, docente e didata da SBPSP e do Grupo de Estudos de Psicanálise de São José do Rio Preto e Região (GEP Rio Preto).

não no carro. Duas pessoas sentadas em um encontro humano e não nesse carro, cenário de crueldades.

Rosa – *Eu penso sobre o carro um pouco diferente. O carro é um lugar protegido que eu penso como um ventre. O carro como um continente onde ela pode falar de coisas muito, muito, muito dolorosas. No outro encontro ela vai falar do suicídio e das muitas tentativas que teve. Ela fala como uma criança. Na história dessa mulher há violência, abuso e incesto! Eu penso que a possibilidade de ela elaborar minimamente esta história para poder dar existência à sua filha é um trabalho no eixo de bebês. A partir do desejo de cuidar de sua filha de 2 anos ela procura o Projeto SOS. Com 2 anos ela foi para ser cuidada pela avó, e é quando foi abusada. Eu penso que a urgência que ela tem para procurar ajuda é a de romper a sequência transgeracional. Na prostituição, eu penso que ela repete a situação de abuso, em que ela não sente nada, como as crianças abusadas dissociam o corpo da mente. Essa repetição a envergonha muito. Ela sente vergonha de uma situação da qual ela não teve culpa. Ela foi novamente violentada pela instituição, e se sente envergonhada. É o sentimento que as crianças têm em relação ao abuso, quando sentem prazer. Que culpa é essa? É uma menina muito forte, ela tenta se organizar. Realizamos apenas três sessões e ainda temos mais cinco a realizar. Eu penso que ela vai conseguir sair desse carro!*

Alicia – *Há duas intervenções: uma questão é que ela quer ser enfermeira como uma questão reparatória e força de vida! A outra questão é que nós não devemos ver a questão da prostituição com toda a penumbra de associações morais, religiosas e preconceituosas. Muitas vezes, o abuso infantil, no caso da prostituição infantil, é uma forma de "ganhar o pão" nestes países que tem níveis terríveis de miséria. A analista gostaria de dizer algo?*

Analista – *Alicia, eu gostaria de agradecer muito às colegas e a Yolanda pela maneira sensível que falaram do material e dizer que* *foi muito rico para mim, fiquei com muito material para pensar e entender um pouquinho mais sobre essa paciente!*

Dra. Yolanda Gampel – *Obrigada à analista por este trabalho com tanta sensibilidade e delicadeza. É como se eu estivesse fazendo uma carícia ao lado do dedo, não tocando o dedo. É assim que eu sinto você trabalhar. Há pessoas que não querem que você as toque, é assim que você acaricia um menino. Eu quero trazer para a discussão um conceito de Freud (1919), em artigo após a guerra: Unheimlich (O estranho familiar/não Familiar).*

Essa mulher nasceu e vive na estranheza perturbadora que a toca o tempo todo. Sobre a palavra unheimlich, *em alemão* heimlich *é o que pertence à casa, o que pertence ao lar.* Un *é o oposto, nós lemos tudo o que é familiar e desconhecido. Crescemos em uma família, mas de repente aparece na família um avô que faz o que faz. Ele é o amante de sua avó, que lhe faz algo que não lhe é familiar. A avó não quer perder esse homem. Eles sentem falta um do outro. E ela vai repetindo essa experiência em cada um dos lugares. No hospital ela é maltratada, não a escutaram e ela não reivindica atendimento. No carro está o abrigo, mas também há tudo o que não é familiar. Portanto, é um conceito a ter em mente no qual está tudo junto em uma família, em um carro, em um lugar, e continua se repetindo por suas experiências emocionais.*

Referência

Freud, S. (2019). O infamiliar [Das Unheimlich] (1919). In G. Iannini & P. H. Tavares, *Obras incompletas de Sigmund Freud*. Autêntica.

4. Na dança entre quartos e camas, um lugar para André

Eixo I – Mães e bebês de 0 a 3 anos

Reunião Científica do Projeto SOS Brasil em 26 de junho de 2022, supervisionada por Mônica Cardenal.[1] *Trata-se do atendimento conjunto de André, sua mãe, seu pai e seu irmão.*

1 Psicanalista com função didática da Associação Psicanalítica de Buenos Aires (APdeBA), presidente do comitê global de assistência a crises e emergências pela International Psychoanalytical Association (IPA) e consultora do comitê de psicanálise de crianças e adolescentes pela IPA. É professora associada de pós-graduação na especialização de psicologia e psiquiatria infanto-juvenil do Instituto Universitário do Hospital Italiano e coordenadora do seminário de observação de bebês Método Esther Bick no mesmo hospital. Assessora acadêmica e supervisora no trabalho realizado com crianças e adolescentes em situação de rua e jovens refugiados pela Fundación Junto con los Niños de Puebla A. C. (JUCONI México), Gianna William é coordenadora desse projeto, que usa o Método de Observação de Bebês Esther Bick.

Analista – Tem dois aspectos que me acompanharam muito neste atendimento: primeiro, um trabalho pais-bebês, que requer um olhar sobre como uma mãe se apresenta ao filho, e como esse filho responde ao seu chamado. Segundo, um trabalho emergencial com poucas sessões. Como circunscrever esse atendimento?

Material clínico – 1ª sessão: só com a mãe (solicitante)

A mãe, que chamarei de Maria,[2] respondeu prontamente à mensagem que enviei propondo um horário, que aceitou sem questionar. Por ser um trabalho conjunto pais-criança pequena, surpreendo-me quando abro a câmera do Zoom e encontro Maria sozinha sem a família.

Paciente – *Eu vi o anúncio e achei interessante esse apoio porque eu tenho um filho de 2 anos e estava na pandemia. Eu tive Covid e fiquei muito mal, com sintomas duradouros. Acho que tive até um quadro de depressão, perda de memória. Trabalho na assistência social em atendimento a crianças em situação de vulnerabilidade. Venho percebendo que esse trabalho tem me desgastado muito. Já fiz terapia, mas estava parada e pensei se não seria interessante recomeçar.*

Seu discurso pareceu-me um transbordamento de informações e emoções que ela me apresentava quase sem pausas. Contou sobre sua vida em várias épocas, parecendo que o sofrimento era atemporal e presente. Tento traçar uma linearidade, mas logo percebo não ser possível. Era seu modo de me apresentar como se sentia. Conta que sua mãe teve psicose puerperal e que a deixou em situação de

2 Nome fictício.

vulnerabilidade a ponto de ter sofrido violações. Diz que o padrasto a tocou. Julga ter dificuldades em formar vínculos.

Paciente – *Fico desorganizada psiquicamente pensando que as pessoas estão reparando em mim e falando mal de mim. Tenho dificuldades em cumprir horários, estabelecer uma rotina. Estou sempre mudando. Onde eu cresci tinha muita desorganização, pessoas com problemas mentais. Estava sempre com ansiedade e acabo me envolvendo com situações assim na minha vida. Procuro essas situações. Nessa última gestação achei que seria uma mãe diferente. Que iria reconstruir minha vida.*

Analista – *Você está me contando várias coisas, parece que tem muita coisa acontecendo ao mesmo tempo. Tenho a impressão de que você está transbordando com bastante coisa: pandemia, gestação e memórias de sua vida.*

Meu comentário parece não lhe fazer sentido, pois precisava continuar a falar. Diz que a gestação aconteceu num momento após uma dificuldade no relacionamento, quando estavam prestes a se separar, mas, ao se verem gestantes e com bebê, tiveram apoio da família, porém a pandemia os afastou novamente.

Paciente – *As pessoas é que vêm até mim, não sou eu quem as procuro. Às vezes eu pensava que meu filho era um bebê tão bonito e saudável, e me perguntava: será que eu mereço?*

Mônica Cardenal – *Ao ler o caso que me enviaram, eu realmente gostei da maneira como você levou essa família e este caso em breves intervenções, em um curto período, o que é muito difícil. Você sabe que está construindo uma experiência. Temos feito isso em outros lugares do mundo, também na Ucrânia estamos fazendo muitas intervenções curtas, especialmente com mães, bebês e crianças pequenas. E o que notamos primeiro? A mãe vem e tudo que ela precisa é que haja um* *receptáculo, uma mente que seja capaz de receber tudo o que ela quer evacuar. É realmente uma evacuação. É por isso que você sente que se trata de muita informação. Então, ela dá um segundo passo que eu acho muito interessante, mas em princípio atua como se buscasse um receptáculo que não está em nenhum de nós, levando o outro ao limite.*

Em uma intervenção de emergência, como a que estamos fazendo atualmente, vivemos uma experiência muito importante, estamos adaptando o método psicanalítico a situações que antes não eram abarcadas por ele. A intervenção foi uma adaptação do método psicanalítico. Fizemos um trabalho com crianças de rua e com jovens refugiados no México, com intervenções mais limitadas. Agora penso que, com a guerra, este será um modelo com o qual podemos ajudar muito.

Aqui temos um exemplo de como primeiro precisamos receber o que essa mãe desesperada está para dizer. Interessante o que acontece com a mente quando ela é afetada, porque você percebe que existe algo da temporalidade que essa mãe, essa mulher, perdeu e depois de ouvir começa a classificar, começa a organizar um pouco as informações. Eu penso que isso se deu para que ela mesma pudesse acalmar o que toda essa projeção desencadeou, para poder integrar a mente do outro. Isto pode parecer um detalhe, mas você está se oferecendo para pensar sobre essa mãe: "Você me disse que isto e aquilo aconteceu com você". Isto não é um mero detalhe para a mente dela. É outra mente trabalhando, tentando pensar. Essa é a urgência. Na urgência procedemos assim, recebemos as projeções que são intensas e, então, se pudermos nos organizarmos mentalmente, desenvolveremos condições para pensar o material.

Como deve ser difícil para um bebê, porque quando uma mãe está funcionando nesses níveis é muito difícil para o bebê ter ritmos adequados para ser capaz de organizar sua própria mente e vir a ser capaz de falar. O pensamento precisa ser integrado para poder falar. Ao mesmo tempo, ter espaços também para que a palavra possa transitar, do teatro da boca para o outro, são necessários espaços.

Vamos observando como isto é afetado, como podemos acompanhar a geografia da mente quando o bebê está crescendo: os espaços internos, os espaços do self e os espaços do mundo externo que a pandemia reduziu enormemente. Os pais e esse bebê perderam a possibilidade de ter espaços externos para projetar todas as suas fantasias, ansiedades, organizar suas defesas, simbolizar. O bebê precisa de muitos espaços. Fora de casa também não há espaços devido à pandemia.

Portanto, talvez tenhamos uma primeira visão geral dessa mãe que parece estar bastante deprimida e poderemos então tentar refletir sobre o mundo emocional do bebê que não fala.

Nós estamos tentando trabalhar muito com as mães e insistindo para que o bebê e a criança pequena estejam presentes. No início você recebe o paciente, mas depois precisa organizar a intervenção de alguma forma. Ajuda muito que as mães estejam com seus bebês ou crianças pequenas, porque é observando o comportamento dos bebês que podemos entender muito do que está acontecendo nos relacionamentos. Podemos perceber as projeções que o bebê está sofrendo da mãe e do pai.

Analista – *A mãe diz que, no passado, foi colocada em situação de vulnerabilidade e atualmente queixa-se de estar sendo sobrecarregada no seu trabalho, que consiste em atender pessoas em condição de vulnerabilidade. É curioso que ela busque trabalhar exatamente com essa população. Tem algo que ela comunica com essa escolha que a leva a pensar sobre sua individualmente. Essas questões trazem a pergunta sobre se não seria melhor atender essa mãe individualmente e não em um atendimento conjunto. Essa é a questão que para mim parece fundamental nesse momento.*

Mônica Cardenal – *Esta mulher apresenta-se como um bebê que tem que ser cuidado. Ela tem em si aspectos maduros e adultos que pedem ajuda, mas há também o bebê que precisa ser apoiado. Ela fala de estupro, de sua mãe com psicose puerperal. Fala de várias questões, que envolvem a infância, para as quais ela, evidentemente, precisa de um continente. Em princípio, ela é o bebê necessitado.*

Joyce Goldstein[3] – *Essa mãe poderia ter vindo ao primeiro encontro protegendo esse bebê de toda essa evacuação, de toda essa avalanche de histórias traumáticas. Mas isso me remeteu àquela imagem de emergência no avião, em que primeiro o oxigênio é colocado na mãe para que a mãe possa ter fôlego, força e ar para depois poder colocar a máscara no seu bebê. Eu pensei que poderia ser um jeito de proteger o seu bebê para que, em um outro momento, ele participasse da reunião e dessa conversa.*

Mônica Cardenal – *É difícil dizer se pode ser um ato protetor ou simplesmente mais infantil e mais regressivo. Na verdade, o bebê está sofrendo muito com suas projeções. Então o pedido de ajuda já é uma forma de proteger o bebê.*

Continuação do material clínico – 1ª sessão

A paciente relata que teve dificuldade para realizar o desmame e introduzir novos alimentos. Não conseguia dizer não à amamentação e se sentia fraca. Conta que o filho tem atraso na linguagem, com 2 anos ainda não fala. Já havia sido feito um possível diagnóstico de autismo. Tinha feito exames, mas não preenchia todos os itens. Ela se pergunta se não foi pelo período em que estava muito confusa.

---

3 Membro associado da Sociedade Psicanalítica de Porto Alegre (SPPA). Secretária geral da Federação Psicanalítica da América Latina (Fepal), gestão em 2022-2024.

Paciente – *Não sei se no meu cuidado eu olhava para ele com aquela insegurança... Falando com você parece que está passando um filme pela minha cabeça. Eu me lembro de um momento que... (chora)... ele estava engatinhando e sorriu para mim, eu senti como se ele estivesse debochando porque eu estava muito cansada.*

Continuando, a mãe conta que, quando teve Covid, tinha vontade de ficar na cama, mas tinha que levantar porque não tinha ninguém para fazer as coisas. Ela e o marido estavam muito cansados. Quando estavam doentes não recebiam nenhum apoio da família, pois eles tinham medo da contaminação e da morte.

Paciente – *Parecia que a gente era a peste, que estávamos amaldiçoados. Ninguém podia ter contato com a gente. Eu não sei como isso ficou para o meu filho... Imagine que eu não tinha forças nem para comer e ter que dar banho, trocar a fralda, ele era só um bebê (chora muito). Ele aprendia tudo muito rápido. Se ele tivesse mais interação, se fosse outro contexto que não o da pandemia, ele iria se acostumar mais com as pessoas, interagir. Ele passou a ser um bebê muito sério e querer ficar só com a gente. Logo que a gente começou a sair e ele ia aos lugares onde tinha mais gente ele me batia, via várias pessoas falando ao mesmo tempo, ele gritava, esperneava, inconsolável. Eu ficava chateada, porque, poxa!!! Tu te arrumas para ir num lugar e teu filho começa a te bater, a fazer birra sem você entender o porquê. Mas depois eu passei a olhar para ele com mais acolhimento. Percebi que ele estava sofrendo porque não sabia o que era aquilo, um monte de gente falando ao mesmo tempo. Passou um tempão dentro de casa só com quatro pessoas e de repente o mundo. Eu não tinha recursos para introduzir a fala e não tive rede de apoio. Eu me sentia culpada de a gente ter tido Covid, porque a gente pegou de uma diarista que veio nos ajudar. Não sabemos se de fato afetou ele e a qualidade da minha relação com ele (chora mostrando muito desespero).*

Eu não sei por onde procurar um cuidado para mim, para ele. Iniciei o processo de terapia, mas achei que eu estava piorando, procurei a religião. Eu precisei tomar medicação. Acho que não fiz uma boa relação com a terapeuta. Eu não sei se eu me coloco em situações com mulheres em que eu me sinto violada.

Mônica Cardenal – *Ela dá uma informação importante, também a favor da razão pela qual tinha que ver todos, toda a família, porque ela diz que já tinha tentado coisas diferentes por conta própria e não funcionaram. Quando é deixada sozinha, com outra pessoa, com um terapeuta, por exemplo, ela pode vivenciar isso de uma maneira muito intrusiva. Acho que você ouviu um pouco disso. Você captou porque isso lhe levou à decisão de continuar na proposta de atendimento conjunto. Acho que ela tem medo das invasões de alguns terapeutas, de algumas mulheres, de algumas mães e, claro, de suas próprias invasões com seu bebê.*

Continuação do material clínico – 1ª sessão

Paciente – *Eu lembrei da minha mãe e agora estou pensando no trabalho, na minha vida com meu marido. Porque minha mãe me colocou em situações desagradáveis. E eu queria o amor da minha mãe e tentava abraçá-la, mas ela não queria. O meu pai namorou muito tempo com minha mãe. Ela tinha vários relacionamentos e foi numa dessas idas e voltas que nasci. Próximo de eu nascer meu pai teve um aneurisma. Minha mãe ficou doente e ele teve aneurisma e quem cuidou de mim foi uma ex-namorada dele.*

Em meio à tormenta de histórias e dores, a paciente vai me contando que tem outro filho de 13 anos, de um primeiro marido. Ao dizer isso seu semblante muda e ela sorri. Digo então que mesmo com todas as vivências dolorosas havia encontrado um sorriso que parecia vir do filho. Ela chora muito, parecendo emocionada.

Paciente - *Quero poder ser uma pessoa melhor para auxiliá-los na vida.*

Maria[4] descreve intrigas e dificuldades familiares das quais se ressente e relata grande solidão. Estávamos a poucos minutos do final e então lhe faço uma proposta, na tentativa de resgatar a natureza do atendimento conjunto.

Analista - *Você está trazendo muitas questões e penso que está sendo porta-voz de algo que não é só seu. Você também falou do quanto se sentiu sozinha em toda essa situação. Então quero propor que na próxima semana façamos uma sessão com todos vocês.*

Ela parece surpresa e hesitante com minha proposta e fico em dúvida se não sabia da especificidade do trabalho que realizávamos nesse eixo, ou se o fato de vir só e ficar seria uma comunicação de outra natureza.

Paciente - *Vou conversar com eles.*

Explico, então, sobre a natureza do Eixo pais e filhos pequenos, ressaltando que, além da proposta em si, o objetivo seria ela não ficar com um peso tão grande para cuidar sozinha. E que talvez o filho pequeno, ainda sem falar, estivesse sendo porta-voz de todo esse sufoco que eles viveram. Digo que seria importante para o filho que eu pudesse vê-lo e estar junto dele para processar todas essas coisas, como ela havia feito comigo, falando e se dando conta das coisas.

Em seguida, conta que o filho mais velho havia se desenvolvido muito, de uma criança para um jovem. Disse que o pai dele não mora na cidade, mas a família mora e dá muito apoio. Relata que ela tinha feito terapia e que a partir daí fez uma desconstrução de vários sentimentos.

---

4 Nome fictício.

Paciente – *Quando você fala porta-voz, eu sinto que esse é um lugar no qual minha família me colocou quando eu era criança, porque eu sinto que minha família não me olhou nem apoiou as minhas conquistas. Eu sempre ouvi muitas críticas me desvalorizando. Foi uma desconstrução recente que eu fiz de que eu não sou um problema. E então também vi que ele não é um problema, que não foi um problema ter tido esse filho na adolescência e de que foi uma circunstância. E ele desenvolveu uma capacidade de se relacionar muito bem.*

Analista – *Sim, você deu conta da maternidade, mesmo sendo muito jovem. E você está falando dele como se fosse um adulto, mas ele só tem 13 anos. Você pode convidá-lo e, mais do que convidá-lo, enfatizar para ele que é importante que esteja. O fato de ele ter se desenvolvido bastante e parecer um jovem maduro pode ser enganador, porque ele ainda é jovenzinho e está começando a crescer, não é um adulto.*

Maria parece me prevenir de que o filho não viria, mas reitero o convite e a importância dele. Constato que isso será muito importante ao longo do trabalho.

Mônica Cardenal – *O filho adolescente não é um jovem ainda. Ele pode estar em um momento diferente do resto da família. Por isso, ele pode se opor a qualquer tipo de ajuda. O jovem tem um lugar bastante interessante no que está acontecendo. Penso também que quando a mãe fala sobre o jovem ela está falando de si mesma, porque constatamos que na adolescência ela já era mãe, e talvez tenha tido que crescer abruptamente para se tornar uma adulta. Há aspectos positivos que poderiam ter resultado da maternidade: sua autoestima engrandecida, e a sensação de maturidade por ter sido mãe.*

Na verdade, ela também demonstrou alegria quando falava do filho. O que ela diz sobre o jovem está dizendo para si mesma. Após as intervenções necessárias, suponho que, se for constatado que um membro da família, a mãe, a criança pequena ou o casal, precise de um tipo diferente de apoio, vocês irão proceder com os devidos encaminhamentos. Porque isso também é interessante no atendimento de emergência, o atendimento de emergência também pode diagnosticar ou ser capaz de detectar quem está neste grupo. Uma mãe com filhos ou, neste caso, um grupo familiar que precisa de apoio diferente, ou outro tipo de tratamento.

Analista – *Nesse momento, nenhum deles está em terapia. Após os oito encontros eu os encaminhei. Ela gostaria de continuar com o atendimento e pede um atendimento familiar, ressaltando que nunca tiveram esse olhar sobre a família. Eu levei isso em consideração e os encaminhei a um atendimento de terapia conjunta fora do projeto. Enfatizei que ela pode depois discutir melhor sobre a necessidade de quem poderia se beneficiar de uma terapia individual, ou a possibilidade de uma terapia de casal. Eu acho que o trabalho conjunto ficou insuficiente dentro do projeto, o que seria uma questão para conversarmos também. Compreendo ser importante tocarmos nesse assunto.*

Mônica Cardenal – *Sim, mas o atendimento de emergência tem essa característica. Temos realmente a urgência e pode ser muito bom poder detectar depois quem precisa de mais ajuda. André não é necessariamente autista. Não vamos vê-lo agora. Esse tipo de intervenção familiar ajuda na prevenção de possíveis transtornos nessa criança.*

Alicia Lisondo[5] – *Nós temos, nas sociedades que possuem clínicas, lugares para onde podemos encaminhar os pacientes egressos do projeto. Quando não é possível encaminhar a essas clínicas, temos colegas que estão em grupos de estudos conosco, não pertencem à IPA e que gentilmente se dispõem a manter os atendimentos após o final do período de intervenção do projeto. Então nós podemos encaminhar a essa rede da comunidade. O Grupo Corpo do projeto conta com*

5 Membro efetivo, didata e docente da Sociedade Brasileira de Psicanálise de Campinas (SBPCamp) e da SBPSP. Analista de crianças e adolescentes pela International Psychoanalytical Association (IPA).

uma assistente social muito capacitada que busca recursos para esses pacientes quando detectamos, graças ao trabalho emergencial, que alguns pacientes precisam de uma continuidade.

As sociedades que também estão iniciando a formação integrada podem atender os pacientes de um projeto como o nosso e tantos outros. Esses tratamentos podem contribuir com a formação de novos colegas. Então estamos trabalhando com um sonho para que os institutos possam adotar o projeto e, dessa forma, os colegas tenham os pacientes necessários para sua formação.

Mônica Cardenal – *A sra. Melanie Klein estava certa. Ela falou anos atrás sobre essas situações atuais de perda, como a Covid: o ser em reclusão. Um desmame que essa mãe tem que tornar reativo para o mundo infantil interno, e para os próprios aspectos infantis, que reativam todas as perdas anteriores. Sim, elas não foram bem elaboradas e não foram bem pensadas, digeridas de alguma forma. Eu acho que essa mãe, essa mulher, está neste processo. Ela está carregada de muitas ansiedades, perdas e morte. A pandemia, todos nós sabemos, provocou muita ansiedade relacionada à perda. As questões dessa mãe estão afetando o relacionamento com o bebê. Ele também está tendo dificuldades com a separação e a ansiedade de perda. De agora em diante, vamos ver o que aconteceu com o desmame, as camas e o sono.*

Maria de Lourdes Negreiros Lima[6] – *Eu queria mencionar um aspecto dessa história que me chamou atenção e sobre o qual gostaria de ouvir a opinião de vocês. Ela conta que sua mãe a colocou em situação de vulnerabilidade e que ela foi violada, quando o padrasto a tocou. Os relatos dessa mãe me lembram muito outros relatos de pessoas que sofreram assédio, e que parecem estar sempre se sentindo culpadas, sempre se sentindo olhadas e vigiadas. No início do relato*

6 Membro efetivo e didata da Sociedade Psicanalítica de Fortaleza (SPFor).

ela diz: "estão olhando para mim, estão falando mal de mim". Em um outro momento, fala: "Meu filho é tão lindo, tão saudável, será que eu mereço?"

Ela parece uma mãe que carrega uma culpa e uma sensação de não merecer, não poder receber e aproveitar coisas boas. Então fica sempre um fardo muito grande para ela carregar. Parece que ela precisa absorver todo o trabalho, todas as dores, talvez, para lidar com essa culpa que carrega por um possível assédio. E eu fiquei pensando que repercussões isso poderia estar tendo na relação dela com o filho. Queria escutar um pouco nesse sentido. E mesmo, com todo esse transbordamento de dores individuais, que a mãe expressou, a analista percebeu muito cedo que não seria bom ficar só com essa mãe. Não se trata de abandoná-la, mas de trazer o entorno para trabalhar, convocar a família e depois pensar no cuidado individual.

Mônica Cardenal – *Sim, eu concordo com você, Lourdes. Você pensa também que há uma grande perseguição? Um superego bastante cruel que a faz se sentir muito, muito culpada. É parte do problema. E, é claro, não sabemos realmente o que poderia ter acontecido em sua infância. Você fala de estupro e de um padrasto que teria abusado dela. Pelo menos eu pensaria em objetos muito, muito negligentes e intrusivos. Toda essa rede de relações está relacionada ao nascimento de um bebê, um segundo filho.*

Quando ela era adolescente, os problemas eram diferentes. Mas agora é uma adulta e lidando com todas essas coisas infantis reativadas e ainda acabou de ter um bebê no meio da pandemia. Para a paciente é difícil assumir o controle e me parece que este é também o pedido de ajuda, mesmo que ela não estivesse ciente. A paciente tentaria ir sozinha para as sessões pelos seus próprios aspectos infantis, para que a analista pudesse ajudá-la a cuidar deles. Ela não está só protegendo seu bebê, ela quer também que alguém a ajude a pensar sobre essas funções maternas. A mãe está se dando conta do que faz com seu bebê, mas não pode mudar sozinha, então é necessário que alguém a acompanhe para que isto seja mais visível, mais consciente. Ao lidar com o olhar persecutório, aparece o olhar da analista, que organiza e contém.

Material clínico – 2ª sessão

Na semana seguinte estavam todos presentes. Fiquei entusiasmada com o que julguei ser um sinal de interesse de todos, e de um empenho de Maria. Eu tinha dúvidas se o fato de ter estado sozinha na primeira sessão seria um sinal de que preferia ser atendida individualmente. Sua sessão trouxera informações pessoais importantes, mas não podia ficar indiferente à dúvida sobre o que dissera a respeito de seu filho de 2 anos. Pensei mais uma vez que o melhor seria mesmo sustentar o atendimento conjunto.

Apesar de todos estarem presentes, ficaram quietos e só respondiam quando eu os convocava, o que fiz durante toda a sessão. Tentei promover um movimento de inclusão para cada um, buscando que a palavra não ficasse apenas com Maria, embora ela sempre tomasse a frente, preenchendo o silêncio deixado pelos demais. Sua atitude também parecia uma preocupação em colaborar com o trabalho e comigo, sempre atenta às minhas colocações.

Mônica Cardenal – *Isso é muito interessante. Porque você nos descreve algo mais sobre essa mãe, sua função de porta-voz de todos.*

Analista – *Penso que ela tem muitos recursos. Apesar de tudo pelo que possa ter passado, ela mostra recursos realmente surpreendentes. Depois dessa sessão, ocorreu uma falta que entendi como necessária. Parece que o encontro conjunto tinha sido intenso e eles precisavam* *de um tempo, um espaço sem intervenções. Nessa segunda sessão eu saí muito cansada e com uma sensação de que fui muito ativa na sessão. Eu me senti exausta. Fiquei com a sensação de que estava "puxando" as pessoas. Tal como numa observação de bebês, eu me mantive muito atenta às mínimas expressões. Queria trazer todos eles para o meu olhar. Para comunicar que eu estava atenta a todos e não deixar esse lugar de fala restrito à mãe. Então foi uma sessão muito intensa para mim. Na verdade, eu até me perguntei o que poderia ter acontecido porque me percebi muito agitada. Depois entendi que isso acabou sendo necessário. Nessa sessão tem falas muito interessantes. O pai, por exemplo, diz que se sentiu pai quando se casou com Maria e recebeu Lucas, e não quando se tornou pai do André.*

Marly Terra Verdi[7] – *Eu atendo famílias com crianças no consultório e depois de um tempo meio por intuição, ou não sei o que, eu comecei a atender quinzenalmente famílias com crianças. Porque eu sentia que eles precisavam de um tempo de digestão! Que essa digestão era importante. Eu atendi uma família do SOS, não era de crianças pequenas, mas tinha um filho com autismo e eu tenho experiência nesse caso. Percebi que no SOS eu atendia semanalmente, mas eles faltavam também. Como se precisassem de digestão. Então queria só destacar para pensarmos nessa questão do tempo de atendimento, e da frequência.*

Mônica Cardenal – *Muito importante, sim. Quanto à analista que estava nos dizendo que teve que ser mentalmente muito ativa, isso ocorreu porque, com certeza, ela confiava totalmente em sua mente. Portanto, isso exigiu que ela fosse muito ativa e se cansasse. Talvez para eles também tenha tido muitas emoções, e muitas relações de objetos.*

7 Membro efetivo, docente e didata da SBPSP e do Grupo de Estudos de Psicanálise de São José do Rio Preto e Região (GEP Rio Preto).

Material clínico – 4ª sessão (3ª devido à falta)

Logo que nos cumprimentamos, observo que o pai veste uma camiseta escrito "PAI DO ANDRÉ" e, com bom humor, chamo atenção para o fato. Também observo que Lucas[8] também tinha em sua camiseta uma frase: "DESCULPA O ATRASO, EU NÃO QUERIA VIR". Sorrio, comento que estávamos dez minutos atrasados e brinco dizendo que talvez não fosse apenas ele que não quisesse vir. Maria confirma que ele não queria participar. Minha postura bem-humorada atenua o clima de resistências, e comento que também não havíamos conseguido nos encontrar na semana anterior. Maria diz que estavam muito cansados e, enquanto ela fala, André me oferece biscoito através da tela. Brinco com ele de comer o biscoito que me oferece, valorizando seu gesto, dizendo que era tudo gostoso e que ele parecia satisfeito de dar comidinhas. Ele oferece o biscoito para todos. O seu gesto me remete às preocupações de um suposto autismo de André, e retomo com eles os motivos da busca pelo SOS sobre essa desconfiança diagnóstica. Sua brincadeira me parecia um bom sinal de saúde.

Paciente – *Agora a gente está mais tranquilo, está tranquilo de verdade. Porque você vê como ele está interagindo mais, está na fono, está na escola. Este foi o ano que a gente encontrou soluções. Inclusive eu falei para o Lucas que ele deveria vir no nosso encontro porque eu senti que o outro encontro foi importante, eu senti que desde então ele está mais presente conosco. E com o André vejo ele desabrochar. Eu estou vendo que agora estamos conseguindo. E o Pedro*[9] *teve uma melhora de humor e de saúde.*

---

8 Nome fictício.

9 Nome fictício.

Analista – *Você tinha dito que havia muitas demandas e que achava que não daria conta de resolver. Mas o fato é que observo que você se dedica e consegue muitas coisas.*

Paciente – *Passamos por todas essas dificuldades, mas agora estamos repensando tudo, nossos valores e nos reencontrando enquanto família.*

Pai – *E em relação ao André, ele não fala frases. A gente tem que ficar adivinhando.*

Paciente – *E sobre a interação, eu me pergunto se ele não teve muitas telas precocemente.*

Nesse momento, André vem me mostrar um desenho que estava fazendo, sentado no colo do irmão enquanto falávamos. Ele busca uma interação comigo. Lucas está desenhando com o irmão, mas, quando tento falar com ele, mostra-se pouco aberto a uma interação. Então faço uma brincadeira, dizendo que ele não quer falar muito e já havia dito que não queria vir, mas que eu achava que talvez ele quisesse vir um pouquinho também.

Analista – *Esse negócio de querer e não querer é sempre estranho, né?*

Maria diz que Lucas também havia começado a falar com 3 anos, que era bem caladinho. Penso que talvez ela é que não teria dado recursos ou se era uma questão genética. Retomo que Maria sempre se atribui a responsabilidade sobre as eventuais dificuldades dos filhos e isso ficava pesado para ela. Pedro diz que, de fato, essa é uma característica dela, cobra-se muito na vida, enquanto ele não se cobra das coisas, que é mais objetivo.

Realço que ela faz bastantes coisas e toma a frente, dou o exemplo das sessões e sua iniciativa de entrar em contato com o SOS. Além disso, ela iria viajar com Lucas para uma cirurgia em outra cidade, mostrando que também cuidava dele.

Voltamos a André e a mãe relata que também a amamentação havia sido difícil, porque sempre se cobrou muito e ficava cansada, amamentando mesmo quando teve Covid.

Paciente – *Eu queria amamentar, e amamentei exclusivamente por seis meses e depois fiz a inclusão alimentar, mas ele queria mamar muito.*

Maria faz um longo relato sobre esse tema, alegando dificuldades para desmamar, e enfatiza que ainda amamenta. Tem uma fala sofisticada e cheia de observações. É atenta aos seus sentimentos e ao movimento de toda a família. Mesmo sendo uma sessão conjunta, é ela quem, em geral, toma a palavra. Mas parece fazê-lo para preencher o espaço de silêncio e falta de movimento dos demais. Ela continuava sendo a porta-voz de todos e eles pareciam acomodados com esse seu lugar de pegar para si todas as falas e preocupações. Tento movimentar isso nas sessões, convocando a fala dos demais e ressaltando os vários modos que usam para se comunicar, como as camisetas com mensagens.

Enquanto ela falava da amamentação e do desmame, André começava a gritar mostrando certa indignação. Valorizo sua reivindicação dizendo que, apesar de ele gostar de mamar, já era um menino crescido e não mais um bebê. Mas Lucas fala baixinho para a mãe que ela não amamentava mais. Eu me pergunto o motivo de essa fala ser dele e não do marido e então pergunto a ela como Pedro a ajudava no desmame. É Pedro quem responde de modo defensivo.

Pai – *Eu dei meu máximo. Assumi de madrugada. Dava banana, que era melhor que mamadeira.*

Em meio aos comentários sobre desmame e madrugadas, mencionam que André não dormia em seu quarto. Contam que tem uma cama de casal em seu quarto e Maria passou a ocupá-la, deixando André dormindo com o pai no quarto do casal. Fico surpresa com tal arranjo e começo a fazer perguntas numa entonação que pudesse dar ênfase à minha estranheza.

Analista – *Mas por que no quarto do André tem uma cama de casal?!*

Pai – *Em todos os quartos têm cama de casal. É grandona. Mesmo no de Lucas, porque gosta de ter espaço.*

Analista – *Mas por que foi você quem saiu do quarto e não o André?* – pergunto a Maria.

Pai – *Porque tem TV, eu o faço dormir com a TV.*

Paciente – *É... e eu me preocupo porque ele não tem ritual de dormir. É automático. Ele pega no sono. Não tem preparação.*

Durante essa conversa, fica claro que o lugar das telas aparece como um anestésico. O pai também coloca TV para ele comer. Para ficar quietinho.

Paciente – *Por que eu tive que sair do quarto?* – repete Maria, parecendo reflexiva.

Analista – *Você foi expulsa?* – digo em tom bem-humorado.

Paciente – *O Lucas até perguntou se eu e o Pedro estávamos nos separando.*

Dou voz a Lucas, tomando como minhas as palavras de sua preocupação:

Analista – *Mãe, que história é essa de sair do quarto do casal? André, você expulsou a mamãe? Quer dizer que ou você quer ficar coladinho na mamãe mamando ou a expulsa e fica só com o papai? Cadê o casal afinal? Está um pouco confusa essa distribuição de camas e quartos.*

Pai – *Sim, mas com três numa cama ninguém vai conseguir dormir.*

Queria realçar que as falas do pai são sempre em tom meio irritado. Parece que tem um ódio presente. Eu me dirijo a Pedro.

Analista – *Também acho, Pedro. A questão é saber quem é que fica na cama do casal. Quem é o casal?*

Do tom mais bem-humorado passo para um mais sério, dizendo que estávamos falando de algo muito importante, pois, além de ser essencial olhar para essa questão de casal, André precisava ocupar seu lugar. Ele parecia confuso sem saber se era um bebê ou um menino e, também, seu lugar de filho e não de marido ou esposa. Digo que ele precisava de ajuda para compreender o lugar de cada um.

Lucas sabe bem que lugares são esses. Ele vem de uma separação e fica incomodado ao reconhecer sinais de que algo parece fora de lugar. Pedro parecia nitidamente contrariado, chego a pensar em ódio. Decido amenizar o clima e, novamente, recorrendo ao bom-humor, comento:

Analista – *Parece que mexi num vespeiro!*

Paciente – *É, de fato tem uma falta de casal. A gente sempre pensa que, quando ele crescer, a gente vai ter tempo para gente. Mas observo que outras famílias conseguem se organizar e manter um espaço para o casal. É curioso porque teve toda a questão da pandemia e agora a gente não quer sair.*

Digo que eles precisavam delimitar algumas coisas. Os limites são organizadores e importantes, principalmente para André, que está se constituindo psiquicamente. É preciso delimitar dia e noite, horários de comer, dormir, tempo de mamar. Ele precisa ter claro isso. Se todos cedem às suas vontades, ele vai ocupando lugares que não lhe pertencem. Isso não faz bem para seu desenvolvimento emocional.

Enquanto falo, André faz uns grunhidos que parecem ser uma reivindicação, além de me fazer pensar em uma falta de organização de sua fala como um indicador dessa estrutura amalgamada na dinâmica familiar. Maria está muito atenta e diz que é muito interessante o que eu estava falando. Novamente pega para si a responsabilidade, mas sublinho que não era algo que estaria somente em suas mãos, era uma questão familiar e era por isso que estávamos numa sessão conjunta, em que cada um tem importância e um lugar diferenciado.

No final da sessão só o casal aparecia na tela, o que tomei como um sinal positivo do tema que tratávamos. Ao me despedir, pergunto e chamo pelos filhos, que estavam distraídos em outro cômodo.

Mônica Cardenal – *Como surge a questão da impossibilidade do desmame? A mãe sofre de ansiedade de separação e não está permitindo o espaço simbólico. O que é produzir pensamentos e palavras? Quando o desmame é prolongado, geralmente as crianças falam muito pouco, porque elas precisam de uma distância do corpo da mãe. A mamãe deve promover essa distância, e o papai também, para que a palavra possa circular e para que o pensamento evoque Eros que evoca o peito, que evoca a mamãe e que evoca o conteúdo do interior da mamãe. Tudo isso produz símbolos e palavras. Quando um bebê oferece sua comida é porque está grato, há gratidão nesse gesto. Isso também é interessante, porque é um bebê que fala pouco, mas foi capaz de perceber que a analista está ali para uma função. Também foi interessante que ele alimentou os pais e o irmão. Esse bebê percebe a depressão da mãe, a raiva do pai, o processo adolescente do irmão, tudo evoca muitas emoções. Ele convidou o resto da família. Ele me pareceu ser um bebê bastante ligado. Há algo que não permite o simbólico, não há processos adequados de separação, ele está sofrendo com isso, o que deve ser levado em conta, porque, quando a depressão é percebida na mãe, isso pode gerar muita frustração, muita preocupação, muito resmungo e* *muito desconforto. Voltando para a mãe e o pai, a analista faz uma intervenção que eu acho muito apropriada, ela lhes diz: "Bem, mas quem é o casal?"*

Acho que isso pode ter sido o gatilho para muitas coisas que poderíamos analisar. Talvez naquele momento seja verdade que não exista um casal, porque a mãe é muito invadida por aspectos infantis. De que maneira ela é a que vai dormir na cama de André? Ela é uma criança, enquanto eles são bebês que precisam da cama grande e, ao mesmo tempo, ela deixa o bebê André. No contato corporal com o pai, não há novamente o peito, mas há outro corpo. Isto pode ser muito confuso para o bebê. É verdade, acho que a analista diz isso falando das camas. O que estamos fazendo agora é nos aprofundarmos em como as ansiedades do bebê podem estar nesta situação, porque quando o bebê está ligado ao pai, de um ponto de vista edípico, pode se transformar, como você aponta, no marido ou na esposa. De um ponto de vista muito concreto, é um outro corpo, que pode ser confundido com o da mãe, pode ser provocado. As ansiedades confusas (primitivas) são mais antigas do que as ansiedades edípicas e isso pode afetar o pensamento e a linguagem.

É interessante que haja tanta dificuldade em acompanhá-lo para dormir. Eles oferecem a tela, o corpo do pai, a televisão, o quarto dos pais. Para dormir é como se a mãe ou o pai não pudessem acompanhá--lo. Eu acho que o pai está com raiva, ele também é muito vulnerável, não está apenas com pouca capacidade de pensar, ele está também com pouca capacidade de conter. Eles favorecem pouco os processos introjetivos. Creio que o bebê não fala porque não estão favorecendo processos introjetivos, embora não faltem relações de natureza concreta nessa família. Mas há uma enorme dificuldade em apoiar separações e em promover o pensamento simbólico e acompanhar o bebê na elaboração do Eu. É interessante que o grunhido do bebê parece positivo. Mostra a força de um sujeito. Os pais o mantêm preso corporalmente, o mantêm preso concretamente ao corpo da mãe e ao corpo do pai. O bebê assume a depressão de que ela também sofre. Mas acho que é um bebê que tem possibilidades. Minha atenção seria proporcionar algum tratamento para o bebê. Ele já tem 2 anos e meio, ele está em risco.

Analista – *Eu achei que talvez pudesse indicar um trabalho para ele, mas acabei optando, ao conversar com o grupo, pela indicação de um trabalho ainda em conjunto e nesse trabalho discriminar melhor as demandas, porque me pareceu que tem uma certa resistência do pai. Ao mesmo tempo, sinto que a cada sessão eles me dão notícias de movimentações internas e externas a partir das sessões. Isso é muito interessante, eles aproveitam, eles pensam, mas sempre quem fala é a mãe, me dando a impressão de que me quer como aliada para dizer isso ao pai, que apresenta uma certa relutância em relação a algumas coisas. Na última vez, tivemos mais uma sessão em que o bebê comparece. Aos poucos eu fui percebendo que tinha uma tela na nossa sessão que eu não tinha visto e que, de vez em quando, ele ficava quieto por alguns momentos, porque eles davam o celular para ele, durante a sessão.*

Na última sessão ele estava muito agitado e a mãe disse: "resolvemos não dar a tela para você poder vê-lo como ele é sem tela, sem essa anestesia". A mãe toma minha fala como fortalecimento para convencer o pai. Acho que é por isso que ele é tão avesso à análise. Essas são algumas conjecturas que fiz.

Mônica Cardenal – *O problema que vejo é que ela está com muitos aspectos infantis reativados, esse é o problema sério que vejo nela, deprimida e com aspectos muito, muito infantis interferindo. É difícil criar um bebê pequeno, é difícil, e ela está cansada. O outro problema que vejo é o bebê, embora ele no momento esteja dando sinais positivos com seu grunhido/grito. O pai parece ser uma pessoa bastante limitada à compreensão, talvez ele fique bravo porque não* *consegue entender bem. Acho que o bebê vai precisar de ajuda especial, talvez um pouco mais adiante. Fazendo a análise da situação familiar e do que está acontecendo, talvez ele permaneça fazendo grunhidos ou talvez continue desesperado pelo contato com o corpo, e será muito difícil para ele simbolizar. Ele está com um fonoaudiólogo?*

Analista – *Na verdade ele parou, ele estava, depois eu fiquei sabendo que ele não estava mais e a mãe me pede uma indicação que foi feita pelo projeto. Eu encaminhei a família para a Sociedade Brasileira de Psicanálise de São Paulo (SBPSP) na clínica de 0 a 3 anos, com a ideia de que fosse atendido por uma dupla de colegas, pois lá funciona assim.*

Mônica Cardenal – *Ele já está solitário, então eu acho que definitivamente precisa de tratamento.*

Maria de Lourdes Negreiros Lima – *Realmente faz muito sentido o encaminhamento, porque esse bebê está sendo alvo de identificações projetivas de ambos os pais. Estou lembrando que a mãe interpreta como deboche quando o bebê sorri para ela. Ela acha que ele está zombando dela. Debochar significaria ironizar, desqualificar?*

Ela distorce o sorriso do bebê, ela o entende como uma crítica. É uma distorção intensa na comunicação entre mãe e filho. O pai, por seu lado, parece muito incomodado quando a analista propõe alterar os costumes sobre o sono. É como se ele também estivesse achando muito bom não estar em contato com o corpo da mulher e estar com o corpo do bebê. A mulher fica lá, enquanto bebê, no quarto do bebê regredida, deprimida, e ele não reivindica essa mulher. Esse bebê está tendo uma função, nesse casal, que é muito desorganizadora. Qual é o papel que esse bebê está tendo? Esse casal na verdade não quer mais ser um casal, e estar junto enquanto casal?

Mônica Cardenal – *A mãe sente que o bebê a persegue, e que não vai receber nada de bom dela. É por isso que os processos introjetivos são afetados. Ele não fala, não deixa o peito. Não há uma função paterna operante. Talvez haja muitas fantasias infantis, quando a mãe deixa o bebê com o pai, muitas confusões. O corpo duro do pai em vez do corpo mole da mãe. Pode haver fantasias eróticas. Ela já falou de um padrasto que a tocou. Esse mundo infantil é muito reativado e muito perturbador para suas relações atuais. Essa fantasia também pode estar nela, então ela deixa o bebê como se uma parte dela estivesse lá com o bebê. Projeções, identificações projetivas, sendo erotizadas. Temos um pai zangado, um pai que não consegue entender, um pai que é limitado, um pai com quem não podemos contar no momento. Talvez, quem sabe, após o tratamento familiar.*

Alicia – *A analista comenta que o pai parece deprimido e regredido. O pai precisa de cuidados.*

Mônica Cardenal – *Sim, o pai também está deprimido, e é interessante ser padrasto, e ser pai de André, como disse sua camiseta. E Lucas? Quem é o pai de Lucas? Essa camiseta é muito significativa.*

Wania Maria Coelho Ferreira Cidade[10] – *A mente do analista pode dar uma organização naquele espaço. Primeiro eu penso que a analista teve uma sensibilidade de chamar a família, apesar do incômodo da mãe. Todos os membros da família, de algum modo, estão necessitando de ajuda. A analista pensou em continuar dando atendimento à família, e encaminhar os outros membros oportunamente. Há uma confusão de lugares, confusão nas camas, falta de continência. Todos eles estão sem continência. Falha a função do pai. A mãe parece a mais atenta, mas ela também se sente muito desamparada e sozinha. E eu penso que você conseguiu de uma forma*

10 Membro efetivo e didata da Sociedade Brasileira de Psicanálise do Rio de Janeiro (SBPRJ).

muito delicada, amorosa e cuidadosa ir delimitando esses lugares, oferecendo o seu funcionamento analítico para ajudá-los a identificar esses lugares. De maneira que eu penso que seria muito interessante você poder continuar o trabalho com a família. Você questionou e seria pertinente ou não continuar conduzindo o trabalho familiar, e eu acho que sim. Especialmente a mãe já disse, desde o início, de certa desconfiança de ter sofrido abuso, da violação que ela sofreu ainda muito pequenininha, da falta de confiança dela nas pessoas e me parece que ela estabeleceu um bom vínculo com você. Ela aceitou a sua sugestão de trazer a família.

Eu fiquei com a ideia de que essa mãe, apesar de toda desorganização, dificuldade e sofrimento, acaba sustentando aquela família, ainda que de uma maneira desorganizada. E seria muito interessante, no meu modo de ver, que você pudesse dar continuidade a esse trabalho, já que está disponível para isso. Eu achei que você conduziu muito bem um trabalho de tão curto tempo e os ajudou muito, ainda que esse pai esteja muito resistente. Foi dado um panorama muito claro das dificuldades, da desorganização de lugares, e você vem conduzindo isso com um resultado muito bom.

Alicia – *Como podemos incentivar a analista a continuar? Nós sabemos da importância da relação transferencial, no entanto nós também sabemos sobre as oito sessões e temos o peso de uma lista de espera! Então como é que nós podemos conciliar essas questões que sempre se apresentam em nossos atendimentos e as dificuldades para que o analista possa lidar com sua contratransferência e se separar de um trabalho que, sem dúvida, está dando resultados? Sem dúvida, foi a analista quem conclamou essa família para o mundo psíquico e eles responderam à convocatória, contudo, nós temos outras questões em um contexto mais amplo do projeto em si.*

Wania – *Eu trabalho com grupos e eles são um espaço onde a gente consegue perceber um aproveitamento das pessoas que compõem um* *grupo muito grande. Eu não sei se essa situação, que tem esse atendimento circunscrito a um tempo e a um espaço curto, não poderia ter uma continuidade em trabalho de grupos. Às vezes, o grupo pode ser uma solução para um trabalho que tem um tempo determinado. Eu não sei se isso é uma solução. Nesse caso, essa família claramente aproveitou esse pouco tempo que teve com a analista.*

Alicia – *O que eu estou querendo dizer é que esses princípios epistemológicos que nos sustentam não são uma camisa de força, pois nós sabemos que não há nada mais antianalítico do que normas rígidas. O projeto está aberto para que se estude a singularidade de cada um dos casos. Também é uma oportunidade para pensar sobre as raízes do fundamento de um serviço emergencial.*

Marly – *Eu entendi que a analista atenderia em um outro lugar, em uma outra proposta. Só que eu tenho pensado muito que nós temos tido essa questão de finalizar em oito sessões, porque sem dúvida, como analistas, nós sempre vamos ver necessidade de uma certa continuidade e algumas pessoas têm tido bastante dificuldades para encerrar o trabalho nas oito sessões. Penso que nós temos que pensar no projeto como atendimento emergencial e pensar na continuidade dele: o que significa, como é? Do meu ponto de vista, é uma grande oportunidade que a analista encaminhe para outras pessoas, porque lá ela também vai poder verificar se essa continuidade foi adequada, e o que ocorreu. Nós temos pouca oportunidade de observar o* follow up. *Penso que delimitar as oito sessões e saber trabalhar com esse limite é fundamental para nós como projeto.*

Mônica Cardenal – *Sim, acho que eu aceitaria o que Marly disse, e é verdade que o projeto não é para nos fechar, não em uma moldura. É preciso ver as vantagens de uma intervenção emergencial. O paciente pode ser encaminhado para ser atendido de acordo com as possibilidades que também o projeto oferece. Essas intervenções de emergência nos permitem definir a urgência e a direção para* *as quais devemos nos encaminhar. Então o melhor seria se vocês pudessem manter essa estrutura, porque é evidente a ajuda que foi dada à família. Em São Paulo, pode-se receber uma intervenção nas relações entre os pais e o bebê até que a criança esteja mais preparada para a psicoterapia, se necessário. Temos que usar a boa estrutura de intervenção de emergência para podermos prosseguir, pois de outra forma estaríamos negando transtornos severos. Não estaríamos usando os benefícios da intervenção de emergência. É preciso ser capaz de detectar quem precisa de ajuda.*

Rossana Nicoliello[11] – *Uma das funções do trabalho emergencial é o que eu chamo de costurar, é o sair da fragmentação, sair da desorganização. Se nós começamos a atender no emergencial e continuamos com os atendimentos, vira uma clínica social e essa não é a proposta do SOS. O dr. Moura, da SPRJ,*[12] *dizia que nós temos que oferecer algo para o paciente, mesmo que na primeira sessão! Um winnicottiano, interessantíssimo e muito perspicaz. E, de fato, eu acho que a gente tem que ser analista desde o primeiro minuto que recebe o paciente. O encaminhamento nos preocupa também, porque alguns pacientes ficam aguardando outros setores, nós tentamos, na medida do possível, encaminhar.*

Analista – *Eu sou favorável a que esta família possa ser atendida por outro profissional. Há uma preocupação quanto à própria natureza do atendimento e dos encaminhamentos. Queria também agradecer a vocês pelos elogios, fico muito lisonjeada, mas também fez parte de muita discussão no grupo do ateliê.*

Eliane Pessoa[13] – *É importante que o processo se dê da forma como foi estipulado, com oito sessões, porque é uma família que dribla*

---

11 Membro efetivo da Sociedade Brasileira de Psicanálise de Minas Gerais (SBPMG) e da Sociedade Psicanalítica do Rio de Janeiro (SPRJ).

12 Sociedade Psicanalítica do Rio de Janeiro.

13 Membro da SBPRJ.

as definições e as amarrações. As camas estão misturadas. Se você propõe um atendimento de oito vezes, então que isso seja mantido. Principalmente para essa família! Como um marco, um limite. Nós estávamos falando a respeito dos limites da família. O pai não é o corpo da mãe. Então o encerramento com as oito sessões é cuidar da transferência.

Lourdes – *Este projeto permite vários tipos de aprendizado, são muitos desafios também. Um deles é a gente conseguir avaliar e se adaptar ao atendimento emergencial. Adaptar-se a limites e conseguir compreender que não é porque são apenas oito sessões que o trabalho vai ser pobre. Olha quantos desdobramentos tiveram e que podem levar a benefícios para essa família! A gente detecta que essa criança precisa de cuidados, que essa mãe está deprimida e vai precisar de cuidados, e o pai também, provavelmente. Essa família toda vai precisar da psicanálise. Eles fizeram mudanças, eles aprenderam a pensar. Quando a gente começou esse projeto, o grupo do meu ateliê, que está junto desde o começo, tinha muito mais dúvidas, muito mais receios de como os atendimentos iriam acontecer. Será que isso vai dar certo? Será que isso realmente vai trazer benefícios? E fomos aprendendo juntos. Então, a gente tem que lidar também com a nossa contratransferência, com a nossa onipotência de achar que temos que resolver tudo. Eu acho que tem sido de uma riqueza imensa ter de lidar também com limites, com o não saber, com o tempo restrito de duração, com começo e fim. Nosso cuidado tem sido sempre esse: não deixar nenhum caso negligenciado, procurando detectar as prioridades e fazendo os encaminhamentos necessários.*

Mônica Cardenal – *Penso que as reuniões clínicas têm sido muito importantes para ajudá-los a pensar mais e mais sobre esse enquadramento que vocês realizam e para ajudá-los a pensar sobre a melhor maneira de fazê-lo no material clínico. Em uma emergência, temos que estar muito perto e isso é possível quando somos capazes* *de fazê-lo. Esse atendimento me fez pensar muitas coisas sobre esta intervenção, você tem que saber que está fazendo algo que é novo. Muitos de nós estamos fazendo isso, algo novo, e temos que ser firmes. Algo novo muitas vezes toca em nossos próprios pontos cegos. Porque não estou em meu consultório com meu paciente no divã, fazendo as interpretações habituais em dois, quatro ou cinco anos de terapia. Estamos diante de novas formas de exercer a psicanálise, podendo ajudar em catástrofes emocionais. Pode ser no Brasil, na Faixa de Gaza, na África, na Ucrânia. Portanto, mantenham o enquadramento das oito sessões. A analista disse: "mantenho o enquadramento porque ajuda a pessoa que vem até você, ajuda como organizador, dá a ele a referência necessária para pensar, e depois diagnosticar".*

Como não posso ir contra minha natureza por ser uma analista de crianças, tendo sempre a pensar nos mais vulneráveis da família, e os mais vulneráveis sempre serão os bebês ou as crianças pequenas. Trabalhar com a criança é poder prevenir desastres no futuro adulto, temos uma enorme responsabilidade quando há bebês, crianças ou adolescentes em uma família.

Após o término das oito sessões, imediatamente André foi encaminhado pelo projeto SOS para a Sociedade Brasileira de Psicanálise de São Paulo (SBPSP), que conta com um setor denominado Clínica de 0 a 3 – Intervenção nas relações iniciais pais-bebê, coordenada por Maria Cecilia Pereira da Silva, para um atendimento com sua família.

Segue o relato do trabalho na Clínica de 0 a 3 anos (SBPSP).

Estamos trabalhando com eles há oito meses ao ritmo de uma sessão semanal, por um valor reduzido e sem data definida para o término. O atendimento é feito por uma dupla de psicanalistas. Uma das razões para o atendimento ser feito em duplas, na Clínica de 0 a 3, é reproduzir o casal parental. Ficou definido que o atendimento seria virtual porque estamos muito distantes da cidade onde vivem.

No primeiro atendimento, o casal e André nos receberam no quarto da criança. As primeiras sessões foram um enorme tumulto, talvez por já terem tido experiência com a analista que os atendeu no Projeto SOS Brasil (que oferece atendimento com duração de oito sessões). Essa mudança de terapeutas deve ter afetado todos os membros da família, mas quem mais manifestou estranheza ou protesto com a mudança foi André, pois no início gritava e saía andando pela casa sem ser compreendido.

A família ainda estava desorganizada, sem conseguir colocar limites para o pequeno André. O deslocar-se pelo quarto e pela casa gritando de modo desesperado no primeiro mês e meio de atendimento nos dizia da falta de contornos e bordas nesta família. A mãe nos contou que, por causa da Covid (mas entendemos não ser somente por essa razão), se sentia muito cansada, não dormia bem à noite, despertava à meia-noite, ia limpar a casa e pela manhã não conseguia acordar para cuidar dos filhos. Faltava com frequência ao trabalho, sentia-se muito mal acolhida pela família do marido e, também, muito criticada por sua própria família.

O pai parecia ser uma pessoa que ainda não tinha um mundo simbólico bem desenvolvido, mas que se interessava em buscá-lo. Tentava levar a situação do modo que lhe era possível, cuidava dos dois filhos, mas principalmente do menor, que demandava mais atenção. Para isso liberava as telas como a televisão, que ficava continuamente ligada, e também o iPad, sempre disponível, além dos celulares, que André podia alcançar quando quisesse. O menino tinha acesso à cozinha e à geladeira, e durante as sessões trazia alimentos que nos oferecia (balas, biscoitos, frutas e bolo). As refeições eram servidas fora de hora.

Faltava ao pai firmeza e postura emocional para exercer a função paterna. Mas, principalmente, era difícil para ambos, pai e mãe, apropriarem-se do lugar de adultos responsáveis pela criação de André.

Imaginamos que André ficasse assustado e amedrontado com a falta de uma estrutura na família que apoiasse e oferecesse sustentação psíquica. Parecia que ainda moravam na casinha de gravetos dos "três porquinhos", mas que queriam muito construir uma casa de tijolos, firme e segura diante das adversidades da vida.

Apesar de todas essas falhas na família, víamos que André era um menino que se comunicava e interagia muito bem, atento ao que se falava e ao que sentia, e manifestava suas emoções, embora ainda não verbalmente. Os pais nos contavam que, tanto na família – os tios paternos – quanto na escola, colocavam André no lugar de um menino com dificuldades no desenvolvimento, ou possível autismo. Nosso trabalho tem sido desidentificá-lo desse lugar pernicioso de criança dentro do espectro autista.

Depois de uns três meses de atendimento, o casal passou a falar de mais detalhes sobre as suas histórias familiares, ambas carregadas de muito sofrimento e abandono. André estava sempre atento. O filho adolescente era sempre lembrado, mas não participava das sessões porque estava na escola no horário do atendimento. Quando não tinha aula e estava presente, ele também participava.

No sexto mês de atendimento a mãe precisou viajar para acompanhar sua mãe para um tratamento de quimioterapia em outra cidade. Ficou fora por dois meses. O pai ficou com os cuidados da casa, e a mãe entrou bem menos nas sessões.

O pai entrou em todas. Soubemos, durante as sessões, que a mãe não ligava durante a semana para falar com o filho. Os momentos de encontro da família eram, na maioria, na hora das nossas sessões. Era visível a falta que André sentia de sua mãe. Também partia de nós, terapeutas, o estímulo para que eles conversassem com André, falassem sobre a viagem, a doença da avó, saudades e medos de estar distante da mãe. André e os pais pareciam entender a importância de falar sobre esses temas. Em uma das sessões durante a ausência da mãe, André trouxe, para nos mostrar, uma foto deles quando ele era bebê e, também, contava nos dedinhos quantos dias faltavam para ela voltar.

Observamos que lentamente a comunicação entre André e seus pais está melhorando; eles nos dizem que os ajudamos a compreender o que o filho está querendo dizer. A interação conosco é viva, André nos aguarda para mostrar e comunicar acontecimentos e, mesmo quando se afasta, ao voltar mostra que está acompanhando o assunto da conversa.

Enfatizamos a importância de um trabalho de intervenção precoce, momento privilegiado para a prevenção de sérias perturbações nos bebês. A percepção de certos riscos dos transtornos no espectro autista pelo projeto SOS e o encaminhamento para um atendimento nos vínculos entre a família e a criança precoce permitiu ajudar os pais e as crianças a estabelecerem um vínculo inicial, fundamental para o processo de subjetivação. A pesada carga traumática da história transgeracional da vida dos genitores, ao ser narrada, compartilhada com as terapeutas e alcançar certa significação, não mais foi depositada no filho menor, para sepultar sua vida psíquica. Não se pode afirmar categoricamente que, por não falar, ele não é capaz de se comunicar. Ele está se comunicando conosco o tempo todo da sessão.

A interpretação só do aspecto negativo: "não fala, não aprende..." não permite a percepção positiva da criança e impede a alegria ante os brotos nascentes das potencialidades da vida psíquica.

5. As capacidades de Pedro

Eixo II – Crianças de 3 a 11 anos

Reunião Científica do Projeto SOS Brasil, em 24 de abril de 2022, supervisionada pela Dra. Suzanne Maiello.[1] *Trata-se de Pedro,*[2] *menino de 8 anos de idade, que vive com os pais e tem dois irmãos e uma irmã.*

Alicia Lisondo[3] – *Nossos atendimentos são exclusivamente no modelo online, devido ao fato de o Brasil ter dimensões continentais. Precisamos*

1 Psicanalista de adultos na International Association for Analytical Psychology (IAAP) e de crianças da Association Internationale pour la Protection de la Propriété Intellectuelle e na Association of Child Psychotherapists (AIPPI, ACP), mestre em estudos observacionais psicanalíticos pela University of Essex.

2 Nome fictício.

3 Analista didata e docente na Sociedade Brasileira de Psicanálise de Campinas (SBPCamp) e na Sociedade Brasileira de Psicanálise de São Paulo (SBPSP). Analista de crianças e adolescentes pela International Psychoanalytical Association (IPA).

e queremos chegar a todos os rincões do país. Pedro é um paciente que necessita de tratamentos especializados, e por morar em cidade grande tivemos a possibilidade de procurar continuidade para seus atendimentos, de forma presencial, em instituições da comunidade onde vive.

O objetivo do projeto, com este paciente, foi desidentificá-lo do lugar de débil mental. Permitir que sua família ofereça outras possibilidades para ele, como frequentar uma escola normal. O lugar onde ele se encontra não é adequado.

Dra. Suzanne Maiello – *O lugar a que vocês se referem seria a escola ou outro lugar?*

Alicia – *Os pais querem colocá-lo numa escola especial para crianças com dificuldades severas de aprendizagem. Nós não temos no Brasil, no sistema público, boas escolas para crianças com dificuldades emocionais. Desejamos que ele frequente uma escola comum, com um programa inclusivo, com um professor especialmente para ele na sala.*[4]

Dra. Suzanne Maiello – *Certo, então o processo de terapia será presencial em sua cidade? Isso é muito útil, elementos muito bons, pois eu não tinha entendido onde estava a família dele.*

Alicia – *É muito difícil ter serviços públicos com bom atendimento psicanalítico. Outro inconveniente é a falta de assistência em lugares afastados dos grandes centros.*

Dra. Suzanne Maiello – *Sim, esse é um problema comum com países grandes, e o mesmo ocorre no sul da Itália. Cidades pequenas e distantes de grandes centros, portanto, sem acesso aos mesmos recursos que os demais locais.*

---

4 No momento, por lei, seria possível buscar um assistente educacional na sala de aula para este paciente. A assistente social do Grupo Corpo ajudará a família nessa tramitação burocrática.

Alicia – *A família não tem muitas possibilidades de locomoção, a mãe precisa trabalhar muito. É um grande problema social.*

Dra. Suzanne Maiello – *Eu acho que é disso que o SOS Brasil se ocupa: dar um alívio ao aspecto social dos problemas.*

Alicia – *Também dar esperança às pessoas, uma nova possibilidade de compreensão de crianças e bebês.*

Dra. Suzanne Maiello – *E vocês trabalham com crianças muito pequenas. Eu penso que isso é muito importante, pois os bebês e os pais precisam de trabalho preventivo. Vocês podem fazer muito trabalho de prevenção.*

Alicia – *Sim, esse é o objetivo do projeto, trabalhar com bebês e pais para fortalecer a prevenção.*

Dra. Suzanne Maiello – *Vocês têm um eixo voltado a crianças e pais do 0 aos 3 anos, não é? Isso é ótimo!*

Alicia – *Susana Muszkat*[5] *será a nossa tradutora no dia de hoje.*

Dra. Suzanne Maiello – *Somos as duas Suzanas! Ótimo! Muito obrigada, apenas me diga quando for a hora de parar. Quero agradecer a todos, a Alicia pelo convite. Sinto-me honrada em fazer parte deste projeto. Acredito ser um dos projetos ao redor do mundo nos quais é válido investir, e eu penso que o acesso gratuito à ajuda psicanalítica é fundamental, não apenas para adultos, mas para adolescentes, crianças e bebês.*

Alicia – *Penso que podemos começar com o caso de Pedro e ao longo da exposição explorar algumas questões como: o manejo da contratransferência, o limite de oito encontros, tendo em vista a longa fila de espera de crianças para serem atendidas, e sobre alguns aspectos fundamentais do programa que poderiam ser melhorados.*

---

5 Membro efetivo e professora assistente na SBPSP.

Dra. Suzanne Maiello – *Só para dizer que eu li sua apresentação e tenho uma ideia sobre o Pedro. Se você concordar, seria aceitável que tivéssemos um encontro tendo como base o diálogo. Se tivermos alguma dúvida enquanto lemos o caso, tudo bem perguntar? Mais com base no diálogo do que em uma apresentação?*

Analista – *Eu sou psicanalista de crianças e adolescentes pela IPA. Estou no projeto SOS Brasil aprendendo muito com tudo isso, desde agosto do ano passado, e Pedro foi o meu primeiro caso.*

Dra. Suzanne Maiello – *Apenas para dizer, nós duas somos principiantes! Foi a sua primeira e essa é a minha primeira vez.*

Leitura do material clínico – 1ª sessão

Relato o meu primeiro atendimento como voluntária do Projeto SOS Brasil. Integrei-me a um ateliê já em andamento e sentia toda a ansiedade de quem vai realizar uma tarefa desconhecida, mas com muita vontade de aprender essa nova modalidade de atendimento e de conseguir acolher e ajudar as pessoas em suas dificuldades e necessidades.

Entro em contato com a mãe do Pedro para marcarmos sua primeira entrevista online. Tratamos de nos ajustar ao seu horário livre, pois ela trabalha o dia inteiro. Já nesse contato, via WhatsApp, ela me pergunta como funciona o SOS. Explico-lhe que primeiro preciso ter uma conversa com ela, a fim de ouvir suas preocupações com a situação, obter informações gerais e, depois, juntas, estabeleceremos um horário de trabalho com Pedro, para então definirmos um caminho a seguir.

Dra. Suzanne Maiello – *A minha primeira pergunta: eu não sei se nessa situação ou no geral, o primeiro encontro é sempre online?*

Se a família for regular, com mãe e pai, vocês pedem que ambos os pais estejam presentes ou só um deles? Com quem a entrevista é feita?

Analista - *Na verdade, eu faço a entrevista com quem entrou em contato comigo. Eu não sei qual é a realidade, não sei nem se tem pai ou não, enfim, como é a situação. Esse primeiro contato, que eu acabo de relatar, foi pelo WhatsApp. Foi um momento para marcar uma futura entrevista e a mãe já me pergunta como funciona o projeto e aí mesmo eu descrevo.*

Dra. Suzanne Maiello - *Eu penso que esse é um problema importante de se pensar: quem faz o contato com o projeto?*

Susana Muszkat[6] (tradutora) - *Quando o caso diz respeito à criança, geralmente a mãe realiza o contato.*

Dra. Suzanne Maiello - *Antes de marcar a entrevista, vocês perguntariam se existe um pai e se esse pai compareceria?*

Analista - *Não, nesse caso eu não indaguei. Não foi assim por nenhuma questão teórica. Eu encaminhei a mensagem, ela respondeu e marcamos o momento de conversar. Casualmente, aconteceu de o pai se apresentar também, mas não foi uma solicitação minha que ele estivesse presente desde o início. Algumas vezes não é a mãe que solicita, é a avó ou a madrinha.*

Dra. Suzanne Maiello - *Eu penso que é realmente uma prioridade e um problema técnico. Perguntamos sobre a participação de um pai e, em alguns casos, sobre a existência/presença de um pai? E a segunda pergunta: vocês solicitam aos pais ter um encontro privado sem a criança ou é uma escolha da família sobre ter ou não a sua presença? É uma pergunta do ponto de vista metodológico.*

Analista - *No caso do SOS, eu marquei uma entrevista com a mãe, deixei em aberto esse aspecto. Casualmente, a criança estava junto. Na*

6 Membro efetivo e professora assistente na SBPSP.

minha clínica particular, eu não faço assim. Eu realizo uma primeira entrevista com quem me solicitou. E, a partir daí, vejo a criança numa entrevista posterior. Nesse caso, eu estava muito insegura ainda quanto ao procedimento do SOS. Quando elas me perguntaram, eu respondi: "Venham conversar comigo da forma que vocês se sintam mais livres para contar a história do que está acontecendo".

Nesse caso aconteceu que na primeira entrevista estavam todos: pai, mãe e filho. Agora é importante ressaltar que, nessa situação em que trabalhamos com um atendimento temporário e curto, percebo que os familiares vêm com muita ansiedade para que a criança seja vista imediatamente. Preciso explicar que é necessário que eles me contem inicialmente o que está acontecendo para que, depois, eu possa conhecer melhor a criança e formar as minhas impressões do caso.

Dra. Suzanne Maiello – *Isso eu penso ser muito importante: pareceria perda de tempo utilizar um encontro para conversar só com os pais, em função de terem apenas oito encontros, mas esse procedimento se faz necessário. No caso de a criança estar presente no primeiro encontro, visto que é um serviço de emergência, a ansiedade dos pais e certos detalhes da sua história poderão ser vivenciados por ela de forma inadequada.*

Talvez, algumas vezes, nós gostaríamos de fazer perguntas: sobre as questões do nascimento, amamentação, se houve algum problema grave no início da vida da criança. Caso a criança esteja presente, pode acontecer de esses eventos nunca terem sido contados a ela e, então, a partir desse momento, ela pode vivenciar um novo trauma. Essa é uma das razões do que penso que seria importante, mesmo dentro de um setting *de oito sessões, ter um espaço privado para o encontro com os pais, onde eles possam contar os eventos traumáticos de que a criança pode não ter conhecimento.*

Essa é apenas uma questão, não uma resposta final ou uma opinião formada, apenas uma visão sobre algumas desvantagens que vejo quando se deixa a cargo da família decidir o setting *em um primeiro encontro.*

Analista – *Eu só queria mencionar que o atendimento dos meus pacientes seguintes do SOS, um pouco por intuição ou por necessidade, aconteceu dessa forma: a primeira entrevista só com os pais.*

Continuação do material clínico

Comento que seriam no máximo oito sessões de 45 minutos cada. Ela se preocupa que Pedro não consiga realizar as sessões. Segundo a mãe, ele não consegue se concentrar, não para quieto. Ressalto sobre a minha disponibilidade para ajustar-me às possibilidades de horário da mãe, ficando além do meu horário de trabalho. Também me chamou atenção o seu interesse em saber como o processo de atendimento funcionava, pois pareceu-me denotar uma genuína motivação de se comprometer. Muitas dúvidas me invadiam: como vou conseguir trabalhar online com uma criança que não para quieta? Nessa nova modalidade de atendimento, vou conseguir acessar e compreender o sofrimento dessa família?

Na primeira sessão, fico sabendo os dados gerais da família e o motivo da consulta. Procuro acolher a família e sentir o que está acontecendo. A mãe me conta que Pedro é o quarto filho de pais que vivem juntos. O pai, que se encontra na mesma sala com a mãe, aproxima-se para se apresentar. Chama minha atenção esse interesse dele em se fazer presente na nossa conversa. Ele não fala muito, mas fica pelos arredores escutando o que conversamos. Fico com a impressão de um casal unido em prol de ajudar ao filho. A mãe me conta que tem 43 anos e é auxiliar de limpeza e o pai, 38 anos, trabalha na construção civil. Pedro tem dois irmãos, um de 18 e outro de 20 anos, e uma irmã de 25, que não mora com a família. É o irmão de 18 anos que fica com ele enquanto os pais estão fora, trabalhando. A mãe o descreve como uma criança muito agitada, que não fica quieta, de sono muito intranquilo, e que é muito disperso. Comenta que o filho come bem, mas só o que quer. Relata que ele é pouco independente, pois todos necessitam estar cuidando para que ele realize as tarefas do cotidiano.

A mãe o descreve como um bebê "normal", que nasceu bem, de cesárea. Ela precisou ficar internada no hospital por uns dias, pois precisou estabilizar sua pressão arterial e cuidar de uma bronquite. No entanto, por meio de um laudo diagnóstico feito anteriormente por uma neuropsicóloga (posteriormente enviado a mim), tomei conhecimento de que ele nasceu prematuro, de 38 semanas, e houve um episódio em que teria faltado oxigênio durante o parto. Pedro ficou na UTI por um dia. Chama atenção esse desencontro de informações e essa expressão "normal" utilizada pela mãe para descrevê-lo.

Dra. Suzanne Maiello – *Chama atenção essa disparidade de informações, e a mãe dizer que foi tudo normal e todos esses relatos, e ela não fala nada da internação do filho. Parece que ela se refere apenas a parte da realidade atual. Ela não vê tudo. A gente não sabe o quanto Pedro, que está presente, entende o que a mãe fala.*

Você não perguntou nada e eu também não teria perguntado, em vista da presença do menino, mas eu gostaria de saber o que se passou nesses dez anos entre o nascimento dele e o do último filho, que tem 18. Pedro tem 8 anos, o que houve nesses dez anos de intervalo?

Teria sido a gravidez desse menino acidental? A mãe ou ambos os pais chegaram a pensar em realizar um aborto? Os pais realmente queriam esse quarto filho, mesmo depois dos três filhos que são mais próximos uns dos outros? Ocorreu algum aborto espontâneo dentro desses dez anos? Tudo isso são dados importantes para se obter dos pais, mas eu realmente concordo em não perguntar devido à presença de Pedro na sessão.

Analista – *Sim, eu não as fiz, realmente.*

Alicia – *Nós temos o Grupo Corpo no projeto, formado por vários profissionais para realizar um trabalho interdisciplinar. A pediatra, aqui presente, esclarece que com esse tempo de gestação não é um menino prematuro, pois ele nasceu com 38 semanas.*

Dra. Suzanne Maiello – *Definitivamente não é grave.*

Alicia – *Claro, o importante é que a mãe não está olhando o lado ruim dos problemas apresentados.*

Dra. Suzanne Maiello – *De qualquer forma, talvez seja apenas uma questão para o pediatra. Claro que 38 semanas não é realmente um nascimento prematuro, mas ele parece ter tido uma falta de oxigênio durante o parto. Eu fiquei pensando se Pedro já realizou um eletroencefalograma.*

Analista – *Eu não tenho conhecimento. Não fui informada de qualquer exame realizado nele. O que me chama atenção é que essas informações foram fornecidas por um laudo que a mãe me enviou. A mãe me conta uma história e depois me entrega um laudo em que está uma outra parte da história.*

Dra. Suzanne Maiello – *Eu entendo isso. Isso mostra que há um relato profissional escrito e uma história materna contada, duas histórias divergentes entre si. Penso que veremos ao continuar que essa mãe, como muitas mães, tenta se apegar à esperança, parece que ela consegue, ao tentar excluir certos problemas que podem ser mais preocupantes.*

Então, não sabemos se o Pedro tem um problema neurológico, se há um déficit mental. Nós não sabemos. Esta é uma pergunta, pois você escreveu sobre a neuropsicóloga, mas não sobre um neuropsiquiatra. Então, eu não estou certa de que a função cerebral foi testada quando ele era pequeno. Como veremos, alguns elementos autísticos parecem surgir. Frances Tustin deixa muito claro que seu trabalho foi com crianças autistas sem danos cerebrais e isso faz uma grande diferença. É por isso que não saber se há ou não qualquer nível de dano cerebral é fundamental.

Analista – *Esse foi um dos objetivos do atendimento. No final do processo, ele foi encaminhado para um neurologista e um psiquiatra da comunidade, para que essa situação pudesse ser esclarecida e bem acompanhada. No momento em que trabalhávamos dentro do projeto SOS, não dispúnhamos dessas informações.*

Ao final da leitura, vocês vão ver os encaminhamentos que foram feitos e um deles foi para uma lista de espera em busca de um profissional disponível em sua comunidade. A questão toda é mais complexa. Pedro vem de uma comunidade muito pobre, desatendida, e nós tentamos trabalhar com os recursos ao redor para que os atendimentos pudessem acontecer.

Dra. Suzanne Maiello – *Acredito que esses resultados básicos desempenhem um papel importante no projeto terapêutico: uma criança com dano cerebral é uma situação diferente. O diagnóstico diferencial será fundamental para determinar o trabalho a ser desenvolvido com ele.*

Continuação do material clínico

Pedro mamou até os 9 meses e sempre demonstrou atrasos no seu desenvolvimento e na linguagem. A mãe relata que até os 3 anos de idade ele não falava bem. O paciente entrou na creche aos 8 meses e não teve dificuldades para se adaptar. Geralmente, brincava sozinho.

Aos 5 anos, a professora relatou que não compreendia o que ele falava e o encaminhou para um diagnóstico na Apae.[7]

O diagnóstico da Apae trazia como conclusão uma deficiência mental leve. A partir daí, Pedro passa a ser atendido quinzenalmente por uma fonoaudióloga e por uma terapeuta ocupacional. Nessa ocasião, ele já estava com 6 anos. A fonoaudióloga então insistiu que a mãe procurasse rever esse diagnóstico, pois parecia ser uma criança muito inteligente. Colegas do trabalho da mãe se cotizaram para que Pedro realizasse esse diagnóstico numa clínica particular. A neuropsicóloga que o avaliou constatou que ele era portador de uma deficiência mental leve, enquadrando-se em transtornos do espectro autista, além de transtorno de déficit de atenção e hiperatividade. Foi encaminhado a um neurologista e a um psiquiatra, os quais também indicaram a terapia análise aplicada do comportamento (ABA).

Analista – *Nesse momento, fico sem entender qual o motivo da consulta. A mãe declara querer saber o que seu filho tem, mas depois me apresenta relatórios diagnósticos bem claros sobre as causas do atraso de desenvolvimento de Pedro. Ela não os teria entendido ou estaria negando?*

Dra. Suzanne Maiello – *Eu penso que isso é o problema mais importante do que você menciona. A mãe não teria entendido ou ela não queria compreender todo o diagnóstico relatado a você?*

Continuação do material clínico

Ao mesmo tempo que tenho a impressão de que a mãe aceita seu filho sem grandes dificuldades, fico confusa em relação a qual seria

7 A Associação de Pais e Amigos dos Excepcionais (Apae) é uma entidade filantrópica sem fins lucrativos de direito privado, responsável pelo atendimento de pessoas com deficiência intelectual, de 0 ano até o fim da vida.

a demanda daquela família, e preocupada em como ajudar a uma mulher tão ocupada e uma criança tão dispersa, em um atendimento remoto. Entendo, posteriormente, que ela precisava de acolhimento e de amparo.

Ainda nesse encontro, a mãe conta que Pedro frequenta a escola regular e está no segundo ano do ensino fundamental. Frequenta uma sala de reforço, uma vez por semana. Fico sabendo pela mãe que ele lê e escreve, mas não se interessa muito pelas tarefas escolares e nem sempre compreende as palavras que lê. Segundo a mãe, até hoje ele não fala direito, não consegue expressar o que sente, não entende bem perguntas feitas a ele e tende a repeti-las sem dar a resposta. Diz que ele não tem muitos amigos e que gosta de brincar. Em função da pandemia, Pedro ficou muitos meses em casa, assistindo às aulas da escola online. Assistir a desenhos no Youtube e desenhar tornaram-se suas atividades preferidas.

Ao término da sessão, percebe-se uma mãe preocupada com o futuro do filho, embora dentro de uma família bem estruturada, com uma criança curiosa e ativa, que ficou ao nosso redor demonstrando interesse em saber o que conversávamos. No final, dirijo-me a ele e combinamos trabalhar juntos, em dia e hora marcados, a fim de nos conhecermos.

Dra. Suzanne Maiello – *Pedro veio e saiu da tela durante a entrevista com a mãe e o pai? Ele pareceu estar interessado em você e em conhecê-la?*

Analista – *Exatamente. Querendo saber o que conversávamos. De repente, chegava perto da mãe, o pai ficou rodeando e em alguns momentos ele escutava o que a mãe dizia. O pai se apresentou, mas não falou mais nada enquanto ele ficava ali no entorno, interessado no que estava acontecendo.*

Dra. Suzanne Maiello – *Outra pergunta: quando ele veio, ele estava em contato com o corpo da mãe, ele a escalou ou se sentou no colo dela?*

Analista – *Ele chegava bem pertinho dela, eles encostaram corpo com corpo, digamos assim. Eu não me lembro se ele se sentava no colo dela, eu acho que não. Até porque dava a impressão de que havia uma mesa e que ela estava com os braços cruzados sobre a mesa, não tinha espaço para ele se sentar. Ele só chegava, colocava a cabeça no meio para tentar me ver na tela.*

Dra. Suzanne Maiello – Penso que essas questões corporais são muito significativas. Vamos para a segunda sessão então?

Material clínico – 2ª sessão

Já começamos a chamada com ele sentado ao lado da mãe, desenhando. Saúdo os dois e ele já vai me contando espontaneamente:

Paciente – *Eu estou desenhando um "clonge". Olha só!*

Eu pergunto o que é um "clonge".

Paciente – *É um dinossauro. Tem a boca grande. Agora vou fazer a Lupi.*

Vai falando e descrevendo tudo o que está fazendo.

Paciente – *Agora eu vou fazer a Puppy e Harry. Que fofinho! Que pequenininho! Olha que lindo!*

A mãe me explica que esses são personagens de um desenho que ele assiste na TV.

Pedro continua descrevendo o que desenha, sempre narrando o que faz. Não para de falar. A fala dele é totalmente compreensível quanto à dicção, com um desejo genuíno de comunicar-se comigo, convocando-me a compartilhar da experiência. Essa impressão não se encaixava com a descrição que me foi feita pela mãe, tampouco pelos laudos diagnósticos de uma criança portadora de transtorno do espectro autista, que não falava bem e que não parava quieta. Para a minha surpresa, ele ficou os 45 minutos da sessão sentado ao lado da mãe, desenhando e narrando o que fazia. Sinto-me envolvida num turbilhão de descrições, sem muita brecha para falar nada, já que talvez, mesmo que eu falasse, tenho a impressão de que ele não me escutaria.

Dra. Suzanne Maiello – *Penso que isso é diagnosticamente muito importante. Um redemoinho de descrições, sem espaço para você dizer nada, pois você sente que ele não a ouviria. Esses são todos sinais de um estágio de identificação adesiva nessa criança e não de uma identificação introjetiva/projetiva, ele é muito uni/bidimensional. Uma pergunta: você sentiu como se Pedro a conhecesse desde sempre, como se você não fosse uma pessoa desconhecida?*

Analista – *Tinha a sensação de que ele fosse extremamente comunicativo. Ele me incluiu imediatamente na atividade dele. Pareceria ter vontade de que o visse e participasse. Era realmente como se eu fosse uma pessoa que fazia parte da convivência dele desde sempre.*

Dra. Suzanne Maiello – *Exato. Eu penso que é muito importante diferenciar comunicação de adesividade. Porque comunicação é quando eu reconheço você como outra pessoa e nós podemos nos comunicar. Na adesividade existe a negação da diferença entre mim e você. Penso que Pedro está mais no lado da adesividade.*

Analista – *Eu fiquei pensando, posteriormente, que ele parecia oscilar no "diálogo" dele comigo: em alguns momentos, eu existia como um outro, a quem ele queria mostrar algo bonito que fez, mas em outros era como se essa fala toda funcionasse como uma barreira autística, em que eu não conseguia penetrar com as minhas perguntas.*

Dra. Suzanne – *Certo, a parte autística é visível. Agora é sobre a parte comunicativa que precisamos nos questionar, se é uma comunicação genuína ou se é uma fusão confusional. Penso que essa é a questão mais importante na situação de Pedro, a da comunicação e fusão. Este é um elemento diagnóstico. Ele pode não ter identificação projetiva e introjetiva. É identificação adesiva. Na comunicação, eu reconheço o outro como diferente de mim. Na adesividade não há reconhecimento do Outro como Outro, esta é a parte autística. Na comunicação não há uma confusão fusional.*

Continuação do material clínico

No entanto, ele continua desenhando, parecendo feliz, até cantarolando em alguns momentos.

Paciente – *Eu vou fazer o Edy...* (pausa para realizar o desenho) *Prontinho!!*

Ele me mostra. Eu digo: "Ah! É um coelhinho!"

Paciente – *Não é um coelho!!! É uma raposa!*

Passa a desenhar um robô, que me diz se chamar Lodge. Na conversa, vou percebendo que ele sabe todas as cores, números e letras. Ao terminar os desenhos, conta corretamente quantos desenhos havia feito. Na maioria das vezes responde à minhas perguntas sobre os desenhos. No entanto, em outras, repete as perguntas e não as responde, como se não as houvesse entendido. A mãe, em várias dessas ocasiões, intervém como que fazendo a ponte entre nós dois, eu e ele, repetindo o que eu havia perguntado. Nesses momentos, ele responde.

Pelo fato de ter interagido comigo durante toda a sessão, comentando e elogiando, fiquei mais esperançosa. No entanto, intrigava-me e preocupava-me o fato de ele, às vezes, não entender o que eu perguntava. Ele não conseguia entender a pergunta? (Deficiência mental leve). Ele se fechava diante de uma pergunta que não esperava? Em momentos era difícil sair do mundo dele para tentar compreender o que vinha do mundo do outro?

Ao final, quando lhe digo que acabou nosso horário, ele me diz:

Paciente – *Acabou? Obrigada!*

Dra. Suzanne Maiello – *Ele disse "obrigado" ou "obrigada"?*

Analista – *Sinceramente, eu não sei. É possível que seja obrigado e eu escrevi errado, me usando como referência. Esse detalhe não percebi.*

Continuação do material clínico

Ele passa a me mostrar vários cartões onde escreveu uma lista de coisas que a mãe tinha que comprar no supermercado. A impressão que tive dessa primeira sessão foi a de Pedro ser uma criança cativante, simpática, agradável, incisiva nas suas apreciações, bem articulada com as palavras (emprega bem o "por favor" ou "obrigado" – efeito do tempo na Apae?). Ao se despedir, diz "tchau! Boa noite!" E o uso dessas expressões não me parecia se dar de forma simplesmente imitativa. Elas eram emitidas com muita espontaneidade e autenticidade.

Com toda essa eloquência, no entanto, verifico que ele não consegue levar por muito tempo uma conversa com nexo. Muitas vezes está bem concentrado no que está fazendo e não presta atenção ao que está ocorrendo ao redor dele. E aí a mãe tem que exercer sua função de "tradutora" da linguagem que vem de fora, a fim de que ela seja integrada ao funcionamento dele. Ele fala muito do que lhe interessa contar, mas tem dificuldade de se ligar num verdadeiro diálogo. Penso: seria uma desconexão da conversa? Ele nega a minha presença? Desse modo, entendo que a minha função era de acolher o que se passava ali entre nós.

Dra. Suzanne Maiello – *Penso que muitos aspectos importantes surgiram aí, a questão básica é sobre o quanto ele está fusionado ou como ele é capaz de aprender de uma forma introjetiva. Eu tenho a sensação de que todas as cores, números e letras que ele conhece/fala soam como aprendizado bidimensional. Estou em dúvida se ele, de fato, aprende de uma forma introjetiva ou se fusionando. Quando ele diz: "acabamos? Obrigada ou (Obrigado?)", seria isso uma forma de conversa cordial, que ele aprendeu/apreendeu da conversa dos outros e é capaz de aplicar no momento certo, ou é uma capacidade genuína de encontro com o outro?*

Analista – *Eu acho que pode haver um aspecto de bidimensionalidade na aplicação dessas palavras, mas ele aplicava muito bem e de uma forma muito pertinente que correspondia ao momento, de uma forma espontânea. Coisas que na experiência com outras crianças, autistas ou não, eles não usam com essa facilidade e com essa desenvoltura. Ele não precisava me agradecer, mas me agradeceu.*

Dra. Suzanne Maiello – *É muito importante o que você diz sobre a espontaneidade, está relacionada com o sentimento de empatia, levar em consideração o outro. Ou será que o que parece com espontaneidade na realidade tem a ver com a inexistência de distância entre o Eu e o não eu?*

Você escreveu e concordo: "ele sente dificuldade em se conectar no diálogo real". Penso que ali você realiza o diagnóstico da criança, pois não é possível para ele se engajar em um diálogo real. Só acontece o diálogo quando existe um eu e um você, duas pessoas que estabelecem uma comunicação. Eu penso que, com Pedro, esse não é o caso, visto que não consegue dialogar, pois ele está fusionado à sua mãe. Ela, por sua vez, ao mesmo tempo que o aceita, parece que estimula a fusão mãe e filho.

Quando a mãe nega e oculta a problemática importante do parto, ela demonstra o medo de reconhecer que o seu filho possa ter dificuldades. Ela tenta criar um caminho para ocultar as coisas que não quer ver e poder ajudá-lo. Ao ser a tradutora, ela cria uma ponte constante entre Pedro e o outro, assim os dois se mantêm presos.

Susana Muszkat – *O medo da mãe faz com que, na tentativa de ajudar o filho, ao se comunicar, funcione como uma espécie de ponte adesiva com o seu filho. A mãe fica fusionada nessa comunicação/tradução.*

Dra. Suzanne Maiello – *Exatamente! Devemos continuar?*

Alicia – *Penso que sim, pois discutimos inúmeros temas a partir da apresentação clara da analista, que nos enriqueceu muito. Podemos dar continuidade com a terceira sessão.*

Susana – *Tem algumas perguntas aqui no chat dirigidas à Suzanne. A própria Mariângela traz uma questão diagnóstica interessante.*

Mariângela Mendes de Almeida[8] – *Você poderia falar sobre as diferenças técnicas no trabalho com crianças com e sem algum nível de dano e/ou limitação cerebral? Considerando as primeiras integrações do desenvolvimento somático que está sendo continuamente pesquisado, gostaria de saber mais sobre o trabalho voltado para essas crianças.*

Dra. Suzanne Maiello – *A principal e fundamental diferença é saber sobre a presença ou não de um dano cerebral. O trabalho terapêutico não vai mudar seu caráter, será um atendimento de orientação psicanalítica em ambas as situações. Mas penso que para nós e para os pais é importante saber que, caso exista um dano cerebral, é provável que o progresso seja lento e limitado em algum momento. Quando não há dano cerebral e a criança é mais jovem, nós podemos esperar conseguir trazê-la para mais próximo do nível médio de comunicação, pensamento e fala para a sua idade.*

8 Membro associado da SBPSP.

Susana – *Saber sobre a presença ou não de dano cerebral dá um prognóstico sobre as expectativas em relação ao desenvolvimento da criança, sobre os limites com os quais o tratamento terá que atuar. É importante para o profissional e para os pais.*

Dra. Suzanne Maiello – *Sim, penso que para os pais será um "trabalho sobre o futuro"* (working of tomorrow). *No caso de a criança ter dano cerebral é importante trabalhar sobre aquelas expectativas e esperanças que provavelmente não se realizarão, por não serem modificáveis.*

Susana – *No caso em que se comprove a presença de dano cerebral, haverá um processo de elaboração do luto sobre as expectativas criadas pelos pais para esse filho.*

Dra. Suzanne Maiello – *Isso responde à sua pergunta, Mariângela?*

Mariângela – *Sim! Eu estava pensando nessas questões menos lesionais, ou não lesionais, que são mais finas, de uma integração entre o somático e o psíquico que nós estamos vendo, que, de alguma forma, estão sempre presentes.*

Você pensa que isso faz diferença, não pensar sobre aspectos de lesão, mas pensarmos em questões sobre a integração somática, motora etc.? O que eu entendi da sua resposta é que em termos técnicos não há muita diferença sobre o modo como trabalhamos. É um pouco diferente quando pensamos que Tustin trabalhou apenas com crianças sem danos cerebrais. Agora não falamos de dano cerebral, mas sim da integração somática, motora e psicológica. Então você considera que não há muita diferença quanto ao trabalho que realizamos?

Dra. Suzanne Maiello – *Eu não penso que há uma diferença no projeto ou no programa ou na técnica. Há uma diferença, pois nós trabalhamos com nossa contratransferência, nós vamos entender se essa criança, agora, precisa ser orientada sobre o que sua mão está fazendo no papel. A integração entre olhos e mãos. Claro que todas as* *crianças autistas farão isso, mas é possível que, caso haja dano cerebral, ela irá reagir de uma forma levemente diferente. Isso não significa que nós não tentaríamos, mas devemos aceitar que a capacidade de desenvolvimento da criança não será a mesma entre casos em que há dano cerebral e aqueles em que não há dano.*

Mariângela – *Eu acho que Suzanne está expandindo aquilo que ela trouxe inicialmente, que não se trata de uma mudança de perspectiva técnica e sim da compreensão de como a criança vai se relacionar com o que acontece na relação terapêutica, que depende muito do que nós percebemos pela via da contratransferência.*

Maria de Lourdes Negreiros Lima[9] – *Achei muito interessante o que você pontuou entre o contato adesivo e a comunicação real (diálogo), são questões muito sutis que podem conter entendimentos diagnósticos fundamentais. Parece que a comunicação genuína sustenta a possibilidade de introjeção sobre o que o outro diz e causa um impacto, promove mudanças nas reações do paciente. Entendo que ele fala de uma maneira caricatural e expansiva ao mesmo tempo. Há interesse real em se relacionar com o outro ou o outro está apenas sendo usado para sustentar esse contato adesivo?*

Dra. Suzanne Maiello – *É exatamente como você disse e, para Pedro, eu tendo a pensar que se trata da segunda opção. Trata-se mais da necessidade fusional de não se ver diferenciado. Penso que o funcionamento mental bidimensional e o tridimensional, que aprendi com Donald Meltzer,*[10] *quanto era meu supervisor, são conceitos muito úteis não só no meu trabalho com crianças do espectro autista, mas também com muitos outros pacientes.*

---

9 Membro efetivo com funções didáticas na Sociedade Psicanalítica de Fortaleza (SPFor).

10 Donald Meltzer (1922-2004) foi filiado à Sociedade Britânica de Psicanálise, analisando de Melanie Klein e realizou supervisão com Esther Bick.

Penso que nós somos tridimensionais, na realidade introjeção e projeção começam com suas raízes já na vida pré-natal em desenvolvimentos normais. Concordo com você, Lourdes. No caso de Pedro, podemos pensar em um aspecto mais adesivo e fusionado. É um eco adesivo.

Se pensarmos em termos muito simples que a tridimensionalidade tem a ver com a triangulação em um nível mais básico, verificamos que se eu sou um e você é um, nós somos dois e o espaço entre nós é o terceiro, ou seja, é o espaço que define que eu e o outro somos seres diferentes. A questão básica é reconhecer a separação, eu estou aqui e você aí e por isso nós podemos nos comunicar. Assim, eu posso projetar em você e introjetar de você. Essas são as vantagens do conceito de tridimensionalidade. Por que alguns pacientes se tornam bidimensionais? Porque eles não podem suportar o espaço entre o Eu e o outro, o aspecto insuportável da separação.

Susana – *A bidimensionalidade é uma maneira de evitar esse espaço, um aspecto fusional e adesivo que impede a projeção e a introjeção.*

Dra. Suzanne Maiello – *Acredito que esse é um dos problemas entre Pedro e sua mãe. Eles fazem um conluio entre um e outro.*

Alicia – *Eu queria acrescentar que um exemplo da terceiridade seria o que Thomas Ogden*[11] *chama de o "terceiro analítico", um e outro formam um terceiro que pressupõe essa diferença. Parece que em Pedro há uma imitação que leva à colagem, não sendo um passo para a identificação, porque nós temos formas diferentes de imitações, como aprendemos com você, Suzanne. Essa seria uma imitação que leva à fusão e à colagem, e não a um caminho da identificação.*

---

11 Psiquiatra e psicanalista filiado à Associação Americana de Psicanálise e à IPA. Atualmente é diretor do Center of the Advanced Study of the Psychoses em São Francisco (EUA).

Dra. Suzanne Maiello – *Exatamente! Você provavelmente conhece Eugênio Gaddini.*[12] *O trabalho dele sobre imitação é muito importante, pois reforça o que Alicia diz. Há aprendizagem na imitação, mas também há o aspecto da fusão que trava suas possibilidades. Obrigada pelos comentários. Eles ajudam muito a compreender onde Pedro está no momento do tratamento.*

Susana – *Temos uma pergunta da Cristiana. A cena da primeira sessão, em que o pai está por ali, mas não está dentro dessa relação entre a mãe e a criança, pode ilustrar essa dificuldade da triangulação?*

Dra. Suzanne Maiello – *Nós não sabemos muito do pai, além da sua profissão. Ele está lá, vem e se apresenta, mas isso não se torna uma conversa entre três pessoas, pai, mãe e terapeuta. Ele permanece no plano de fundo. Ele não se apresenta para conversar.*

Isso reabre a questão que penso ter colocado no começo: em um setting *de oito encontros, podemos escolher direcionar o primeiro encontro para os adultos/pais ou as pessoas que exercem as funções parentais, para apenas depois introduzir a criança? Não é apenas um problema superficial/técnico, mas envolve pensarmos em quem é o responsável e quais problemas podem ser discutidos ou não na presença da criança, qual o lugar que os adultos ocupam em relação a ela.*

Joice Calza Macedo[13] – *Gostaria de falar algo sobre essa questão. Por estarmos no SOS, temos um obstáculo de atender online, pois muitas famílias vivem em palafitas ou moram em um único cômodo e as crianças não teriam como estar fora do ambiente. É só um parêntese que eu acho importante, porque, como se trata de um projeto social, alguns aspectos se tornam incontornáveis.*

12 Médico e psicanalista italiano.

13 Membro efetivo da SBPSP e membro efetivo e analista didata pela SBPCamp. Analista de crianças e adolescentes pela IPA.

Dra. Suzanne Maiello – *O que eu tentei dar foi um modelo em termos de responsabilidades e capacidade de pensar sobre. Eu estou ciente de que algumas famílias vivem em situações em que isso não é possível e, claro, se a situação externa é a de existir apenas um quarto, nós não podemos fazer como eu disse. Se é possível, pode ser útil usar o primeiro encontro para conversar com os pais, se não for possível temos de nos adaptar e, talvez, nós deixemos de fazer perguntas sobre abortos e outras questões caso a criança esteja presente, porque é melhor perder uma informação do que traumatizar uma criança.*

Estava falando sobre um plano geral para situações nas quais é possível se abordar os atendimentos de outra forma. Penso que as perguntas que surgiram até agora vão ressurgir com o material que estamos trabalhando.

Material clínico – 3ª sessão

Pedro passa a sessão inteira desenhando Patati Patatá.[14]

Fonte: Arquivo do SOS Brasil.

14 Dupla de palhaços.

Como de costume, vai relatando feliz aquilo que está fazendo, mostrando a mim o que desenha. É bem comunicativo e é notável como ele quer minha atenção e meu envolvimento.

Paciente – *Olha que lindo!*

Descreve as letras e as cores que colocou no papel, dizendo que vai acrescentar mais um detalhe:

Paciente – *Vou colocar a flor do chapéu do Patati... Espera um pouquinho... Olha! Que lindo!*

Sinto Pedro uma criança vibrante, cheio de vida, que comunica tudo isso por meio de seus desenhos e suas narrações, mas necessita sempre ter a mãe como uma tradutora-intérprete.

Analista – *Vocês poderiam se perguntar: por que não fomos além da quinta sessão? Nesse momento, já havíamos chegado à compreensão de que ele precisava ser encaminhado para um serviço presencial na maior brevidade possível. Todo o trabalho foi direcionado nesse sentido.*

Dra. Suzanne Maiello – *Penso que não vamos precisar demorar muito tempo nesta terceira sessão, mas eu ainda acho que é muito interessante. Ele quer a sua atenção o tempo todo, o seu envolvimento. É compartilhar ou é apenas que ele precisa que você esteja colada a ele? Patati e Patatá são dois palhaços, certo? Ele os desenha, sabe mais ou menos como se parecem com uma pessoa humana, mesmo que as mãos tenham três dedos e não cinco. Tenho certeza de que ele poderia, mas parece nunca ter se importado em contar os cinco dedos de cada mão. Provavelmente, mais um indício de aprendizagem adesiva.*

Susana – *Parece mais um conhecimento de cunho adesivo.*

Dra. Suzanne Maiello – *E então a escrita, Patati e Patatá, ele sabe as letras como a analista disse. Ele sabe contar, conhece as letras e escreve Patati e Patatá de forma certa, mesmo com o acento A no* *final. É interessante observar como todas as letras estão coladas umas nas outras. Elas não são letras separadas.*

Penso que isso também diz algo sobre sua dificuldade em existir e pensar numa condição de separação. Não é por coincidência que ele ama esses palhaços, todos os objetos ao redor deles representam algo um pouco maníaco na sua forma de ser, o que provavelmente tem ligação com as preocupações da mãe com ele. Ele age como um palhaço para manter sua mãe feliz. Entretendo-a em função da recusa da mãe em ver as dificuldades do filho.

Você, na sua contratransferência, sentiu que ele é uma criança vibrante e cheia de vida. Penso que esse é o papel que a mãe deu a ele, mantê-la viva e não preocupada com ele, essa é a sua função. Ele consegue colar a atenção da analista e a de todos nele. São desenhos muito poderosos, coloridos e vivos, possuindo uma atração magnética, que ele sabe como usar para não perder contato com o objeto.

Penso que essa é a questão que podemos levar para a quinta e última sessão. Você diz que "Pedro é uma criança vibrante e cheia de vida que comunica isso através de seus desenhos e suas narrações". Eu penso que ele consegue despertar sua contratransferência, para aquilo que a mãe espera que ele faça: quer que ele se torne essa pessoa vibrante e cheia de vida que cola a atenção do outro. Vamos para a quinta e última sessão.

Material clínico – 5ª e última sessão

Converso mais com a mãe, enquanto Pedro está ao lado desenhando. Ela me conta que ele está mais tranquilo, dormindo melhor. A mãe expressa sua preocupação com o futuro dele, achando-o muito inocente para sobreviver no mundo lá de fora. Fui então ajudando a acolher o sofrimento dessa mãe. Talvez por saber da premência de que o filho fosse atendido, eu tenha me inibido em prosseguir em nossos encontros, acolhendo-a.

Junto com ela fui fazendo uma síntese da situação, procurando mostrar os aspectos positivos que pudessem trazer esperança para essa mãe e restituir sua fé na possibilidade de uma continuidade do trabalho. Mostrei que Pedro estava frequentando a escola regularmente na sala dos meninos de sua idade e que a escola estava ciente das dificuldades dele e procurava ajudá-lo com essa sala de reforço semanal. Apontei que ele tinha o atendimento quinzenal com a fonoaudióloga, com quem tinha uma boa ligação, além da terapeuta ocupacional. Paralelamente, o agente de saúde da comunidade já estava tentando agendar o psiquiatra para o devido acompanhamento e a neuropsicóloga, responsável pelo diagnóstico de Pedro, já havia colocado a criança na fila de espera para atendimento em centro especializado.

Cabe mencionar aqui que outras instituições de cuidados à saúde mental infantil foram pesquisadas pela assistente social da comunidade, mas algumas não eram apropriadas para o nível de funcionamento dele e em outras não havia lugar. Sinto que o projeto emergencial tem suas limitações no atendimento de uma criança como ele. Em função disso, tentamos também buscar formas para que esse menino fosse atendido. Alguns profissionais de sua cidade que atendem crianças do espectro autístico foram também contatados para que o Pedro pudesse ser atendido.

Entendi na ocasião que, dentro das limitações, havia acolhido o pedido de ajuda dessa família, procurando compreender da melhor forma possível a situação em questão, assegurando que os procedimentos necessários para que as necessidades dessa criança fossem atendidas estivessem encaminhados. Procurei também dar à mãe certa contenção às suas angústias e preocupações em relação ao presente e ao futuro de Pedro, acolhendo-a e amparando-a quanto a seus temores e inseguranças. Parabenizei-a e a toda a família pelos cuidados, assim como pela dedicação dispensada a seu filho.

Ficaram alguns questionamentos em minha mente: eu deveria ter apresentado a Pedro as suas competências e não só à mãe? Poderia ter-lhe mostrado que ele era um menino repleto de vida e capaz de criar vínculos? Quanto ao diagnóstico, retumbam em mim as perguntas: o que tínhamos ali era causado por uma deficiência mental leve (DM) ou seriam características de um transtorno do espectro autista (TEA)? Ou estávamos diante de uma comorbidade? Se assim fosse, qual teria surgido primariamente? Uma DM que levou a um TEA, ou um TEA que, pela ausência de uma boa relação primordial com a realidade externa, ocasionou esse atraso em seu desenvolvimento?

Queria agradecer a todo o meu grupo e aos participantes do Projeto SOS Brasil.

Dra. Suzanne Maiello – *É a minha vez de agradecer a analista. Penso que nessa quinta sessão você realizou uma boa síntese, ao olhar para as sessões anteriores e conseguir também olhar para frente, para qual seria a melhor opção para o Pedro. Penso que você fez as perguntas certas, para as quais não temos as respostas, mas a forma que você escolheu seguir em frente é realmente a maneira que irá ajudar essa criança, ou seja, ter ajuda presencial em sua cidade.*

Alicia – *O neurológico antecede e propicia os transtornos no espectro autista ou são os transtornos emocionais que levam a consequências neurológicas? Talvez nesta formulação o dualismo mente-corpo não ajude. A inter-relação de múltiplos fatores conhecidos e desconhecidos pode nos ajudar a investigar.*

José Alberto Zusman[15] – *Ela disse também que eram boas perguntas e, assim sendo, nem todas seriam adequadamente respondidas. Elas não eram* easy to reply.

Dra. Suzanne Maiello – *Posso falar duas palavras sobre a última sessão? No geral, eu realmente aprecio a sensibilidade com a qual a analista sentiu que ela precisava mudar sua atenção para não ser engolida pelas produções coloridas de Pedro, mudando sua atenção para a preocupação da mãe. Penso que ele é muito astuto em despertar interesse, paixão e divertimento em outras pessoas. No entanto, isso é parte da sua existência colada. Acredito que nesta quinta sessão você foi para detrás da tela, da criança viva e inteligente, capaz de entender, e entusiasta, e viu a dificuldade da mãe. Esse foi o ponto de virada nessas cinco sessões. Creio que a mãe sabe profundamente da gravidade dos problemas de seu filho.*

Algumas perguntas se mantêm: "Deveria também ter-lhe apresentado as suas habilidades, e não só para sua mãe?" Penso que você fez certo em não apresentar, porque elas não são habilidades genuínas, são formas de sobrevivência que carregam um sentido profundo de falta e talvez de depressão. Não são habilidades genuínas de Pedro, tem mais a ver com manifestações do sintoma.

Susana – *Tínhamos outra pergunta: a analista deveria usar as três sessões que sobraram para ver a mãe, já que ela não veria mais Pedro?*

Dra. Suzanne Maiello – *Isso seria possível de acordo com os protocolos do projeto SOS?*

Analista – *No que entendo do projeto, eu me restringiria ao atendimento da criança. E, se a mãe precisasse de um atendimento específico, entraria com outra solicitação no SOS para tê-lo. Como o foco é na*

15 Membro da Sociedade Psicanalítica do Rio de Janeiro (SPRJ).

criança, depois da quinta sessão entendemos que o melhor já seria encaminhá-lo para um tratamento presencial. Como já estávamos finalizando o atendimento de Pedro no Projeto, o que eu ainda poderia fazer por essa mãe seria dar a ela segurança, mais contenção nas suas preocupações, de forma que houvesse continuidade no tratamento psicanalítico, iniciando novos atendimentos, com o psiquiatra e o neurologista. Então, eu achei que, pela organização do projeto SOS, eu não poderia fazer essa virada: deixar de dar atendimento à criança e passar ao atendimento da mãe.

Dra. Suzanne Maiello – *Penso que entendi você, pois não temos muito tempo sobrando. Se todo o* setting *de oito encontros permitiria a você ver a mãe durante três encontros até atingir o limite de oito sessões, penso que seria uma ótima ideia, pois na quinta sessão a mãe demonstrou como as suas próprias defesas maníacas estavam desmoronando. Como ela diz: "Estou preocupada, não sei como essa criança vai ser independente algum dia!"*

E eu penso que ela está certa em estar preocupada e que seria bom ter certeza da continuidade do tratamento de Pedro. Assim como, nesses últimos três encontros, contar com a presença do pai também. Eu penso que uma mãe que está colada a seu filho exclui implicitamente o pai, mas esse pai talvez fosse capaz de sustentar essa mulher ao lidar com o futuro difícil dessa criança. Seria importante que o pai estivesse disposto a participar. Você poderia ter um encontro com os pais, sem a presença dele, para ajudá-los a encarar as expectativas não realistas sobre as capacidades de seu filho. Mostrar que, embora Pedro seja uma criança inteligente, a forma de "fogos de artifício" que ele produz não é a mesma de uma criança mentalmente integrada.

Analista – *Eu acho que teria sido realmente possível se tivéssemos organizado bem essa possibilidade. Havia um detalhe, o trabalho do pai o mantinha fora toda a semana. Foi uma excepcionalidade ele estar* *na casa naquele momento da primeira sessão para também conversar comigo. É verdade que, se eu tivesse realmente enfatizado esse aspecto, teria solicitado e nós teríamos nos reunido no fim de semana.*

Referência

Tustin, F. (1981). *Autistic states in children*. Routledge & Kegan Paul.

6. As pétalas de Rosa, uma menina em carne viva

Eixo II – Crianças de 3 a 11 anos

Eixo V / Corpo[1]

Reunião Científica do Projeto SOS Brasil em 24 de outubro de 2021, supervisionada pela Dra. Yolanda Gampel.[2] *Trata-se de Rosa, menina de 8 anos, que reside com os pais e três irmãos.*

Analista – *Hoje vamos apresentar um caso do Eixo II (Crianças de 3 a 11 anos) que, excepcionalmente, foi atendido por mim, pois Thalita*

1 O Eixo V do projeto SOS Brasil visa ao atendimento de crianças por profissionais que trabalham nas instituições voltadas à infância e à adolescência.

2 Analista didata da Sociedade de Psicanálise de Israel. Formou-se em Psicologia em Buenos Aires e fez doutorado em Paris. Membro do *Site Visiting Committee*, em Roma, Madrid e Brasil. Vice-presidente da Federação Europeia de Psicanálise. Professora convidada nas universidades de Sorbonne, Lyon e outras.

(quem faz as triagens) tinha essa criança na lista de espera, mas, pela sua sensibilidade habitual, informou que a menina estava literalmente em carne viva. Então comecei a atendê-la, pela urgência da situação.

Atendi a menina em três entrevistas, e depois ela foi encaminhada a uma terapeuta com formação psicanalítica que, gentilmente, se ofereceu a dar continuidade aos atendimentos de forma gratuita fora do projeto. O Grupo Corpo fez todos os encaminhamentos, inclusive o pediátrico, para o trabalho interdisciplinar, já que a família vive numa cidade muito pequena no norte de Brasil, sem recursos em saúde pública.

A pediatra apresentará os atendimentos realizados no Grupo Corpo.

Leitura do material clínico – Pediatra

A menina começou a ser atendida no dia 22 de junho de 2021. Criança de 8 anos, filha mais velha de uma mulher de 30 anos, pedagoga, o pai tem 32 anos, professor. Ela tem três irmãos meninos, de 5 anos, 4 anos e 1 ano e 4 meses. O caçula nasceu em 2020 em plena pandemia, e ela, então, foi levada para ficar na casa dos avós, numa outra cidade, distante de sua casa.

Ela veio encaminhada, pois tinha uma qualidade de vida muito comprometida devido a alergias importantes. Na consulta com a mãe eu me apresento como pediatra do SOS Brasil e expresso querer saber o que incomoda Rosa nesse momento. A mãe fala sobre as alergias múltiplas da filha, o fato de ela se coçar sem parar e respirar mal, e que ela (mãe) não gosta de dar remédio para os filhos. "Corticoide faz mal, não melhora muito os sintomas e quando melhora eles voltam rapidamente, homeopatia e antialérgico não resolvem, não resolvem!" É o que a mãe me fala. No entanto, a filha piorou muito das coceiras no corpo nesse último um ano e meio, que coincidiu com a pandemia e o nascimento do irmão mais novo, de 1 ano e 4 meses. Sua pele estava aberta, ela se coçava dia e noite. As feridas infeccionaram e a mãe a medicava com chás caseiros e a enfaixava.

Relata que na última semana, antes de ser atendida, ela resolveu dar um anti-histamínico, uma dose pequena, insuficiente, e mesmo assim essa mãe dizia que a coceira tinha melhorado um pouco.

Os antecedentes pessoais dessa criança são: nasceu de parto normal, foi amamentada até os 7 meses, segundo a mãe ela teve um desmame espontâneo quando iniciou os sintomas de pele, teve uma dermatite importante com 7 meses após o desmame, e a mãe diz que a pele ficou muito feia. Ela fez tratamento com corticoide via oral que melhorou um pouco, mas nunca sarou. Alega que também teve, com 10 meses, o primeiro quadro de chiado no peito, um broncoespasmo, e isso coincidiu com a morte da avó materna. Com 1 ano, Rosa teve o diagnóstico de alergias importantes à proteína do leite de vaca, a ovo e a glúten. A mãe disse ter feito uma restrição alimentar muito importante até os 6 anos de vida, quando ela passou a introduzir aos poucos esses alimentos.

Os antecedentes familiares são os seguintes: a mãe é boliviana, e quando ela era criança, ainda na Bolívia, teve uma alergia importante ao leite de vaca. Ela diz ter quase morrido e a mãe dela (avó da filha), por intuição, tirou esse alimento da dieta e ela ficou bem. A mãe da paciente veio para o Brasil com 10 anos, clandestinamente, e aqui no Brasil ela foi alfabetizada aos 14 anos. O pai é brasileiro do norte do país, e a mãe conta que ele é um homem muito tímido, que fez faculdade, e eles se conheceram aos 15 anos e aos 20 se casaram. Eles se conheceram em uma igreja mórmon do Rio Grande do Norte.

Peço licença para examinar a menina, e vejo que sua pele está muito comprometida, áspera, mais escurecida e apresenta feridas abertas devido à coceira, que ela esfregava com as unhas. Sua fala é cansada e notoriamente há uma obstrução de vias aéreas superiores. Ela apresenta uma deformidade de face, a arcada dentária é projetada para a frente e a fala é muito anasalada. A mãe diz que a levou, há dois anos, a um otorrino, que a avaliou e disse que ela só tinha uma rinite. Nesse momento, então, eu peço uma nova avaliação, com um otorrino do Grupo Corpo.

Nessa primeira consulta minha hipótese diagnóstica é: múltiplas alergias, dermatite crônica agudizada, uma rinite importante e uma má-formação de vias aéreas superiores. Proponho então um tratamento tradicional, pois sou alopata. Mas começaria com um tratamento leve, com um acompanhamento uma vez por semana, para ver como ficaria esse tratamento. Eu peço que a mãe compre os medicamentos. Ela me manda as fotos pelo WhatsApp para saber se está tudo certo. Em um primeiro retorno, a mãe diz que ela ficou muito bem. Que ela ficou ótima, que melhorou muito. Peço, então, para vê-la, e percebo que no pescoço ainda há lesões muito avermelhadas, mas no geral a situação tinha melhorado muito. Eu mantenho a medicação prescrita de anti-histamínico, algumas vitaminas, retiro o corticoide oral e proponho à mãe que passe na pele da menina o leite materno, já que ela ainda amamentava o bebê.

A mãe se surpreende positivamente, porque ela já havia usado leite materno em outras situações, para curar a pele dos filhos, conjuntivites e outras mais. A menina olha para a mãe e diz assim: "você vai passar seu leite em mim?", a mãe diz: "sim!! E vai ficar tudo bem!" Uma olha para a outra com alegria. Elas ficam muito felizes com essa proposta. Na semana seguinte, a mãe relata que não conseguiu passar o leite materno na pele da filha porque ela teve muitas tarefas, mesmo assim a pele ficou totalmente cicatrizada e limpa. Eu vejo a pele da menina e de fato está sem nenhuma lesão. Mantenho então nesse momento uma hidratação da pele e o anti-histamínico por um período prolongado. Nesse tempo, encaminho a ela um hidratante com algumas probióticos que facilitam uma cicatrização natural, fabricado por um laboratório da minha cidade. O otorrino nessa época constata que ela tem um desvio de septo importante, que é um caso cirúrgico, mas que no momento não pode operar devido à sua idade. Mesmo assim, mantém a medicação de rinite que eu já havia prescrito e indica aparelho odontológico para corrigir a deformidade. Mas a mãe rejeita o aparelho, alegando que vai doer e judiar muito da menina. A odontopediatra do SOS Brasil, quando observa o raio X da arcada dentária, é categórica quanto ao uso: "é necessário que se coloque aparelho, caso contrário ficará com uma sequela de deformidade de face mais tarde". Outro desafio é convencer a mãe a providenciar o tratamento.

Na mesma semana, a fonoaudióloga a atende, passando exercícios de respiração e, com essa orientação, a mãe diz que a filha melhorou muito. A osteopata é convocada também para atendê-la, fazendo exercícios. Ela orienta a mãe a tocar a face da menina em pontos necessários, massageando como se estivesse num SPA. A mãe relata que é uma coisa muito boa essa sensação de que as duas pudessem estar num SPA fazendo os exercícios: "A filha gosta muito dessa ideia".

Eu prescrevo a manutenção de uso do hidratante. A menina reclama e a mãe se sente sobrecarregada, está entristecida e chora muito nessa sessão. Eu a encaminho para um atendimento individual de análise, no projeto que temos aqui na cidade. No SOS Brasil seriam só oito sessões e havia uma longa fila de espera. Ela, então, começa sua análise individual.

Nessa altura, eu proponho que é necessário saber o que piorava e o que melhorava a dermatite na paciente. Seria necessário que nós duas observássemos isso com muita atenção. Uma doença crônica pode ser tratada se conseguirmos descobrir o que a faz pior e o que causa a sua melhora. Observo que a menina piora muito nos finais de semana. Normalmente a mãe me liga na segunda-feira para dizer que piorou muito e eu sempre recomendo a ela: "Por favor, melhore a hidratação da pele, passe várias vezes, você mesma, o hidratante na pele dela que amanhã, como todas as terças-feiras, às 11 horas, nós nos encontraremos por vídeo". Então, na terça-feira ela me diz: "melhorou muito!" Com isso, chegamos à seguinte conclusão: eu não sei o que piorava a pele, mas sei que ela melhora com a hidratação sistematizada. Com a evolução desse caso, em que eu a atendi uma vez por semana, por dois meses e meio, passei a atendê-la a cada quinze dias e, por fim, uma vez por mês. Mas quantas vezes fossem necessárias ela podia me acionar. Enfim, após relutar muito, já no último mês e meio, essa mãe aceita a medicação da dermatologista da cidade, que prescreveu o corticoide a longo prazo, em dose baixa, e cremes de corticoide junto com o hidratante. Ela está muito cansada com as demandas desta filha.

Na última consulta, a pele estava ótima, totalmente regenerada com o tratamento, a mãe se sentia feliz e aliviada com a conquista. A respiração melhorou muito com o tratamento e os exercícios que tem feito. Ela vai precisar da correção cirúrgica do desvio do septo no futuro, e o uso do aparelho odontológico, que não foi possível até o momento.

O sentido do Grupo Corpo

O Grupo Corpo SOS Brasil permite o trabalho necessário de diálogo interdisciplinar. Com ele ampliamos, expandimos e aprofundamos as possibilidades de um atendimento emergencial em rede, tão eficiente quanto possível.

Muito além de diagnosticar, prescrever, encaminhar, orientar essa mãe, a pediatra lhe ofereceu continência. Ela teve um papel ativo

(Alvarez, 2020) no percurso do tratamento da filha, ao solicitar da mãe uma atenção especial para descobrir o que melhorava ou piorava o problema da pele de Rosa. A pediatra convoca essa mulher a entrar em contato com a dimensão infantil de Rosa. Ela é a mais velha da prole, mas é uma criança e precisa do olhar amoroso e interessado dos genitores. Os "gritos" polissêmicos das feridas no corpo da filha podem ser escutados e atendidos. Na terapia, esses berros do corpo ganharam voz e sentido. O sofrimento psíquico, inscrito no corpo, com cremes e hidratantes aplicados pela mãe, recebe concretamente carícias e o necessário investimento libidinal. A feliz metáfora do SPA introduz a dimensão do prazer compartilhado, no terceiro tempo do circuito pulsional.

Primeira entrevista com Rosa e sua família

Eles estão muito interessados no atendimento. Ela é uma linda menina de longos cabelos bem penteados, está sentada no sofá, num canto, sem muito espaço, ao lado dos pais.

Após me apresentar como psicanalista que cuida das dores da alma e apresentar o projeto, a mãe pede que a filha desenhe. A mãe fala torrencialmente. Difícil é poder intervir.

Observo que ela faz o que a mãe impõe sem pestanejar. Ela não tem espaço físico e talvez não tenha espaço psíquico.

Os irmãos gritam, brigam entre eles, todos solicitam atenção dos pais. Um deles quer o material gráfico que a irmã está usando e a mãe intervém para dividi-lo, sem consultá-la. Mostro como é difícil para ela ter seus desejos, seu espaço e poder se colocar com esses irmãos todos.

A mãe conta sobre o peso da transgeracionalidade na sua história. Ela teve que cuidar do irmão menor no cortiço onde viviam. Seus pais e o irmão maior vendiam CDs de música boliviana e também cantavam nas praças de diferentes cidades. Ela precisava ser boa, cuidar do irmão e não dar trabalho. Interpreto que a vida da filha pode ser diferente dessa vida tão sofrida que ela teve. Ela não precisa ser gente grande antes da hora.

A paciente me olha quando intervenho. Ela parece concordar comigo. Estou muito curiosa para ver os desenhos.

O pai sai de cena e tenta entreter os meninos, que gritam e brigam, oferecendo argila. Quando retorna conta que em 2020 nasceu o menor. Rosa ficou meses na casa da avó materna. Reflete que deve ter sentido a falta dos pais.

A mãe diz que ela quer "fazer melhor" que a professora. Cobra-se muito, e isso gera mais coceira, pinica muito toda a roupa. Com a pandemia não conseguiram sair de casa, irem à escola. A menina diz que arde o pescoço, os joelhos, os braços, nas dobras. A pedido da mãe, ela me mostra a pele em carne viva. Quando não aguenta a dor, pede que a mãe coloque bandagens. O pai me mostra uma foto. Parece uma múmia.

Penso em Esther Bick (1991) e na "pele psíquica", a falta de um continente interno em Rosa, e as tentativas de supri-lo como um exoesqueleto de eficiência, uma segunda pele, a pseudomaturidade.

Assinalo que ela fica toda enroladinha, aquecida, protegida com as bandagens. Mas o importante é o amor, a dedicação da mãe só com ela nessa hora, cuidando dela. Entram os irmãos na cena, berram, o caçula balbucia, eles puxam a saia da mãe. Mostro como todos querem atenção e a primogênita também precisa, porque ela é uma menina e não gente grande.

Revelo minha curiosidade e ela me mostra o desenho.

Paciente - *É você.*

Fonte: Arquivo do SOS Brasil.

Um corpo robusto, com muitos detalhes. Uma imitação e/ou uma criação? Ela quer ficar com meu retrato, sua obra, como testemunha de nosso encontro? Ela busca identificar-se com uma figura feminina, forte? Óculos, lábios vermelhos, colar, enfeite, cabelos bem penteados de um lado, desordenados do outro; roupa azul como a que estava usando, pintada com traços em todas as direções, deixando linhas brancas. Seriam esses tênues espaços brancos expressões de seu vazio mental? Seriam as múltiplas direções do azul, e a diferente aparência do cabelo a cada lado do rosto, a presença de emoções "bem-comportadas: cabelos penteados (ter que ser boa, disciplinada, dócil) de um lado; a desordem, a revolta, o indócil, do outro?

Analista - *Nossa, você me desenhou com óculos para te enxergar por dentro, com muitos detalhes, bem grande, assim eu fico com você no desenho e dentro de você, te fazendo companhia e tentando te compreender.*

Após minha intervenção ela pede ajuda ao pai para amassar a argila, que abre espaço para ela. Ela modela uma xícara e diz que não colocará água para que não desmanche.

Fonte: Arquivo do SOS Brasil.

Analista – *Você quer ter dentro de você um lugar que não desmanche, que não seja invadido, um canto bem seguro nessa família. E você precisa muito da ajuda da mamãe, do papai e de mim para viver sem esse sofrimento todo. Eu vou passar o contato de uma pediatra, que vai cuidar também de você junto comigo.*

Dra. Yolanda Gampel – *Bom, eu estava dizendo, e vou repetir, que me parece uma maravilha a forma como está sendo organizada a assistência a um público que vive em situações de desamparo completo dentro do mundo, e contra isso não podemos ser um/únicos, precisamos ser um, dois, três ou quatro para, rapidamente, construir algo de proteção e de esperança no amparo, não somente para a pobre menina deixar de sofrer, mas também para os pais.*

Na sua intervenção, a analista é como uma grande avó. A doença começou depois que morreu sua avó biológica, ou seja, ela piorou depois da morte de uma de suas avós. A presença da figura de uma avó que possa vir a ser uma figura introjetada, que a contenha dentro, quando se está necessitada. Essa menina pode viver nesta entrevista algo da pulsão de Eros, vida e criação.

Recordo-me da primeira vez que nos encontramos, creio que falamos da questão das intervenções de assistência e intervenções assistencialistas. Este é um ótimo exemplo dos objetivos desse grupo de assistência e vocês se encontram em função de abordar as múltiplas vulnerabilidades e suas consequências nas pulsões, planos e na construção da subjetividade. É também a abordagem que se pergunta por uma dignidade humana nesses contextos, porque as intervenções assistencialistas também têm resultados institucionais que chegam a cabo para a separação dos assuntos.

A primeira questão que vocês trazem é sobre o sujeito e a subjetividade de toda essa família e é muito interessante. Depois vamos pensar toda a questão do uso da pele para falar do sofrimento da menina e contar toda a sua história.

Analista – *Alguma pergunta ou alguém que queira intervir, ou passamos a continuidade do atendimento com a terapeuta?*

Ela esteve comigo ao longo de três entrevistas enquanto a pediatra começava todo o trabalho no Eixo Corpo. Passamos a palavra para a terapeuta,[3] *que continuou com o atendimento.*

Terapeuta – *Selecionei dois trechos de duas sessões diferentes. Começaremos com a terceira sessão que realizamos: ela inicia a sessão com um cristal em mãos. Atendo-a de manhã e a vejo brincando com os cristais junto aos raios de sol.*

---

3 A terapeuta é uma colega que participa de um grupo de discussão de teoria e *techné* com a analista desta paciente.

Tudo que passamos em um primeiro momento é sem palavras, enquanto ríamos juntas.

Material clínico – Terapeuta: sessão 3

Rosa inicia a sessão com um cristal na mão, e vai expondo-o aos raios de sol que entram pela janela. Aproxima-o da câmera, explorando os efeitos das cores e as distorções de imagens; é o efeito de um prisma. Sou afetada aqui pelo impacto estético da brincadeira, quase sem palavras, com risos largos; ela se diverte e eu também. Vou descrevendo a beleza do colorido, de como podemos nos ver através de mais essa lente: "estou vendo você"... Mantém essa brincadeira por um bom tempo. Depois fala algo sobre meu desenho de borboletas, realizado na sessão anterior.

Fonte: Arquivo do SOS Brasil.

Dra. Yolanda Gampel – *O tratamento começou depois do tratamento médico e depois da entrevista com a analista, certo? Ou quando começaram a tratá-la ela já estava em tratamento médico?*

Terapeuta – *Como a pediatra disse, ela tinha feito uma parte do atendimento médico. A analista começou em 22 de junho e eu comecei dia 7 de julho.*

Dra. Yolanda Gampel – *A questão em pleno processo de curativos pela atenção médica.*

Continuação da leitura de caso

Eu pego o desenho e ela vai sugerindo complementos, vou fazendo e mostrando, um vaso, uma flor, e outras borboletas menores. Ela não aceita a sugestão de desenhar comigo, mas participa ativamente, ri quando acha meu desenho estranho, diz o que acha que precisa melhorar.

Depois de uns trinta minutos, ela se distrai com um livro e há um afastamento do contato comigo, parece ficar ensimesmada. Procuro buscá-la para o contato, pergunto sobre o que há ali, ela me mostra a capa, e é um almanaque. O pai vem buscar um dos irmãos que entrou na sala, mas não aparece na câmera. Ela continua com o livro e lê títulos das páginas: judô faixa preta, soporífero e a máquina de neve.

O pai diz algo e ela me diz que está chamando para almoçar. Digo que estamos finalizando e que faltam poucos minutos. Ela levanta e volta em seguida dizendo: eu avisei a ele. Pergunto se ela quer terminar e se não está bem. Ela diz que não, que quer ficar, sim.

Dra. Yolanda Gampel – *Isso me parece charmoso também, quando alguém faz intervenções em situações que parecem impossíveis. Essa menina com sua pele, com uma dor terrível, toda a situação familiar, e ela é capaz de fazer entrar um raio de luz nessa casa, mediante a terapeuta, de alguém que entenda algo da família, alguém que dá a ela um tratamento concreto para ajudar a sair dessa situação em que a respiração, a pele etc., tudo, não funciona mais. Spinoza, o filósofo – eu às vezes ouço aportes que não têm a ver com psicanálise, mas que me ajudam a entender aspectos que se passam na psicanálise –, fala de uma cristalização imaginativa e fala da lógica do pensamento. Às vezes se cristaliza em uma coisa imaginativa. Ele renunciou a religião judia e vai para outra religião, pois diz ter sofrido uma cristalização imaginativa que não lhe permitia viver.*

Essa menina, agora com um cristal, vê cores, como se estivesse dizendo algo, inconscientemente, sobre essa cristalização imaginativa da dor, transformando-a em cores. Não sei se estou sendo entendida. Ela, todavia, não pode desenhar sozinha. Mas pode estar em frente aos espelhos e cristais, por meio dos quais ela pode se ver com a terapeuta, e necessita que ela desenhe primeiro, como se dissesse: "primeiro você, para depois eu poder seguir" para poder seguir crescendo.

É como se saísse de uma dimensão da psique para as duas dimensões onde há um outro que pode compartilhar algo com ela. Não sei se conhecem essa teorização muito linda de Meltzer (1992), da "1, 2 and 3 Dimension". *Como uma criança passa do 1, onde está sozinho sem que haja nada, para o 2, onde são dois e é nas crianças que, nesse momento, aparece a identificação adesiva, onde pisam nas mãos da mãe, pisam nestas mãos para poderem desenhar com as próprias. Falta um passo para chegar às 3 dimensões!*

Aqui ela está entre uma dimensão, o cristal imaginativo de dor que vem ajudá-la de todas as partes para ela poder ver cores; então se pode entrar em uma relação de 2, onde ela necessita que lhe deem a mão para crescer, está com a família sendo ajudada. Rosa não está sozinha. Agora está num lugar sozinha, sem os pais, momento no qual os pais saem com os outros filhos e a deixam só, com sua terapeuta, com sua mãe, com a analista.

Ela precisa criar um lugar para si mesma, não estar em um conjunto que não a deixa crescer. A mamãe está ao lado dela nessa hora nesta sessão?

Terapeuta – *Você pergunta se a mãe aparece na sessão nesse momento?*

Dra. Yolanda Gampel – *Ela estava na sessão com ela?*

Terapeuta – *Não, a proposta que fiz foi de atendê-la sozinha.*

Dra. Yolanda Gampel – *Muito bem, a deixaram sozinha!*

Terapeuta – *Nesse período eu fiz umas três consultas com os pais também, mas separados dela. Ainda não nos juntamos.*

Dra. Yolanda Gampel – *Para mim a cristalização imaginária da dor estava presente. Com o cristal, ela podia mirar seus desenhos/desesperos. Isso é o que essa menina traz nessa sessão e depois já quer continuar, não quer comer com todos, quer seguir na sessão. Continue com o relato.*

Terapeuta – *Como é uma ordem do pai, eu lhe pergunto, e ela diz que avisou ao pai que precisa de mais alguns minutos.*

Dra. Yolanda Gampel – *"Eu quero ficar com você, seguir contigo comendo a comida que você me dá!"*

Terapeuta – *É bem frequente, no final das sessões, ela fazer alguma referência de lamento, "mas já acabou?", e um dia ela falou "nossa o tempo voa!"*

Material clínico - sessão 7

Sessão bastante difícil. Ela está acordando, com sono, está na chamada pelo celular, e movimenta o aparelho, dificultando minha visão para ela. Aos poucos fica alerta e ativa.

Percebo que ela está ao mesmo tempo olhando outras telas do celular, talvez joguinhos. Penso num polvo com seus diversos tentáculos, fazendo várias coisas ao mesmo tempo, e penso na mãe com os quatro filhos.

Ela me diz que dormiu tarde, que costuma demorar para dormir, fica acordada, não pensa em nada; quer dormir, mas não consegue.

Digo que às vezes dormir pode ser difícil porque podemos ter pesadelos. Ela imediatamente diz que teve pesadelo e me conta:

Estava na casa da sua amiga Lucy, com o irmão dela Caio, e que tem que tomar conta de um zumbi. O Caio estava lutando boxe com ele, mas o Caio tem que sair. Quando o Caio luta, daí a cabeça do zumbi sai rolando, ele pega a cabeça e coloca de volta. Quando o Caio sai, é ela que começa a lutar como o zumbi, e perde a luta. O zumbi é verde.

Pergunto o que é um zumbi e ela diz que é um que tem pele verde, anda assim (e mostra com os braços duros, afastados do corpo). "É parecido com uma pessoa?", eu pergunto.

Paciente – *É uma pessoa que ressuscitou, mas não é bem isso, é um morto/vivo, e que pode colocar e tirar partes do corpo. Daí eu acordei, meu pai me deu uma benção e eu dormi de novo. Não tive mais pesadelos.*

Faço algum comentário sobre o sonho e como ela pode ter se assustado. Ela desconversa, e repete que não teve mais pesadelos. Percebo que ela está vendo outras telas, compenetrada. A princípio ela nega, diz que não está vendo nada. Com minha insistência ela diz que é um jogo de hotel, que ela tem que tomar conta e que tem de doze a oito hóspedes.

Digo que ela está fazendo várias coisas ao mesmo tempo, que ela me vê pequeninha na tela e eu não vejo os olhos dela para mim, que me parece uma amostra de como é ruim precisar da atenção e não ter, a pessoa estar ocupada ou fazendo outras coisas ao mesmo tempo. Digo então que está me lembrando um polvo, que vai tentando fazer tantas coisas, com dificuldade.

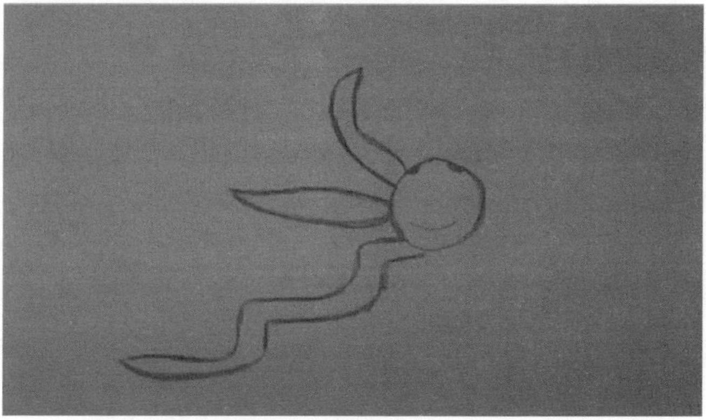

Fonte: Arquivo do SOS Brasil.

Tento desenhar um polvo, peço a sugestão dela para a cor e ela escolhe azul, e vou mostrando a ela na câmera. Ela ri com minha produção e diz que parece uma flor. Eu faço um tentáculo maior, dizendo que sou eu e ela, em cidades diferentes, ela diz que parece um raio, e rimos.

Digo que vou fazer vários braços: ela lutando boxe com o zumbi do sonho, ela tomando conta do hotel com tantos hóspedes, ela falando com sua terapeuta. Digo que esse é mais longo porque moramos longe, e mesmo assim estamos ligadas e nos aproximando.

Dra. Yolanda Gampel – *Por que sentiu que foi difícil essa sessão?*

Terapeuta – *Porque a minha impressão foi a de que ela não estava comigo, parecia estar vendo outras coisas na tela e assim ficava mais difícil o contato e eu fico procurando meios de chamar sua atenção. Acho que até por isso eu recorro aos desenhos e ela atende! Quando mostro algo e ela atende: "Credo! Isso não. Isso sim!" Esse distanciamento dela que eu compreendo como um distanciamento emocional.*

Dra. Yolanda Gampel – *Que hora do dia era?*

Terapeuta – *Eram 9h30.*

Dra. Yolanda Gampel – *Ela teria acordado àquela hora? Não vai à escola?*

Terapeuta – *Ela vai à escola no período da tarde.*

Dra. Yolanda Gampel – *Vai à tarde à escola. Ela estava passando de um mundo de sonhos a um mundo de realidade e havia que chamá-la: "Venha, venha, venha".*

Terapeuta – *Então apareceu nesse dia a dificuldade em dormir, eu entendi que ela acabava protelando o sono, adiando para dormir, então às 9h30 ela está assim. A mãe diz que "ela dorme muito! Nos dias que não tem sessão ela dorme até mais tarde. Eu vejo que ela acorda, já está bem certa, já foi passear, e às 9h30 já está mais alerta!"*

Dra. Yolanda Gampel – *Como um jogo de entrar e sair, fechar e abrir. Há momentos em que ela pode abrir e você pode entrar, e há momentos em que ela não lhe dá permissão de entrar, entrar/sair, fechar e abrir. É como se vocês estivessem nesse espaço, um espaço de liberdade onde ela pode ser/fazer.*

Penso que custou muito essa hora porque você tratou de chamá-la para que a hora seja uma hora vivida e não uma hora em que não se passa nada. Penso que ela expulsou você, como na outra sessão, que você a chamou sempre com desenhos e trabalhos, ou seja, que tem algo que você pede a ela, e sente na contratransferência: "convida-me primeiro, necessito que me convide a adentrar", como todo o sofrimento que ela teve na pele.

A pele é uma das coisas mais importantes, pois sente-se por todo o corpo, não é como ter dor de só barriga, é todo o corpo e toda a questão da sensibilidade, de tocar, de sentir, mas à parte está o que Anzieu[4] *escreveu em* El yo-piel (*O eu-pele*),[5] *charmoso livro no qual ele trabalha sobre a relação do psiquismo com a pele, em Paris. Ele viajava para aprender tudo que aprendeu e escrever esse livro.*

Não só está na questão do instinto sexual, libido, sexualidade. Uma das coisas mais importantes para o bebê é o attachment, *é poder ter sua pele tocada para estar contido, e aí poder crescer e, quando você gosta muito e pede muito, eu preciso conter, chamar, eu tenho que fazer esse* attachment. *Isso que eu não consigo fazer sozinha.*

Penso que esse é o pedido feito por essa menina. É como se ela dissesse "Eu quero seguir estando na cama dormindo, meu papai me deu uma benção para dormir, necessito que você me tenha nos braços, fazendo o trabalho".

Mas penso que é uma maravilha como isso pode acontecer de forma online, é incrível!

Terapeuta – *Pensando essa ideia do tato, é importante porque a gente está distante, não é?*

Dra. Yolanda Gampel – *Essa é uma das coisas discutidas em psicanálise. O que se escuta nesse momento é que não há contato direto. Mas aqui há dor, pele, pensamento...*

---

4 Didier Anzieu (1923-1999) foi estudante de filosofia até tomar interesse pela psicanálise e se tornar aluno de Daniel Lagache. Membro fundador do Sindicato dos Psicólogos Psicanalistas, criado em 1953. Foi psicanalista, psicólogo, professor e autor de uma vasta obra inspirada em Wilfred Ruprecht Bion.

5 Anzieu (2010a).

Essa menina, o que mais necessita é o contato. Ela necessita de você em todos os passos! Eu penso que se estivessem no mesmo quarto, será que seria mais difícil? Ela estaria na outra ponta, ou daria muito espaço. Muito possível. Aqui está dentro da família, o papai e as irmãs que aparecem, ou seja, está segura e tem alguém que a chama, a chama e a pede, ela tem você, tem uma figura de avó com a analista.

Eu, neste momento, estou trabalhando muito o que é trabalhar com crianças sendo avó, há uma transferência que é completamente diferente! Quando eu era jovem e trabalhei, sendo mãe, com crianças era diferente de hoje. A pessoa do analista importa.

O que se cria na relação é incrível, como se fez entre você e a menina em apenas três entrevistas. Interessantíssimo pararmos para pensar sobre tudo isso! Neste momento estou fazendo um tratamento que nunca vivi e que foi pedido por uma paciente minha que esteve muitos anos em análise comigo e que tem um neto de 17 anos. Um neto que tem aspectos autistas e psicóticos, as duas coisas. Um menino muito inteligente, mas que não quer mais ir ao tratamento nem nada. Tem uma ótima relação com a avó e ela me chama: "Dra. Yolanda, e se tentarmos que eu venha com ele junto?", e ela, enquanto ele não fala, continua a contar sobre quando entrou em tratamento, sobre os sonhos que sonhava e como eu a ajudava. Não sabe o que se passa, é uma coisa incrível como esse menino pode contar sonhos e estar presente. Somos duas avós que trabalham com ele. Penso ter uma função importante, não apenas de dirigir tudo isso, mas também de vez em quando ver essas crianças também!!

Isso eu penso todo o tempo, tudo se agravou quando a avó morreu, não sei qual avó. A avó materna! Que também para a mãe tem significado sobre o que passou. Há muito de morte em todos esses sonhos e em muitas outras coisas, está aí e está dentro dela, por isso tem medo de se envolver.

Pediatra – *Até à ocasião da morte da avó, que teve vários infartos nos primeiros dez meses de vida da bebê, a mãe se ocupava muito dela (avó) porque elas eram muito ligadas, e quando ela a desmama, primeiro a pele fica doente; com 10 meses essa avó morre e esta menina começa a ter broncoespasmos, doenças importantes. Eu só queria dizer que essa menininha dorme sozinha no quarto dela, os três irmãos dormem no quarto junto dos pais. Ela fica muito tempo acordada e, quando ela tem pesadelos, ela chama e quem vem acudir é sempre o pai. Essa é a história que ela conta.*

Dra. Yolanda Gampel – *Quer dizer que em algum momento essa pele perde o* attachment, *a mãe entra em depressão e aí começa a dermatite? Os problemas de respirar estão na alma, é como se a alma vivente estivesse na respiração! Algo na alma vivente da mamãe também morreu e essa menina, essa dermatite, é uma enorme fonte de problemas. Algo não funcionava também desde o nascimento: a construção da boca. Difícil deve ter sido para essa menina mamar, isso se a mãe lhe dava o peito!*

Ou seja, não era o prazer em mamar, senão era uma experiencia com dor. Há um artigo interessantíssimo de Anzieu, em um livro de 1977, em Paris, num Congresso sobre attachment, *no qual palestraram inúmeros psicanalistas extraordinários e que trabalhavam com* attachment, *e Anzieu (2010b) escreveu, me lembrei graças a vocês sobre esse encontro, fui buscar esse livro que não sabia mais onde estava em minha casa. Chama-se:* El pensar: del yo-piel al yo-pensante, *e fala sobre a pele que vai do prazer à capacidade de pensar, que nós vimos muito bem neste caso, ou seja, que o prazer oral primário pouco existe nela e como a mãe lidava com essa menina e essa insuficiência na boca. Agora temos uma médica que a vê, consulta, trata, trata de curá-la, que fala com/sobre ela terapeuticamente e não medicamente. Tem uma analista, tem uma avó e essa conexão com toda a equipe, ou seja, tudo isso permite uma entrada de luz e vida nessa menina, é muito trabalho a fazer. É extraordinário o que se pode fazer humanamente em situações de depredação, pobreza espiritual, psíquica e econômica, é extraordinário e me parece o mais charmoso que podemos fazer com o que sabemos!*

Eu vou tratar de, não sei se conseguir esse livro, e peça em francês, Textes de base en psychologie: L' Attachement.[6] *Eu mando o texto para vocês, saiu em 1983, é muito possível que se buscarem no Google encontrarão todos esses livros e textos, mas este é um exemplar. É extraordinário, e todo o artigo trabalha a questão do prazer que se dá a criança, o prazer, a carícia e como tudo isso pode gerar prazer e ajudar a pensar. Penso que essa menina está entre o prazer que lhe dá brincar com o terapeuta, o prazer que isso lhe dá e aprender a pensar por meio das palavras e que tudo isso está entre unir e separar, abrir e fechar.*

Há outra sessão, certo?

Dra. Yolanda Gampel – *Parece-me algo bonito para ir trabalhando e apresentar como exemplo de como pode ser fora de um consultório e dentro das enormes carências do Brasil. É um trabalho terapêutico, social e comunitário. Tudo o que se está fazendo influencia toda essa família, tem efeito em toda a família. A pele era como um crustáceo, doloroso e terrível, agora esse crustáceo está desaparecendo, mas esse crustáceo é de toda a família, e não somente dela. Na primeira entrevista, os ruídos da casa, dos pais, dos irmãos invadiam o espaço. Agora os pais reconhecem os encontros e se retiram, o que é muito importante!*

---

6 Anzieu, D.; Bowlby, J.; Chauvin, R.; Duyckaerts, F.; Harlow, H. H. F.; Koupernik, C.; Lobovici, S.; Lorenz, K.; Malrieu, P. H.; Spitz, R. A.; Wdilöcher, D.; & Zazzo, R. (1983).

Terapeuta – *Esta situação aconteceu várias vezes porque eles estão todos no mesmo ambiente. Então teve uma sessão que entrou um dos meninos, o pai veio e aí eu e ela começamos a brincar: "Nossa, um deles está sendo levado", aí entrava o outro e ela começou a contar: "dois levados, três levados, quatro levados" (risadas). Aí eu fui interpretando: "Nossa, parece que o papai tá muito empenhado para você ter o seu horário aqui tranquilo e poder conversar comigo tranquila!"*

Dra. Yolanda Gampel – *"Um, dois, três se perdem, mas eu continuo aqui contigo!" Isso também é o fazer uma pele de palavras. Uma brincadeira. Penso que foi muito importante "um, dois, três para fora e continuamos".*

Terapeuta – *Como esse jogo! Mais um levado, mais outro levado!*

Pediatra – *Agora eu só queria pontuar aqui que foi muito difícil, como pediatra, propor um tratamento para essa menina, porque nada funcionava e a mãe não queria que ela fosse medicada. Eu percebi que ela só conseguiu medicar a filha de uma maneira efetiva depois que começou com a análise. Ela fez uma análise e, também, o trabalho com a menina ajudou-a e, então, reconheceu a necessidade de medicar a filha. O que mais me chamou atenção quando eu a vi foi o fato de ela ter ficado um ano e meio se coçando sem receber nenhuma medicação para aliviar a coceira! O que muito me chamou atenção é que parecia que eu não podia entrar de uma maneira abrupta com ela, tive que ir muito devagar, dizer que ia dar um remedinho aos poucos e foi o que fizemos. Até ela aceitar a medicação plena, e perceber que, de fato, fazia efeito, e para a filha, isso foi muito evidente. Ela precisava sair desse casulo mesmo. Desse lugar, de estar só com a família na pandemia, só eles e aí alguém entra e vai abrindo devagar até eles aceitarem o que vem de fora.*

Dra. Yolanda Gampel – *A analista traz como associação Esther Bick, que também escreveu em* El yo-piel *de outra maneira, que traz na inspiração de Anzieu, ou seja, ela traz como uma envoltura rígida* *que o menino se defende ao fazer um crustáceo, algo de cortina, porque assim como você descreve que estava a pele, é para se defender do difícil. Não só para contar o que se passa, mas também para defender-se, para que nada entre de todas as dores que se passam ao redor. Anzieu traz e fala/defende sobre o crustáceo e, se a envoltura é descontínua, pode-se pensar também no tratamento como algo descontínuo, e eu penso que se pode pensar como um colador onde se prendem muitas coisas sem se dar conta, ou seja, algo que pode seguir passando e acontecendo.*

Esse "Eu Crustáceo" que passa a ser um "eu colador" com a angústia que, em algum momento, irá ceder e vai passar por uma época de agressividade que é necessária para poder existir no mundo e que vai permitir a ela comunicar-se com o exterior. Toda essa problemática da pele é, às vezes, uma barreira protetora frente a todos os elementos desorganizadores e no tratamento, às vezes, é preciso desorganizar para poder sair desse estado, fora desse eu crustáceo.

Terapeuta – *Dra. Yolanda, tem uma situação que eu me lembrei agora enquanto falávamos das funções da pele, na qual ela, na sessão, está se coçando um pouco mais e eu vejo a pele, peço que ela me mostre a perna. Ela, então, vai se coçando e pega a pele e come, põe na boca a pelezinha!*

Dra. Yolanda Gampel – *Claro! Porque tudo tem a ver com ela. É como se pensássemos em um bebê sem prazer de viver, o prazer de estar nos braços da mãe e de viver. Ela perdeu!*

Ela se come nas sessões ou quer seguir comendo com a terapeuta, quer dizer que são momentos de prazer em que ela pode, nesses momentos, ter algo junto, também com a pediatra e com vocês. Queria escutar perguntas e ver o que pensam.

Rossana Nicoliello[7] – *Primeiro, queria dizer que a gente está no SOS há tanto tempo e é sempre uma agradável sensação ver esse trabalho de todo mundo, é uma costura muito bem-feita! Eu fui escrevendo algumas coisas e ao mesmo tempo me respondendo pelas colocações da Dra. Yolanda. Quando ela fala sobre a pele de palavras, eu tive uma sensação, no meu corpo, de um arrepio.*

Então a minha colocação é que eu entendi que o polvo e o prisma, as várias luzes, mostraram a fragmentação dessa criança e, é um comentário/pergunta, quando eu pensei na múmia que ela trouxe que era um zumbi, quando ela foi enrolada, que foi uma tentativa de juntar essas partes, seria uma super/polissensorialidade em função dos vários sentimentos e que essa integração começa quando ela, naquela cena cheia de pai, mãe, irmão etc., ela consegue olhar só para sua analista, num olhar único, e ela faz um desenho tão fiel da analista, desta avó. Então é isso.

Dra. Yolanda Gampel – *Penso que se é isso, Rossana, eu penso que às vezes um sonho pode trazer todas as suas fantasias inconscientes de morte e de vida, de todos os irmãos juntos, de sexualidade, tudo isso nesse zumbi, como ela se apresentou à sua terapeuta, quando se levanta de manhã e estava bem na sessão, e não estava na sessão, é um zumbi nesse momento também, é um aspecto dela.*

O que o sono lhe permite é não se doar, pois tem muito medo de todas as coisas que podem aparecer caso perca o controle. É uma menina que sabe se controlar, sabe que, mesmo com todo o sofrimento que tem, ainda se controla, porta-se bem, como a mamãe se portou bem para poder atender e ser uma filha boa para sua mãe.

---

7 Membro efetivo da Sociedade Brasileira de Psicanálise de Minas Gerais (SBPMG) e da Sociedade Psicanalítica do Rio de Janeiro (SPRJ).

Ou seja, tem muito medo de dormir, de perder o controle e que possam sair coisas que ela não quer que saiam. Mas é preciso poder entender e pensar tudo isso, como Freud define a "cura", poder pensar uma maneira de poder usar tudo isso para fazer coisas criativas e crescer.

Rossana – *Nós podemos pensar o problema da pele como uma tentativa de organização de todos esses sentimentos que estavam espalhados como tentáculos do polvo e que ela reúne todos em um só sintoma, certo?*

Dra. Yolanda Gampel – *Penso que o interessante, a função paralógica da pele, porque se tem como uma barreira protetora entre interno e externo, separação do ser humano do meio que o rodeia para preservá-lo. Imagina se tivéssemos tudo para fora, o que se passaria conosco, e a função simultânea do corpo como meio de comunicação com o entorno. Quantas funções tem na pele, desde o isolamento de proteção para comunicação, é o lugar dos primeiros contatos dos recém-nascidos com o mundo e seus habitantes. É um órgão expressivo, eloquente, e a pele é linguagem, tudo que ela não pode fazer com a linguagem faz/fala com a pele.*

Sua dor, sua proteção, como nos recebe, então é a pele que expressa e fala, chora e sofre. Que sorte quando precisaram que essa menina chorasse e sofresse para fora, então ela necessita apenas da pele para mostrar o que tem de tristeza e sofrimento dentro de si. Chorar é sacar para fora a dor que temos em nós, sair de uma forma de crustáceo como havíamos falado.

Rossana – *É uma pele que afasta ao mesmo tempo que cria uma barreira, ela fica estranha e afasta-se.*

Analista – *Eu pensei muito enquanto atendia e fazia a adaptação dessa menina. Parecia que a mãe havia projetado nela a mesma função que teve na sua família de origem, porque os pais iam vender as músicas nas praças para sobreviver (estavam ilegalmente no Brasil).*

Ela tinha que cuidar do irmãozinho e parecia que ela transmitia o mesmo projeto tóxico para essa filha maior: cuidar dos irmãos, ceder, dar, sufocar a raiva. Isso apareceu várias vezes, mas agora eu quero passar a palavra para Marly.

Dra. Yolanda Gampel – *Na primeira sessão isso surge. Essa menina tem o direito de ser menina e ser não adulta. A família pensou que isso fosse colocar um limite entre ser criança e ser adulta. Para a mãe e para ela. Em seguida ao primeiro encontro já diz isso.*

Marly Terra Verdi[8] – *Fiquei pensando que, como em qualquer movimento, é como se transmitisse muitas coisas ao mesmo tempo, como um sonho, acho interessante e me coloquei a pensar no início das sessões. Na primeira, ela aparece com o prisma, o cristal que eu achei fantástico, a ideia da luz, mas em outro encontro também ela aparece com um celular, o qual movimenta muito, e eu fiquei me perguntando se ela estaria também se referindo ao encontro a distância, ao encontro que tem prismas e movimentações. Talvez questionamentos quanto a essa distância, essa foi uma questão.*

Pareceu, também, muito tocante a questão dos irmãos que são levados! Em português a palavra "levado" tem duplo sentido. "Levado" também quer dizer crianças que dão muito trabalho, que fazem coisas que não devem, travessos! Então eu fiquei pensando que nessa sessão ela foi a levada, ela que fez o que não devia, olhando outras coisas que você não podia ver, como se estivesse experimentando aquilo que ela normalmente não faz, sendo uma criança tão boazinha. Como se ela estivesse experimentando algo diferente.

Dra. Yolanda Gampel – *É o sair do lugar, que dizia sua analista, de uma menina superobediente para se converter em uma menina travessa!*

---

8 Analista membro efetivo, docente e didata da Sociedade Brasileira de Psicanálise de São Paulo (SBPSP). Presidente do Grupo de Estudos de Psicanálise de São José do Rio Preto e Região (GEP Rio Preto).

Marly – *Aí, com a terapeuta, faz uma travessura olhando outras coisas e pensei que quando ela fala de um hotel com várias pessoas, de um pesadelo que ela se refere, eu penso que ela também esteja falando das várias pessoas que a atendem. Como se tivesse também muitas referências e que ela estivesse sendo ajudada por todas, sim, mas que talvez ela tivesse que dar conta dessa diversidade. Fiquei pensando nisso. A gente pensa e não consegue deixar de falar algo. Obrigada!*

Delvana Di Bello[9] – *Obrigada pelas trocas frutíferas! Eu gostaria de pensar junto sobre o raio. Penso que ele tem uma função de atingir o centro, então quando ela trouxe os cristais com todas aquelas luzes, podemos pensar que ela quisesse ser atingida no coração, que a primeira imagem que vem e que essa é uma das funções do raio, atingir o centro?*

Dra. Yolanda Gampel – *Sim, mas vejam como abrem-se as perspectivas para essa menina; há tantas coisas aí que nós todos podemos usar dentro da sessão, uma imensidade de criação, de conhecimento que tem a criança e que não sabe o que fazer com isso. Tampouco nós podemos fazer algo com tudo isso, mas podemos encontrar as possibilidades desse lugar, ajudá-la a usar os aspectos criativos para poder crescer, e não para adoecer!*

Terapeuta – *Eu ia falar sobre isso, sobre a questão da criatividade, do que criamos nessas, mais ou menos, vinte sessões, e foi seguindo. Ela é muito inventiva, a gente criava histórias, ela contava uma parte, eu contava outra. Em uma das sessões ela me indagou: "o que vamos fazer hoje?" Respondi: "não sei, não sei", e este "não sei" virou um personagem! Começamos a inventar coisas do não sei, pensando nele, ele virou um personagem para poder abrir essas possibilidades, de tantas coisas que ela sabe e não pode nomear.*

9 Membro da SBPSP.

Joice Calza Macedo[10] – *Pensando nessas questões sobre a pele psíquica, da pele que essa menina teve e foi arrancada muito cedo e, dessa forma, ela teve que crescer rápido demais, será que o fato de ela não querer dormir também poderia estar ligado ao medo de ser arrancada dessa atividade prazerosa do dia a dia? Uma outra questão sobre como o zumbi também tem a carne viva, eles não são só aqueles que arrancam cabeça, braço, mas a pele deles fica bem marcada. Seria essa uma forma de analisar, a minha contribuição.*

Dra. Yolanda Gampel – *Muito justo! Obrigada. Pensem que em psicanálise a pele foi pensada já desde o princípio da teoria não como pele, Esther Bick e Anzieu trabalharam muito porque Freud não se referiu especificamente à pele e, mesmo em 1923, ele diz "O Eu é sobretudo uma essência corpo", não é apenas uma essência da superfície, senão uma projeção de uma superfície, ou seja, o corpo é o "Eu" de onde começa tudo, daí nasce o "Eu" e o Corpo como essência, corpo e psique, não somente na superfície, mas também como uma projeção de uma superfície, dentro do corpo no qual se projeta a psique e a alma, tudo isso!*

Tudo que está na pele é tão importante e, como no sonho, como disse Joice, é muito interessante ela trazer o arrancamento e os edemas que já têm por tratar dessa maneira também no sonho, arrancando e cortando.

Analista – *Também há algo muito importante na religião em que vive. Há uma obrigação de as crianças serem boas e de ajudarem na casa, talvez por viverem em uma comunidade muito pobre. Parece-me que essa religião onde os pais também foram criados ajuda a formar um "superego" extremamente exigente, e os pais justificam a própria*

---

10 Membro efetivo, professora assistente da SBPSP. Diretora de extensão, membro efetivo e analista didata pela Sociedade Brasileira de Psicanálise de Campinas (SBPCamp). Analista de crianças e adolescentes pela International Psychoanalytical Association (IPA).

rigidez por meio das exigências da religião. As crianças teriam então que seguir calados nas cerimônias religiosas, que duram mais de uma hora, além de terem que cuidar dos irmãos menores, que acompanham todas as reuniões, para que não atrapalhem as cerimônias.

Dra. Yolanda Gampel – *Interessante, porque não sabia que no Brasil se tem toda classe de maneiras diferentes de crerem em deuses diferentes, não são católicos? Não é a religião católica, são outras coisas que se foram criando em diferentes grupos no Brasil, certo?*

Analista – *É um fanatismo religioso. O evangelismo, ou cristianismo evangélico, é um movimento cristão protestante surgido no século XVII, depois da Reforma Protestante. É uma derivação do catolicismo e, no momento, há um uso político com o governo Bolsonaro.*

Pediatra – *Mórmons é uma religião americana.*

Analista – *Eles têm uma exigência muito grande. É preciso ser bom, obediente, se vestir muito discretamente.*

Dra. Yolanda Gampel – *Agora, o que é muito interessante e me chamou muita atenção é quando o pai entra e ela pode dormir. É como se o pai dissesse: "você é uma menina boa" e ela pode dormir. Os sofrimentos e as agressões saem através da pele.*

Marly – *Eu penso que quando ela tira partes de peles e põe na boca, é como uma forma de manter todas as partes do corpo dentro de si. Eu atendo muitas crianças com problemas graves, muitas vezes tiram tudo do nariz e põem na boca e as pessoas se desesperam, também roer as unhas, já vi crianças que roem unhas porque elas vão ser cortadas. Então, é um desespero das partes do corpo que se vão!*

Dra. Yolanda Gampel – *Muito interessante mesmo!*

Maria de Lourdes Negreiros Lima[11] – *Como é bom a gente poder ir expandindo a mente, a partir do que é colocado pela Dra. Yolanda. Eu fiz uma associação que eu queria ver se faz sentido: por ocasião do desmame dessa criança a própria mãe estava também se desmamando de sua própria figura materna. A mãe dela morria. Então na verdade parece que havia uma ligação muito forte dessas duas mulheres e fiquei pensando se a dor da mãe não foi projetada na pele dessa criança, essa pele doída, sofrida, representando a dor da própria mãe pela dificuldade que ela tinha de aceitar a medicação. Parece que havia uma necessidade ainda de usar a pele da criança, usar a pele da criança para poder expressar a própria dor, então essa criança que na verdade precisava ser contida pela mãe talvez estivesse exercendo uma função de conter a própria mãe. A função "continente" sendo exercida pelo bebê. A pele da criança não podia ter prazer, a pele da criança tinha que ter dor, a dor da própria mãe. Foi algo que me ocorreu e que eu quis colocar. Muito obrigada por tudo que você nos fez pensar!*

Dra. Yolanda Gampel – *Sim! O interessante no que está dizendo é que a função de conter e ser contida é uma função dupla que pertence aos dois, ou seja, a mãe contém o bebê, mas o bebê também contém a mãe em aspectos muito patológicos e eu vejo famílias e crianças em muita pobreza. As crianças são usadas para conter algo tóxico de alguém dentro de casa. Se alguém pode tomar essa função, a criança melhora! Conter e ser mamãe, ser mamãe e conter ao bebê e dar a ele tudo que necessita, mas também o bebê conter a mãe, depende de estar integrado para saber onde se converte em patológico ou não.*

Referências

Alvarez, A. (2020). *Companhia viva*. Blucher.

11 Membro efetivo e didata da Sociedade Psicanalítica de Fortaleza (SPFor).

Anzieu, D. (2010a). *El yo-piel.* Biblioteca Nueva.

Anzieu, D. (2010b). *El pensar: del yo-piel al yo-pensante.* Biblioteca Nueva.

Anzieu, D., Bowlby, J., Chauvin, R., Duyckaerts, F., Harlow, H. H. F., Koupernik, C., ... Zazzo, R. (1983). *Textes de base en psychologie: L'Attachement.* Delachaux & Niestlé.

Bick, E. (1991), A experiência da pele em relações de objeto arcaicas. In E. Bick, *Melanie Klein Hoje* (pp. 194-198). Imago.

Meltzer, D. (1992). *The geographic dimension of the mental apparatus.* Routledge.

7. Quando o lobo mau se chama Covid e leva minha vovozinha

Eixo III – Adolescentes de 11 a 21 anos

Reunião Científica do Projeto SOS Brasil em 25 de setembro de 2022, supervisionada pela Dra. Fabiana Isa.[1] *Trata-se de Lucas,*[2] *um adolescente de 13 anos, que vive com duas de suas tias.*

Alicia Lisondo[3] – *É com enorme prazer que hoje recebemos a Lic. Fabiana Isa, uma colega da Argentina. É bacharel em psicologia e especialista em clínica infantil, graduada pela Universidade de Buenos Aires com diploma de honra, além de especialista em psicologia*

---

1 Graduada em psicologia pela Universidade de Buenos Aires (UBA). Especialista em psicologia clínica infanto-juvenil.

2 Nome fictício.

3 Analista didata e docente da Sociedade Brasileira de Psicanálise de Campinas (SBPCamp) e da Sociedade Brasileira de Psicanálise de São Paulo (SBPSP). Analista de crianças e adolescentes pela International Psychoanalytical Association (IPA).

clínica infantil e juvenil. Professora associada e idealizadora da prática profissional "acolhimento e adoção", promovendo intervenções com crianças desfavorecidas e avaliação de pais na Faculdade de Psicologia da UBA. É supervisora da equipe de casal e família. É coautora do livro Acogimiento y adopción, *publicado pela editoria Espacio. E tem publicado um podcast para adoção no Spotify chamado* Encontrándonos.

Passo a palavra para a analista, que será a apresentadora do caso clínico de hoje, uma situação dramática como todas as que atendemos. Ela é coordenadora do ateliê do Eixo III, responsável pelo atendimento de adolescentes entre 11 e 21 anos.

Analista – *Bom dia! Quero agradecer a Fabiana Isa por aceitar esse convite e a vocês que coordenam o projeto SOS Brasil, por proporcionarem encontros como este. Em um determinado período, o ateliê de adolescentes teve um esvaziamento, ficando apenas com uma participante. Considerei com minha colega que poderíamos trocar experiências, se eu atendesse também. Atendi alguns casos e é uma dessas experiências que vou compartilhar com vocês.*

Apresentação do material clínico – 1ª sessão

Vó Inha

Segunda-feira... terça-feira... todo dia era dia de feira... e quando chegou a pandemia, Vó Inha não parou de trabalhar. Ainda que fosse de idade avançada, preocupava-se com o sustento de dois netos e uma bisneta que moravam com ela. Era uma mulher solidária, guerreira como tantas outras que existem nesse país. Um dia que também era dia de feira, acordou se sentindo mal, mas foi à luta até se sentir muito mal e ser levada ao hospital, de onde não mais saiu. Morreu de Covid, solitariamente, sem se despedir de seus queridos.

Analista

Segunda-feira... terça-feira... todo dia é dia de psicanalisar... e quando chegou a pandemia a analista não parou de trabalhar. Também com certa idade, teve o privilégio de não ficar sem trabalho, pois a IPA autorizou o trabalho remoto nesta situação emergencial. A analista recebia e higienizava sua feira em casa e os pacientes não deixaram de seguir suas análises, já que estavam mais angustiados com as incertezas diante dessa distopia. A analista só teve Covid após ser vacinada e sobreviveu sem nenhuma sequela, sendo bem assistida por médicos que também puderam fazer consultas remotas.

SOS Brasil

SOS América Latina

Nesse dia que temos como convidada uma pessoa que conhece bem "as veias abertas da América Latina", saliento que esse foi um atendimento marcado pela solidariedade e também pela dor das feridas vivas de nossas diferenças sociais, pela ausência do papel do Estado, pela não reparação histórica em relação à escravidão, pela minha responsabilidade enquanto mulher branca privilegiada e por todo cuidado que tentei ter para não (re)traumatizar Lucas e para que ele pudesse expressar a dor do seu luto, que trazia embutida toda uma série de outras perdas.

Minha querida colega Denise Lahude, que nesta época foi minha parceira nas discussões no nosso ateliê, já dizia: "é uma falta de tudo"... E, no momento seguinte, nós nos dávamos conta do nosso papel em sermos guardiãs da esperança e seguíamos em frente, confiando nos recursos internos do adolescente e da analista. Apresento-lhes o paciente.

Lucas, 13 anos, um sobrevivente lutando para tornar-se um homem

A morte da avó causou uma ruptura no seu lar. Na ocasião da busca do nosso projeto, ele estava na casa de duas tias, Silvana e Lúcia.[4] Logo após a morte da avó, a família decidiu que ele e o irmão deveriam voltar a morar com sua mãe, de nome Maria. Não passou muito tempo, ele teve um grave desentendimento com a mãe, que o expulsou de casa. Foi acolhido pela tia Lila,[5] que é mãe de um primo de quem ele gosta muito. Após falar um palavrão para a tia, ela não quis mais permanecer com sua guarda. Assim, foi para a casa dessas outras tias. Silvana (a tia com quem conversei primeiro) disse que elas estavam vendo se era possível cuidar dele. Haviam estabelecido alguns limites, tiraram o celular por ele estar viciado num jogo, passando as madrugadas acordado, jogando em rede. Para ficar na casa delas, ele teria que se comprometer com os estudos e não poderia ficar na rua, já que o bairro onde moram apresenta muitos problemas relacionados ao tráfico de drogas.

Percebo que a tia Silvana se apresenta afetiva e firme nos limites com ele. Mesmo assim não senti muita firmeza com relação a enfrentar todos os desafios de acolher um adolescente. Ela é diarista, trabalha esporadicamente e, também, cuida da filha de Lúcia, que tem um emprego fixo. Silvana tem uma filha adulta que estava morando com o pai. Durante o período em que ocorreram as sessões, o pai ficou desempregado e sua filha voltou a morar com ela.

---

4 Nomes fictícios.

5 Nome fictício.

Primeira sessão com Lucas

Quando aviso à tia que estou disponível, ela pede que eu aguarde um pouco.

Paciente – *Bom dia!* (carinha de sono).

Analista – *Boa tarde! Ainda não almoçaste?*

Paciente – *Ah! Boa tarde! Me confundi... pois dormi e acordei agora.* (silêncio)

Analista – *Podes me passar alguns dados para eu colocar na ficha do Projeto SOS Brasil e depois conversamos? Qual a sua data de nascimento?*

Paciente – *Espera aí, vou buscar minha identidade com a tia.*

Analista – *Eu acho que podemos pensar juntos. Sabes me dizer quando é o seu aniversário?*

Paciente – *Sim. É dia...* (fala o dia)

Analista – *E tu tens quantos anos?*

Paciente – *Treze.*

Analista – *Se nós estamos em 2021... 21 menos 13... dá quanto mesmo?* (meio em tom de brincadeira...) *me ajuda aqui...* (Quando me dou conta que foi em 2008, lembro que foi o ano de uma terrível enchente aqui em Santa Catarina e me ocorre o trauma dos atingidos e sobreviventes dessa catástrofe).

Paciente – *Não sei...*

Analista – *Não sabe mesmo? É uma conta difícil?*

Paciente – *É.* (Novo silêncio... penso que será um atendimento difícil, tive uma impressão inicial de uma certa arrogância... isso logo de dissipou e percebo que estou diante de um menino sensível e sofrido).

Analista – *Por que vocês procuraram o SOS?*

Paciente – *Foi a tia que pediu. Eu estou aqui agora porque briguei com minha mãe. Avancei nela. Ela ficou brava por eu passar os dias dormindo.*

Analista – *Mas o que aconteceu para chegar nesse ponto de vocês se "avançarem"?*

Paciente – *Eu jogava um jogo até bem tarde da noite... tipo assim... até umas 3 da madrugada e aí só dormia no dia seguinte... não queria ir para a escola. É o jogo...* (fala o nome).

Analista – *Eu não conheço esse jogo... me conta como ele é.*

Paciente – *É um jogo de sobrevivência.*

Analista – *Bah... isso me chama a atenção... acho que tu queres me falar de sobrevivência.*

Paciente – *Minha mãe tem problemas psiquiátricos, por isso, quem me cuidava era a voinha* (forma carinhosa de chamar os avós numa região de nosso país). *A voinha morreu de Covid faz sete meses. Ela foi trabalhar, era feirante, ficou mal, foi para o hospital e nunca mais voltou.* (Ele parece engasgado). *Eu tive que ir morar com a mãe e meu irmão de 12 anos e minha sobrinha foi morar com uma tia da outra família dela. Gosto muito deles e tenho saudades da vó e deles.* (Explica em que bairro cada um mora e que não é muito fácil para poderem se visitar). *Foi muito triste de uma hora para outra não ter mais a voinha e não ter mais a família como era. Se voinha tivesse viva tudo seria diferente!* (Cada vez que fala voinha, num som anasalado, que eu não conseguiria imitar, ouço como um lamento, que vem da profundidade de sua alma e que mais tarde associei com sons de algumas músicas africanas).

Passa um bom tempo da sessão nesse lamento e após cada queixa repete a fala: "Se voinha tivesse viva eu não teria passado por nada disso". Expressa as dificuldades, dos dias que não tinham o que comer, do sofrimento que isso causava, de não saber o que aconteceria com ele, seu irmão e sua sobrinha.

Paciente – *Mãinha* (mãe) *é muito atrapalhada e nervosa. Painho* (pai) *é um homem bom. Eles são separados. Ele é bem mais velho. Ele tem uns 70 e poucos anos. Não deu certo. Brigavam muito. Mas ele é um homem bom. É pescador. Quando recebe bolsa família, ele me procura para dar um pouco do dinheiro para mim. E sempre nos dava peixe também. Quando voinha era viva, eu fazia frete na feira e isso ajudava também.*

Analista – *Como assim frete? Me explica.* (Frete para nós aqui no Sul é com caminhão ou furgão).

Paciente – *Levava as compras com carrinho de mão.*

Analista – *Ah... entendi. E tu não ias para a escola?*

Paciente – *Tinha que assistir, não era todos os dias.* (Por um momento eu me esqueci de todas as dificuldades em relação à pandemia, no ano anterior). *Quando não tinha aula ia para a feira. A voinha se virava muito para a gente ter tudo que precisava. Eu gostava de ajudar pois esse dinheirinho do frete dava para comprar mais alguma coisa para nós. Lá na "mãinha"... ela não se vira. Tinha dias que eu sentia tanta fome, que aí dizia que tinha que ir ver alguma coisa na casa do meu primo. Mas eu ia lá para comer mesmo, tipo... na hora do almoço.* (Fala isso entre um riso um pouco envergonhado). *Aí eles me ofereciam alguma coisa e eu comia tudo.*

Analista – *Que dureza isso, né, Lucas?*

Paciente – *E ainda é longe onde as tias moram e eu tinha que ir a pé. É... mais ou menos longe. Agora que estou aqui, não tenho mais celular. As tias disseram que não querem mais ver eu (sic) viciado no jogo. Tive que voltar para a aula presencial, pois a outra eu não assistia. Quando não era presencial ficava dormindo. Agora não fico assim dormindo a manhã inteira, mas quando chego da escola, almoço e durmo... Você é da Legião da Boa Vontade?*

Analista – *Tenho boa vontade, mas não sou da Legião. Por quê?* (Depois penso que formamos uma espécie de legião...)

Paciente – *Quando eu era pequeno, minha avó me levava na LBV, mais o meu irmão e minha sobrinha. Tinha um projeto lá, tinha várias atividades... a gente jogava, brincava, fazia esportes. Tinha uma psicóloga lá que eu conversava. Era uma época muito boa. Tinha uns lanches bons... hum...*

Analista – *Era uma época que tu te sentias alimentado e cuidado...*

Paciente – *É... Se a voinha não tivesse morrido, tudo seria melhor.*

Analista – *Tu estás muito triste com a partida da avó que sempre funcionou como uma mãe para ti.*

Fica com os olhos marejados e eu também me emociono.

Paciente – *A mãinha me pegou para criar. Eu vim cheio de manchas pretas, assim... tudo cheio de manchas* (mostra os braços), *pois minha "mãe de verdade" era usuária de drogas. Depois, como a mãinha não cuidava, a voinha é que se preocupou, foi em várias farmácias para saber o que podia passar nas manchas, até as manchas irem embora.*

Analista – *Sabes o que me pareceu, Lucas... que tua avó foi mãe de verdade, passou essas pomadas, cuidou de ti e por isso que tu estás tão sentido.*

Paciente – *Sim.* (De novo se emociona).

Analista – *E tu estás te sentindo bem cuidado pelas tias?*

Paciente – *Sim. (...) Eu vou te contar sobre as casas que já morei. A primeira era de palha e caiu. A segunda era de pau-de-mangue, mas também veio um temporal e derrubou a parte da frente quando o pau-de-mangue apodreceu.* (Penso nas casas como importantes símbolos maternos, mas as duas primeiras foram tão frágeis ou as casas também sendo representações da sua casa interna).

Analista – *E agora moras numa casa de tijolos? Tem um pouco mais de estrutura aí? Como tinha na casa da avó?*

Paciente: Sim.

Analista – *Essa história das casas está me lembrando uma fábula infantil...*

Paciente – *Sim... dos três porquinhos...* (ri). *É mesmo!!*

Analista: Podemos pensar melhor o que isso significa para ti.

Lucas parece mais animado. Eu digo que estamos no horário e pergunto se ele quer seguir conversando. Diz que sim. Ainda durante a sessão em algum momento ele me conta que está no sexto ano da escola e que sonha em ser jogador de futebol, mas que, se não conseguir, poderá ser bombeiro, que considera muito bom também.

Observação: mais tarde, nesse dia, quando estou fazendo minha caminhada, estou pensativa... lembrando dessa história toda, penso no significado dessas casas, fico penalizada pensando em tudo que ele já passou, mas um pouco otimista de ver que ele tem um projeto de vida e durante esses pensamentos me dou conta que ele é negro. Levo um certo susto, pois penso no porquê de não ter percebido isso logo.

Depois me questiono se foi a minha branquitude que me fez negar a diferença, numa espécie de alucinação negativa. O título do livro de Fanon (2020) me vem à mente: *Pele negra, máscaras brancas*. Ao pensar em Frantz Fanon, lembro da psicopatologia da colonização, mas lembro também que o mesmo autor, ao tratar da saúde mental, sempre pensava no valor da comunidade e talvez esse seja o ponto forte na vida de Lucas.

Analista – *Eu falo isso do valor da comunidade, pois, assim como observamos que ele tem essa mudança de casas, ele não deixou de ter uma casa dentro da família. De alguma forma todos assumem algum cuidado.*

Segunda sessão com Lucas

Pergunto se podemos começar e, assim que recebo a confirmação, eu ligo. Uma menina atende e leva o telefone até o quarto dele. Eu havia perguntado se ele teria um lugar privado para fazer as sessões e vejo que não tem porta no quarto. Apenas uma cortina de tecido de chita.

Paciente – *Fui passar o feriado na casa do meu primo. Foi muito bom. Fui de bicicleta e fiquei por lá até anoitecer. Mas avisei minhas tias que iria chegar tarde. Na hora de vir embora, meus primos vieram me trazer até aqui e eu vim empurrando a bicicleta para ficar conversando mais um pouco com eles.*

Analista – *Eu estou vendo que te preocupastes em avisar às tias. A família, os primos, também se preocuparam e te trouxeram até em casa e tu gostas muito de estar com eles.*

Paciente: *Sim* (com olhos mais arregalados, diz...). *Você é do conselho tutelar?*

Analista – *Eu não sou, mas estou sentindo que estás um pouco desconfiado... Afinal, quem é essa psicanalista do SOS, que fica falando* *contigo desde Florianópolis? Outro dia perguntastes se eu era da LBV, hoje se sou do conselho tutelar... Estás com receio do conselho tutelar?*

Paciente – *Tenho medo de que possam fazer algo comigo por causa da história da faca.*

Analista – *Qual história?*

Paciente – *Lembra da briga feia com a mãinha? Então nós rolamos no chão, nos arranhamos e por fim eu peguei uma faca e a ameacei.*

Analista – *Tu estavas com muita raiva. Quem sabe tu me contas o que te deixou assim tão incomodado.*

Paciente – *Mãinha sempre me provoca. E quando ela quer me provocar mesmo, e foi o que aconteceu nesse dia, ela diz que meu pai biológico era um maconheiro que morreu com dez tiros na cabeça e que minha mãe queria me jogar no lixo.* (Sinto um impacto no meu corpo com essa fala, sinto dor na região do coração e resolvo arriscar).

Analista – *Ouvir essas coisas deve te dar uma profunda dor no coração.*

(Enche os olhinhos de lágrimas, eu também me comovo e ficamos algum tempo assim, sem precisar dizer nada).

Paciente – *Voinha não dizia coisas assim. Falava que as pessoas precisam se entender, entender umas às outras. Se voinha estivesse aqui, isso não acontecia não.*

Analista – *A avó era doce e prezava pelo entendimento...*

Ele fica mais um tempo em silêncio e depois pega um pequeno urso de pelúcia e começa a mordiscar uma ponta. Seus olhos começam a ter outro brilho.

Analista – *Agora temos um ursinho nos acompanhando...*

Paciente – *Eu quero te contar uma coisa que aconteceu ontem na escola. Uma menina... que faz um tempo que olhava para mim e eu* *olhava para ela, mas nós dois somos muito encabulados. Aí ontem ela veio falar comigo e combinamos de voltar juntos da escola. Fizemos isso e no caminho ela me deu um beijo. Eu gostei muito. Só que assim… ela é criada pela avó e iria perguntar para a avó se pode namorar.*

Analista – *E tu? Estás querendo namorar?*

Paciente – *Sim…* (ri e está muito envergonhado). *Mas eu acho que vai ser difícil agora que não tenho celular. Ontem à noite pedi o celular da minha tia emprestado, aí liguei para a menina. Vamos ver como vai ser isso* (silêncio). *Você é muito parecida com a mulher da LBV. (…) Lá era muito bom. Eu fazia capoeira e dança contemporânea. Agora não dá mais por ser muito longe. Os lanches eram muito bons. Eu ajudava a voinha, mas ela fazia questão de a gente aproveitar tudo que tinha na LBV. Priorizava isso. Íamos eu, meu irmão e minha sobrinha. Minha sobrinha perdeu a mãe dela no parto, por isso era cuidada pela voinha. Agora tá com uma tia da família do pai dela. Tô com muita saudade de como era antes. Sinto falta da gente juntos.*

Fiz recortes, pois não seria possível colocar todo o material aqui.

Terceira sessão com Lucas

Ele está sonolento, demora para se conectar comigo. Conta das dificuldades que está tendo na escola. Uma semana tem aula e outra não. Estão fazendo um rodízio, em função da pandemia. Depois inicia um lamento por ter perdido a vida anterior. A casa estava agitada nesse dia, muitos latidos de cães. Ele fala que na casa da avó é que era bom. Apesar de as tias serem muito legais com ele, sente-se preso em função do bairro em que moram. As tias têm medo de que possa lhe acontecer algo. Sente falta do futebol, das atividades com os meninos do seu bairro, do seu irmão e de sua sobrinha. Eu o sinto mais deprimido.

Tinha muito barulho externo, mas ele estava com um tom mais depressivo.

Quarta sessão com Lucas

No dia anterior, a tia avisa que não estará em casa no dia da sessão, pois surgiu uma faxina para fazer. Gostaria de remarcar, mas eu não tinha disponibilidade de horário pela tarde e era semana de escola. Por fim, marcamos para o horário do almoço na sexta-feira daquela semana e ele não estava em casa.

Disse para a tia que queria falar com elas, mas que primeiro combinaria isso com Lucas, para ver se ele queria estar presente e combino de ele me ligar se chegasse até o final da sessão. Quase no finalzinho ele liga, diz que não conseguiu sair mais cedo da escola. Falo sobre conversar com as tias e vejo se ele quer estar junto. Ele diz que posso combinar com elas, ele não precisa estar presente e que vai ser bom eu conversar com elas. Por dificuldades em conciliar horários não consigo marcar com as duas tias juntas.

Material clínico – continuação

Sessão com tia Silvana

Conta que Inha é que cuidava dos netos Lucas e de outro de 11 anos, e de uma bisneta cuja mãe morrera no parto, há nove anos, quando Lucas tinha apenas 4 anos. Fala que Lucas é muito desobediente e rebelde, mas que com elas não. Acredita que é porque elas têm "rédeas curtas". Refere que ele já aprontou muito.

Pergunto o que seriam as "aprontadas" e não considero nada diferente do que acontece com outras crianças e adolescentes. Diz que ela e Lúcia resolveram dar uma chance para ele, mas falaram bem firmes como as coisas seriam na casa delas. Conta que a mãe de Lucas tem problemas psiquiátricos e epilepsia e que não o trata com respeito. Ele também não a respeita e por isso eles têm muitos problemas. A comunidade onde a mãe mora não queria mais Lucas por lá. Sua mãe é protegida pelas pessoas de lá pela sua vulnerabilidade e, depois da briga, se voltaram contra Lucas. Então ele foi morar com uma tia de quem ele gosta muito. Certo dia, ele se irritou com a tia e disse um palavrão. A tia não teve tolerância e não quis mais ficar com ele.

Assim, elas o acolheram. Na semana dessa nossa conversa, a filha de Silvana voltou a morar na casa, pois seu ex-marido ficou desempregado. Eram uma família de três e agora são cinco, e os recursos financeiros são limitados. Silvana conta que também perdeu o pai por Covid, e estão todos muito tristes com isso ainda. Ela me diz que Lúcia saberá mais da história de Lucas, por ter convivido com ele por sete anos. Pergunto em que horário poderia falar com ela e ficamos de tentar marcar para seu horário de intervalo do trabalho, assim que eu tivesse uma possibilidade.

Sessão com tia Lúcia

Encontro Lúcia numa sala bem aconchegante de uma empresa, sentada numa cadeira reclinada, parecendo um divã (era o horário de intervalo na empresa, parecia ser a sala de algum diretor). Conta que sua mãe assumiu e tinha a guarda das três crianças. Lúcia cuidou efetivamente de Lucas até seus 7 anos, pois sua mãe saía para trabalhar e cabia a ela os cuidados das crianças. Fala que sua mãe era uma pessoa muito boa, mas que não tinha voz ativa sobre as crianças nem sobre os seus filhos. Diz que a mãe de Lucas sempre tratou todos muito mal e que isso era um gerador de desgaste familiar. Acha que sua irmã, "briguenta e nervosa", não teria condições de ter adotado uma criança e que justamente por sua mãe não ter voz ativa é que deixou isso acontecer.

Conta que tem uma advogada que foi atrás das pensões. Que duas crianças receberão, mas Lucas não, pois não terá direito em função da adoção ilegal. Pergunto se ela gostaria de conversar com a assistente social do SOS para ver o que poderia ser encaminhado. Ela diz que já estão sendo acompanhadas por uma assistente social e por uma advogada. Fez o pedido da guarda e está esperando o retorno. Falamos sobre o desejo de adoção. Sinto que há algumas ambivalências. Que acertaram entre elas que querem, mas desde que ele cumpra o que combinaram. Digo que ele é ainda um adolescente e que nem tudo um adolescente cumpre. Falo que adolescência é um processo delicado e que por alguns momentos ele também poderá testar para saber se elas o querem para valer. Ela diz que gostam dele, que são amorosas e que toda noite conversam. Que ele não é de falar muito, mas que tentam. Não o deixam muito solto na rua, pois acham que o bairro está cheio de "peças-raras".

Digo para ela ser mais clara e ela diz que quando compraram a casa não sabiam que era num local de tráfico de drogas e que acha que Lucas tem um "ímã para coisa ruim". Mostro minha preocupação com o fato de que, assim ele fique sem amigos, não tenha o grupo, o que é tão importante nessa idade. Ela sabe disso, mas acha que ali é melhor manter com rédeas curtas. E que é melhor ser amigo do primo, que é bem legal. Ainda falo que ele também tem ímã para coisas boas, tanto que elas se preocupam e querem cuidar dele. Ela fica pensativa.

Depois, ela conta que a mãe do Lucas, num ataque de fúria, queimou todas as roupas dele e que ele chegou na casa delas sem nada. Assim que recebeu o salário, comprou roupas e, no segundo mês, uma bicicleta usada, que o deixou muito feliz, pois tinha agora um meio de transporte, que o possibilita ir à casa do primo. Com o primo, elas se sentem seguras.

A mãe de Lucas não contou que a avó morreu de Covid. Disse para ele que a avó morreu de tanto ele incomodar. "Nós tivemos que conversar muito com ele para tirar essa ideia de sua cabeça." "Outro dia Silvana ouviu minha filha perguntando para ele o que ele queria de Natal. E ele respondia "Quero minha voinha de volta". Ela dizia: "Isso não dá, tu tens que me dizer uma coisa que dá". E ele dizia numa voz muito triste... "Não quero nada não... só quero minha voinha de volta". Fala como ele se entristeceu muito com a perda da avó. Digo que todos da família estão enlutados e que ele expressa mais essa dor.

Analista – *Paramos um pouquinho?*

Alicia Lisondo – *Fabiana, gostaria de fazer algum comentário agora?*

Dra. Fabiana Isa – *Agradeço à analista pelo calor com que transmitiu o caso. Ela nos permitiu uma viagem, é como se estivéssemos com Lucas. Parece-me que se trata de uma criança com muito desamparo. Ele faz a primeira declaração transferencial com uma memória positiva em relação à "Legião da Boa Vontade". Penso que as condições que Anne prepara, de certa forma, facilitam essa transferência positiva que permite a Lucas evocar uma experiência de satisfação prévia em relação à "Legião da Boa Vontade". Também noto em seu modo de escrever que, às vezes, você se identifica com a avó, com esta mulher que não para de trabalhar. E que, em algum momento, eu também acho que isso facilitou este processo muito curto, porque temos apenas oito encontros.*

Isso me deu a impressão, a partir das consultas terapêuticas de Winnicott, de que você aproveitou a oportunidade para deixar sua marca. Na primeira sessão, você já encontrou uma criança muito desarmada, um jovem muito desarmado em um processo de luto. Um luto, a meu ver, em suspenso. Todo seu mundo foi desarmado com a morte da avó e é por isso que esse jogo de sobrevivência a que ele se agarra, não sei qual é o nome, se é Fortnite,[6] *Minecraft*[7] *ou algum outro em que ele tem que sobreviver. Esse jogo se parece muito com sua realidade, com a dor do real. Desde jovem ele está perdido quanto ao seu referencial de cuidados mais significativo, aquele que poderia inscrever nele a experiência dessa mãe suficientemente boa, acrescentar-lhe as coordenadas da entrada na adolescência e da revisão de tudo que é infantil, acrescentar complexidade a esta história prévia de origem.*

Eu não gosto de chamar de adoção ilegal, porque entendo a adoção como um ato legal e legítimo. Prefiro usar o conceito de apropriação do tráfico para estas outras circunstâncias em que a legalidade não está presente, nem a legitimidade que lhe dá a travessia pelas instituições. É por isso que entendo que Lucas chegou às mãos desta mulher de forma ilegal. Não só porque, no que diz respeito à sua família, esta mulher não estava em condições de adotar uma criança e me faltam dados, não sei se você os tem, em relação a essas circunstâncias de origem e o que sabemos é que ele chega ilegalmente a uma mulher que não pode cuidar dele e que descarrega violência e agressão sobre ele. Assim parece que a avó, de alguma forma, traz para ele algo da ordem, algo que falava dessa mãe suficientemente boa. Sim, parece-me que o luto em suspenso não pode ser terminado, porque Lucas está tentando descobrir para onde ele vai... Onde ele vai parar?

Sua vida foi marcada, desde a origem, por despejo e expulsão. As casinhas, como você diz, são mais do que significativas para demonstrar como o adulto falha, ele é despejado, por quê? Ele encontrou adultos inconsistentes, que lhe falharam, que não lhe permitiram obter a segurança necessária para que possa se desenvolver. Ele teve esse tempo

---

6 Jogo online, direitos reservados à distribuidora Epic Games.

7 Jogo online, direitos reservados à distribuidora Mojang Studios.

com a vovó, mas um tempo que para ele era claramente insuficiente. É por isso que ainda não consegue avançar com o processo de luto, porque em algum momento, quase por meio de um pensamento mágico, ele deseja, como em jogos, reiniciar e que tudo volte para quando ele estava com a voinha. É sua memória mais positiva nesses curtos 13 anos de vida, nos quais aquele momento com a voinha, seu primo e seu irmão são as coisas mais próximas da felicidade que ele pode nos transmitir. Também acredito que, além da inconsistência, estes adultos com quem ele cruzou também não poderiam entender o que ele precisava. Eles leram o ato agressivo assim: tornou-se viciado em jogos, ele não queria ir à escola, ele não se levantava, ele ia para a cama tarde.

No caminho da rebelião ou no caminho de uma criança difícil e, na realidade, eu acho que Lucas mostra equivalentes depressivos, e qual é a resposta que ele tem a este mundo que está começando a ruir? É por isso que eu acho interessante como, neste trabalho, você encontra um jovem bastante desarmado que, com suas intervenções e seus encontros, começa a se lembrar de algumas das coisas boas que tocaram sua vida. Ao ponto de, nestas últimas sessões, aparecer algo mais típico de um jovem de 13 anos, portanto neste menino há algo disso, da pulsão que pode ser colocada um pouco fora e que nos dá alguma esperança em relação ao que não aconteceu. É aí que está este trabalho. Além da intervenção com as tias para resgatar que ele não é o responsável por atrair coisas ruins, ele pode atrair coisas boas, ele pode estabelecer relações com o outro, como ele fez com você. Ele pode colocar em palavras. É por isso que você lembra a moça da LBV. Aquele lugar onde, além de brincar e comer, alguém fala com ele. E eu acho que nós apenas sabemos deste efeito curativo da palavra.

Neste lugar tão diferente que você construiu com ele, tenho a impressão de que este efeito aparece em Lucas, desconhecido para os outros. Você encontra um Lucas que pode se desarmar, ele pode evocar, ele pode dizer o que o machuca e pode compartilhar com você o que ele sonha. E, nestas histórias, em minha experiência de tanta vulnerabilidade, sabe-se que, quando começa este espaço com essas crianças e jovens, não é suficiente não saber quando termina. É por isso que eu gosto de pensar do jeito de Winnicott, porque não sabemos quanto tempo temos para intervir, portanto cada encontro é uma oportunidade, cada encontro é uma forma de construir novas intervenções subjetivas! É olhar para Lucas como tal, não do lado do desperdício, não do lado do ímã que atrai tudo de ruim, quero dizer este seu olhar tão diferente para Lucas é aquele que você tentou compartilhar com as tias dele. É um olhar que o resgata de tanto desejo, pois, também nessas histórias onde a origem é posta à prova nesta idade, começa a se resignar. Os jovens constroem suas próprias teorias na ausência de palavras, na ausência de dados desta primeira história. E, infelizmente, na construção destas histórias, aparece uma justificativa para que aquela mulher, a mãe original, não fique com ele. E não apenas neste primeiro encontro, por não ter sido suficiente para a outra, pelo que o outro o deixou, quem o leva de novo falha, justamente para quem o leva.

Digo desse desencontro, primeiro com a mãe de origem que se repete com a adotiva, em vírgulas invertidas. Acontece novamente, acontece com a violência, mas acontece novamente. E isso se inscreve sob a forma de uma criança fracassada. Uma queimadura com a qual os adultos não podem lidar.

Ao contrário, portanto, da importância da intervenção analítica, ao contrário, o que geralmente não funciona com crianças nestas histórias é que aqueles que falharam, que são inconsistentes, são os adultos. Na ausência de palavras e com a reiteração de perdas e descontinuidades de cuidados que geram na criança a inscrição dele como falho, dele como desperdício, dele como desejo que provoca o caos, como na frase muito dura dessa mulher, de que ele pode provocar a morte de sua avó por sua conduta. Nesta última frase acabam por confirmar essa suspeita, e tampouco lhe permitem realizar o trabalho do luto saudável, ele também está preso nesta lógica.

É por isso que o laço terapêutico (Soul Healing), *em que se olha para ele de outro lugar e ele sente esse olhar, não se olha para ele como um caso sem esperança. Você o aloja e o abriga. Você produz algo novo nele, ele também produz algo novo em você. É que eu estou cada vez mais convencida de que esta nossa tarefa como psicanalistas, trabalhar com estas histórias de extrema vulnerabilidade, não pode ter o mesmo efeito se não houver esse registro de paz e essa emoção que você transmite em seus escritos e é percebida por ele quando seus olhos se enchem de lágrimas. Ele percebe que você compreendeu, que você abrigou essa dor. E este é o efeito. Você olhou para ele, mas você pensou e entendeu, você sentiu. E, ao sentir essa dor, ela provocou um efeito diferente.*

Analista – *Depois vai aparecer uma história que aconteceu no final do ano. Nessas datas de interrupção de atendimento a gente sempre carrega algum paciente, esse foi o paciente que eu carreguei no final do ano na minha mente, fiquei preocupada pensando como ele passaria essa época, sem sua avó. Ele realmente ficou alojado em minha mente e segue aqui.*

Achei tão interessante tuas contribuições, Fabiana, e estou de acordo que são sessões no modelo das consultas terapêuticas de Winnicott. Uma das discussões do ateliê girou em torno desse assunto, e de como cada sessão é intensa e verdadeira.

Quinta sessão com Lucas

A tia foi fazer faxina na casa do primo e a sessão foi de lá. Falamos novamente sobre ter um lugar privado. Lucas foi para o quarto do primo.

Paciente – *Eu tô muito feliz por estar aqui no primo. Este é meu primo* (ele me apresenta o primo, que é mais velho que ele, mas menor em altura). *Agora tu sai!* (diz ao primo numa voz imperativa). *Mas quando a batata ficar pronta não come tudo* (o primo brinca: "vou comer tudo..." Ele também ameaça o primo de forma brincalhona e provocativa. Há muito afeto entre eles). *A gente tava fazendo batata de máquina... hummm... vai ficar uma delícia.*

Analista – *Tu estás animado hoje... tá com o primo... fazendo batatas deliciosas....*

Paciente – *Sim. Agora, sim. Mas tive uma semana cheia de tarefas da escola.*

Analista – *Poxa... mas então tu estás aprendendo uma porção de coisas...*

Paciente – *Na educação física eu tive que pesquisar sobre danças típicas. E minha dança era... aí... como era mesmo o nome... é uma dança do Norte.*

Analista – *De que lugar do Norte?*

Paciente – *Eu não sei de que lugar, mas é lá do Norte e é um nome de pássaro... ah... é a dança do Maçarico.*

Expõe o que sabe sobre a dança e fala que gosta muito de pássaros. Explica que pássaros existem na sua região. Fala do Sebinho, do Golinha e do Azulão (penso em algum momento sobre as danças de acasalamentos entre os pássaros e fico com a impressão de que ele também está animado, como um guri que está se experimentando, adquirindo mais potencialidades, crescendo).

O primo bate à porta para lhe entregar um pote cheio de batatas. Parece que eles têm uma situação econômica bem melhor, a casa é bem organizada.

Paciente – *Essa cuia (se referindo ao pote) é só para mim.*

Analista – *E eu tô vendo que tu estás muito satisfeito com isso.*

Paciente – Sim. É muito bom! (come as batatas). No domingo vou lá no pai. Ele disse que era para ir lá buscar um dinheiro para comprar uma roupa nova no Natal. No Natal é dia de quibebe, de ficar junto com os primos, de ouvir música, tem uma tia que tira fotos. No ano passado, no Natal foram minhas últimas fotos com a voinha (segue falando nela e fica bem entristecido). Eu acho que a voinha morreu porque a gente desobedecia. Acho que foi por isso que ela parou de lutar e morreu.

Fico impressionada por ele trazer o conteúdo conforme a tia havia falado. Trabalhamos em cima disso e de sua tristeza e sentimento de culpa.

Durante a semana a tia enviou uma mensagem com uma foto do braço dele com vários cortes. Ela havia passado uma pomada por cima. Eu telefono e me proponho a atendê-lo naquela noite, mas ele disse que não precisava e que poderia ser no dia combinado. A tia fala que ele comentou que estava com muita saudade do irmão.

Sexta sessão com Lucas

Paciente – *Um minutinho para eu colocar a camiseta* (veste-a). *Eu estava fazendo uma papa.*

Analista – *Uma papa?*

Paciente – *É. Uma mistura de leite e maisena que a voinha me ensinou a fazer. Voinha fazia quando não tinha comida em casa.*

Analista – *Essa está sendo uma forma de matar a saudade da avó. De lembrar do que ela ensinou. Pelo que entendi, essa foi uma semana de muita saudade da avó, do irmão. A tia me contou sobre a saudade do irmão e que fizestes cortes no teu braço.*

Paciente – *As tias marcaram de eu encontrar meu irmão, depois que isso aconteceu. Foi bom. Brincamos e jogamos juntos, mas não o joguinho da sobrevivência. Um outro jogo. Foi tão bom estar junto. Olha meu braço... Agora estou me curando.*

Analista – *Puxa, Lucas! Como tu te machucaste...*

Paciente – *É bem pouquinho, não é fundo... foi com uma lapiseira.*

Analista – *Mas foi bastante e acho que também foi um jeito de tu dizer para mim e para tua família o quanto tá doendo dentro de ti.*

Paciente – *A tia passou pomada e cuidou bem de mim. Elas se preocuparam em me deixar ver meu irmão.*

Analista – *Essa separação também tá sendo dura.*

Paciente – *E dos meus colegas também. Deu saudade dos colegas da escola velha. Ainda bem que ano que vem, no sétimo ano, eles não têm como continuar na escola velha. Então muitos virão para essa daqui. Quero te contar uma novidade: passei de ano!*

Analista – *É, Lucas?!! Parabéns!*

Paciente – (Ele ri) *Achei que não daria para passar. Deixa eu te mostrar minhas atividades. Essas aqui de matemática são muito difíceis, as frações, as multiplicações...*

Analista – *Tem contas que não fecham dentro de ti.*

Paciente – *Isso aqui eu entendi... os números naturais... primos.*

Analista – *Falou em primos... é contigo...* (rimos).

Eu me surpreendo com o capricho do seu caderno. E passamos até o final da sessão olhando seus conteúdos. Nesse momento lembro-me de quando olhava as tarefas dos meus filhos quando eram pequenos e sou tomada por uma grande ternura por ele e por saudades dos meus filhos. Digo que vai ser muito ruim interrompermos para as festas de final de ano, nesse momento que está sendo tão difícil para ele, digo-lhe que, se precisar, ele pode me telefonar que eu o atenderei.

Paciente – *Mas eu não quero incomodar a senhora.*

Analista – *Não será incômodo. Eu vou ficar mais tranquila se pudermos combinar isso.*

Analista – *Ele não entrou em contato. Durante o final do ano eu mandei uma mensagem para uma das tias perguntando como estava sendo para ele. Ela disse que ele estava bem. Eles estavam reunidos com a família. Ele estava bem.*

Sétima e oitava sessões com Lucas

Também foram muito ricas. Intercalam-se momentos de tristeza, e outros de esperanças. Conta-me que não foi com lapiseira que se cortou, e sim com uma lâmina de barbear que desmontara para esse fim. As tias se mostram mais ambivalentes, pois acham que ele está muito saudoso do irmão e que não querem ele indo de um lugar para outro, considerando que isso "não iria prestar".

Ao me despedir de Lucas, ele dá um largo sorriso ao agradecer o atendimento. E com esse sorriso que me recordo sempre de Lucas. Faço uma finalização com cada uma das tias e elas me comunicam que ficaram pensando e acharam melhor ele passar os finais de semana na casa da mãe, já que ele sente tanta saudade do irmão. Torcem para que seja o melhor a ser feito (e eu também). Eu me surpreendo com a solução mediadora que encontraram, pois antes pareciam mais inflexíveis. Acho que se deram conta de que ele perderia mais ficando apenas em uma das casas.

No final desse atendimento, fico me perguntando se não seria importante acionar o grupo Corpo, mais especificamente a assistente social, para tentar rastrear os recursos da cidade para um encaminhamento, já que não tem Sociedade Psicanalítica na cidade de Lucas. Ele disse que gostaria de ter um atendimento a médio ou longo prazos, e a tia Lúcia considerou que seria melhor da forma presencial. Pelo levantamento de uma colega do SOS obtivemos os contatos das clínicas sociais das universidades locais. Mari, assistente social do Grupo Corpo, conversou com as tias e recomendou a procura do CRAS. Tia Lúcia falou do descrédito nas instituições do município, mas que iria tentar. Considera que é a LBV que mais atende a população, e que se sente bem cuidada por essa instituição.

Uma questão: *Como fica o mundo interno para um rapaz que tem sua vida tão povoada pelo feminino e tão pulverizado pelas pessoas que exercem a função materna? O pai é apresentado como um homem bom e a avó também. Essa bondade acaba ajudando esse rapaz na estruturação dos próprios limites e na confiança de ter internalizado objetos bons?*

Outra questão: *O episódio da briga com a mãe pode ter sido desencadeado pela angústia e pelo temor ao incesto? O temor ao incesto nas relações não consanguíneas é muito maior e me parece que, pela fragilidade da relação com a mãe ou pela fragilidade da própria mãe, ele precisou se defender mais do contato com ela, e nisso vem essa crise de agressividade, usando a faca como substituto do risco de fazer mau uso do seu pênis/faca? Ou seria para defender algo da imago paterna/materna relacionado aos pais biológicos?*

Mais uma questão: *Em oito sessões eu sabia que não conseguiria trabalhar toda a complexidade de temas relacionados às suas sucessivas adoções. Coloquei-me junto a ele no trabalho e elaboração desse luto e com ele tangenciamos as perdas anteriores. Essa parece ser uma boa estratégia? Vocês pensariam em outras?*

Alicia – *Muito agradecida à analista por uma situação tão comovente, sem dúvida você representa toda a legião da boa vontade que alimenta de uma outra forma, com uma sintonia afetiva e uma* *presença tão cuidadosa e comovente. Além das palavras, imagino que haja toda uma presença de sua pessoa no atendimento.*

Dra. Fabiana Isa – *Eu também adoraria ouvir de você se tiver algum comentário a fazer sobre qualquer uma das perguntas. Parece-me que a impressão de cuidado e negligência está de alguma forma concentrada no feminino, não é mesmo? E penso que ele pode resgatar nesta figura parental masculina algo da ordem da prestação de uma certa gentileza e de um certo cuidado, acima de tudo, no que está ligado ao nutricional, o mais primário. O feminino aparece com essas duas faces, a da origem e a da mãe com sua violência, mas a avó também aparece junto das tias.*

A luta com essa mãe eu não a coloco tanto na questão do falo, penso que neste elo faltariam alguns elementos para chegar a isso, penso que isso tem mais a ver mesmo com o que ele provoca em seu próprio corpo, com estes cortes, não em si mesmo, no real, no que diante da impotência e da falta de recursos, do que ele tem que se defender quando está preso na dor e pela falta de recursos subjetivos para poder sair daquela cena. E penso que sim, como você, em relação à última pergunta. Ele começou a mover essas perguntas a fim de preparar o terreno para a elaboração da questão do luto, mas isso necessariamente antes que ele tenha que passar e tocar outros pontos, porque há outras coisas que estão em jogo nesta história e que seria muito favorável que ele pudesse encontrar um espaço terapêutico. Isso permite que ele continue. Encontrar a si mesmo com todos os aspectos positivos que você despertou. Gostaria de ouvir vocês.

Fanny Bittencourt Daniel[8] – *Eu gostaria de saber por que foi dito por essa mãe, que despeja e descarrega a violência dela contra ele, que a avó morreu por causa da desobediência dele. Isso causou um estrago. Em algum momento foi dito a ele que a avó faleceu por Covid?*

---

8 Psicóloga.

O outro seria um comentário sobre a retomada dele do contato com a LBV, com a memória dele da avó e como foi bem tratado lá. Então, como estratégia, parece ser uma coisa muito boa para continuidade do acompanhamento. Agora, a questão da palavra dessa mãe agressiva como se fosse uma praga jogada para ele. Teria que ser esclarecido sobre a verdadeira razão da morte da avó.

Analista – *Ele sabe que a avó morreu de Covid. Ele sabia que a avó estava com Covid, que ela morreu de Covid. Só que junto com isso a mãe falou que a avó desistiu de lutar pela vida porque ele era muito desobediente.*

Fanny – *Muito, muito difícil essa parte.*

Analista – *E as tias falam sobre isso, que elas tiveram que ficar falando várias vezes que ele não tinha nada a ver com isso. Que a doença é terrível e não tinha a ver com ele, mas, enfim, ele também estava mal com essa morte. A morte da avó desencadeou nele uma série de sentimentos de perdas. Outros lutos estão embutidos nesse luto.*

Fanny Bittencourt Daniel – *E a culpa e os cortes, né?*

Rossana Nicoliello – *Eu fiz a revisão do relato da analista e senti intensamente fazendo essa revisão, não só pela beleza da escrita, mas principalmente porque ela usou da sensorialidade, da corporalidade dela como narrativas de compreensão do caso, e o que eu penso é que a morte e o luto de alguém são vividos, num primeiro momento, corporalmente. Quando a gente recebe uma notícia de que alguém morreu, a gente tem uma sensação, a sensorialidade e a corporeidade falam mais alto para depois, com o tempo, a gente conseguir entender mentalmente. Então, não havia possibilidade de falar muito sobre o luto, mas de sentir o luto. É emocionante porque foi um trabalho corpo a corpo, mesmo no virtual.*

Analista – *Teve essa hora que eu relato que senti uma dor, como se fosse me atingir mesmo o coração. É tudo intenso e muito forte mesmo no atendimento em linha.*

Susana Muszkat[9] – *Acho que esse trabalho é lindo e de muita sensibilidade, é um caso muito tocante, eu acho que a analista descreve a questão estrutural quando ela, logo no início, fala da "voinha" que vai para a feira, segunda, terça-feira, ela está na feira e ela morre de Covid porque ela não tem assistência, a população pobre, negra.*

E ela é uma mulher loira, branca com recursos, que pode trabalhar da casa, fazer esse paralelo que eu acho que é muito relevante para a população com a qual a gente trabalha e para pensar nos casos em geral, a população negra, a população precarizada. Então acho que esse é um elemento. Esse menino me surpreendeu pelos recursos amorosos que ele tem, a despeito de toda precariedade, porque ele é filho de uma mãe viciada em drogas que devia machucá-lo ou sei lá. Ele é pego com muitas feridas no braço. Alguma coisa ele tem, que desperta nos outros essa ligação amorosa. A "voinha", o primo, as tias, todo mundo que se liga nele. Eu acho que isso deve ser algo dele que, ao contrário do destrutivo, acho que ele tem muito recurso amoroso. Na pergunta da analista, eu concordo com a Fabiana, eu não penso, não pensei na questão edípica da briga, eu pensei na falta de recursos simbólicos, mas em uma luta de vida, porque o que a mãe faz ao dizer que ele é "filho de um pai maconheiro que morreu com tantos tiros na cabeça" e que a mãe ia jogá-lo no lixo. Quer dizer, quando a mãe diz isso sobre ele, ela o transforma em nada, em lixo. E eu acho que ele luta pela vida como vem fazendo. Ele é um sobrevivente e tem recursos amorosos. Tomara que ele consiga encontrar alguém que o possa continuar atendendo, ou na LBV ou em algum outro serviço de

---

9 Membro efetivo e professora assistente da SBPSP.

atendimento. Alguém pensou que esse menino poderia se beneficiar da análise. O que também é uma coisa que me chamou atenção. Quem é que teve essa iniciativa muito sensível? Porque esse realmente é um menino com muitos recursos e muito sensível.

Analista – *A tia conversando com a advogada, a advogada sabia do SOS e a partir daí pensaram que seria interessante procurar atendimento. Na infância ele teve atendimento com uma psicóloga da LBV e foi com essa moça que ele me achou parecida.*

Susana – *Era uma transferência positiva. Ele viu em você a sua boa vontade, o seu afeto.*

Analista – *E teve uma boa experiência anterior, eu acho que também foi muito importante para poder se entregar a essa.*

Maria de Lourdes Negreiros Lima[10] – *Como foi bom para o Lucas esse encontro contigo. Como foi bom esse encontro. Eu sei que para você também deve ter sido. O que me chamou mais atenção é a pulsão de vida desse menino. Os aspectos realmente amorosos, porque é um menino que vem de uma versão de origem de um pai maconheiro e uma mãe que o quer jogar no lixo. Escuta que pode ter matado a avó, mas ele continua indo em busca dos vínculos. Ele fala do amor pelo primo, ele fala do irmão, ele faz esse luto pela avó. Parece que ele faz o luto pela família inteira, que não consegue talvez elaborar esse luto. Essa perda da avó está muito expressa nele. E esse menino fala de fome! Ele sente muita fome e sente muito prazer falando de comida. Ele vai em busca de comida concreta na casa do primo e ele vai em busca de alimentos psíquicos também, quando ele luta para encontrar o irmão, para estar com o primo, até para se dispor para investir numa namoradinha, em uma paquera.*

---

10 Membro efetivo com funções didáticas na Sociedade Psicanalítica de Fortaleza (SPFor).

Chama muita atenção como no meio de, talvez, tão pouco acolhimento que ele deve ter tido no início da vida, como ele conseguiu aproveitar, como ele consegue aproveitar bem. Ele aproveitou o que recebeu da avó, ele aproveitou o que recebeu de você. Ele reconhece em você um lugar onde ele poderia receber coisas boas, tanto que ele diz "você é da Legião da Boa Vontade, né?", "Mas você parece tanto com ela". Ele é capaz de reconhecer quando ele está diante de alguém que pode dar coisas boas para ele. Acho que até quando ele se machuca é um pedido de ajuda, é pulsão de vida! Ele se machuca para denunciar o quanto ele estava precisando dos vínculos. Quanto ele estava precisando reencontrar o irmão. E, na relação com essa mãe, eu também não vi por um viés edípico, vi como a mãe ataca a origem dele. A mãe ataca no sentido de dizer que ele foi um menino que era pra ter sido jogado no lixo. Ele está se defendendo. Ele está defendendo a própria origem, mas, enfim, acho que foi muito bonito!

Eu fico imaginando como deve ter sido emocionante para a analista viver esse caso, fazer esse encontro com ele, porque você se colocou muito à disposição para receber essas transferências dele.

Analista – *Eu me lembrei que, na época, fui revisar o Casal Corso falando sobre a história dos três porquinhos. E tem vários detalhes na história que são interessantes. Na história os porquinhos têm um senhor que os ajuda. Alguém que ajuda no desenvolvimento. E você falou da oralidade. O Casal Corso fala também dessa questão de que o mundo é apreendido através do "Comer ou ser comido". Essa forma, dentro da questão mais precária, se ele pensa "É com isso que eu vou me virar, né?" Já no começo está tentando incorporar as coisas boas.*

Alicia – *A analista o aloja na sua mente e no coração. Então, tanto as feridas no corpo dele, devido às automutilações, quanto a tentativa de facada na mãe, me parece que são atuações desesperadas.*

Por um lado, me lembrei muito do filme The Kid,[11] *de Chaplin, em que ele, como um vagabundo, encontra um bebê que está no lixo e que o destino de Lucas talvez fosse ficar no lixo. Eu acho que ele, ao não ter naquele momento alguém para o resgatar dessa origem inquietante e sinistra, ele mesmo se resgata, porque é como se ele falasse "Eu não quero estar no lixo e nem quero que você acabe como o pai, eu não vou deixar que você faça isso!"*

Tentando resgatar o lado disruptivo, como uma intenção desesperada de comunicar. O ambiente reforça que essa forma de comunicação tem seus efeitos, por que será que ele não poderia ter ido ver o irmão de uma outra forma? Por que nesse momento precisou dos cortes para ter acesso a esse irmão?

Analista – *Sim, as tias estavam numa postura de que não queriam saber nada daquele lado da família. Ele teve que chegar nisso, porque no relato mesmo, ele diz "Foi bom, foi bom". Eu, preocupada com os cortes, e ele me falando do efeito.*

Alicia – *Ele precisa integrar, ele queria integrar famílias. As tias estavam em uma postura de marcar a cisão enquanto ele estava em um momento de integração. E isso claro que é psíquico. Não é só na materialidade. E, por um outro lado, é muito interessante porque através dos cortes ele consegue o contato sensorial das carícias da tia. Ele consegue um contato de pele e talvez ele consiga ser olhado nesse sentido especular, porque parece que até esse momento essa possibilidade tinha sido negada a ele.*

Analista – *Eu também achei muito interessante, porque a pomada também foi a forma que a tia encontrou de cuidar dele.*

---

11 Filme escrito e dirigido por Charlie Chaplin, estreou no dia 6 de maio de 1921.

Alicia – *E retirar todas as manchas concretas. Tentar resgatar em um olhar amoroso o sinistro que o marcava. Literalmente ele estava marcado.*

Josefina Finzi[12] – *Um adolescente no meio da revisão de toda sua história. Terrivelmente, diríamos, no sentido das origens, eu estava pensando no bebê. Naturalmente eu sempre vou ao bebê, porque ele é quem precisa de nós, naquela precariedade real. Os recursos que ele encontra naquele que o resgata do lixo, por isso eu gostaria de salientar a força do bebê, tenhamos isto em mente porque também o ajuda em seu luto depressivo e tristeza sobre essa perda. Também a confiança que ele pode ter em suas próprias forças para convocar, porque ele é um adolescente muito sensível que move a todos nós. Podemos imaginar como quando vemos o bebê nascer... e chutar... e ter força, como ele defende seu lugar. A pele é um envelope psíquico, é um suporte suficiente que cai, mas reaparece.*

A história dos três porquinhos teve um grande impacto sobre mim, porque ele a trouxe e você a tomou como um ato de análise, ela é sustentada em seu significado, que continuará sendo construir sua própria casa com tijolos e um telhado para que o lobo não entre e o coma, porque os lobos seguem, eles ainda estão lá fora e eles continuarão, portanto a questão é construir esse eu e esse eu, digamos, não que ele sinta que esta é uma experiência de trabalho, de análise, como qualquer experiência de mudança. Para mim, isto significa uma mudança importante. É por isso que eu dou tanta confiança ao que o bebê nos diz: "Eu também posso, eu posso".

---

12 Membro titular didata da Associación Psicoanalítica Argentina, docente de seminários do Instituto APA e do Centro de Estudos Jose Bleger, membro da Comissão diretiva do Centro E. Racker, APA, membro da ALOBB, e do Grupo Actualidad Bioniana.

Leila Lombardi[13] – *A analista nos traz uma situação, apesar de trágica, muito esperançosa. O que me impressionou foi a forma leve e bem-humorada que ela leva o contato. Considero o humor fundamental, principalmente quando a situação é muito pesada. Acho que você puxou o vínculo com esse rapaz a partir exatamente desse lado amoroso, sensível, mas bem-humorado. Vocês riram juntos no meio da tragédia, né? O contato com as tias foi fundamental aí, porque acho que sem isso nada poderia acontecer de melhor para o Lucas, porque na verdade no momento ele depende basicamente dessa família. É impressionante a força do Lucas, sua fome de carinho e como ele aproveita fiapos de contato. Ele também se cortou e mostra que tem buracos na pele, lembrando que a avó cuidou desses buracos e a tia pôde oferecer isso. Eu acho que é um garoto extremamente resiliente.*

Ana Maria Maia Calazans de Toledo Piza[14] – *"Juntando e separando fios" seria um nome para esta sessão. A morte da avó desorganizou a vida desse menino. Essa família já tinha uma estabilidade precária. Quem vai adotá-lo? A analista aposta e diz: "Olha, eu não sei, mas vamos pensar juntos". As paratransferências, a presença dos outros no campo, precisariam ser trabalhadas. Uma guarda oficial é diferente de uma guarda afetiva.*

Você celebra com ele as conquistas. Então ele tem alguém que o escute e se interesse genuinamente por ele, como a avó. "Ai, que gostoso. Você foi bem na escola. Mas como foi?" Ele tinha essa companhia viva com a avó. Eu acho que você ajudou a trabalhar essas competências, abrindo o coração dele para uma relação amorosa com essa garota, porque a avó foi embora, o amor pode ficar. Você resgatou o amor

13 Membro efetivo da SBPCamp e membro associado da SBPSP.

14 Membro associado da SBPSP.

com ele e ele pôde abrir o coração. A avó morreu por Covid, mas ele pode morrer por tristeza.

Analista – *Queria salientar que uma das riquezas desse projeto está em a gente conseguir fazer pontes com uma população de um outro lugar, de uma realidade diferente da nossa. Ele me ensinou muito sobre passarinhos, sobre palavras que eu não conhecia, jeitos de funcionar de outro lugar. É muito interessante tudo isso que se pode aprender nessas trocas. Quero falar sobre o caderno dele. Por puro preconceito eu imaginava encontrar um caderno todo bagunçado e me deparei com um material organizado, bonito, com letra caprichada.*

Nádia Franco Mariz da Silva[15] – *Eu ia abordar a questão do racismo, dos preconceitos que a gente carrega, das imagens e ideias preconcebidas. No seu relato, você diz que não tinha se dado conta de que aquele menino era negro e, em algum momento, você o percebe negro. Nós nos encantamos de ver sua pulsão de vida, essa capacidade de se expressar no caderno bem organizado, porque a gente tem uma tendência a ver os negros como menos capazes. O SOS permite juntar certas ideias que surgem no grupo da Febrapsi sobre racismo e psicanálise. Durante seu relato, quando ele fala "voinha, voinha" me remeteu muito a uma ideia mais ancestral, de algo que os negros perderam, que era a África Mãe, uma tristeza mais intensa pela perda de um status, uma civilização, um agrupamento em que eles não eram rejeitados como são na nossa sociedade.*

Analista – *Eu me surpreendi com o impacto que tive na hora que me dei conta de que eu não tinha visto/percebido que ele é negro. Eu fiquei me perguntando por que que eu não o vi negro? Por que que eu não pude? E aí me dei conta de que é uma defesa que usamos para não pensar nessa dor toda, porque é uma questão muita dolorida.*

---

15 Membro da Sociedade Psicanalítica do Rio de Janeiro (SPRJ).

Vou compartilhar uma das poucas fotos de um navio negreiro vindo para o Brasil.

Figura 7.1 *Grupo de escravos transportados em navio francês da África para o Rio de Janeiro.*

Fonte: Marc Ferrez.

Analista – *Eu não sei se tem outras fotos, mas é a única foto que conheço. A expressão dessas pessoas carrega a dor do traumático. Parece que temos na nossa sociedade uma ferida que vem da escravidão e nós não tratamos essa ferida ainda. Nós não passamos a pomada para tratar dessas dores. Então acho que tem muitas manchas que cabem a todos nós, olharmos para elas e tratarmos delas. Quando eu falo que temos que cuidar muito das nossas crianças, nossos adolescentes, é lembrando que não pode acontecer o que aconteceu no Jacarezinho,*[16]

16 Favela do Rio de Janeiro, palco de uma operação da polícia civil que resultou na morte de 29 pessoas. Operação policial mais letal ocorrida na cidade do Rio de Janeiro, intitulada popularmente hoje como a "Chacina do Jacarezinho", ocorrida no dia 6 de maio de 2021. [Nota do Editor, Lazslo A. Ávila: Observe-se

ano passado, que não pode acontecer violência policial, se quisermos uma sociedade diferente.

Alicia – *Só para lembrar a voz desse inconsciente, a analista associou a forma que ele falava voinha com músicas africanas. A ideia de que não há racismo no Brasil é uma grande mentira. Há um racismo não reconhecido, que hoje está vindo à tona, um racismo estrutural...*

Dra. Fabiana Isa – *As questões do racismo estão muito claras na apresentação. Eu acho que a recorrência da menção da pele, o esquecimento que você teve no momento e a surpresa em relação a não ter notado a cor, quero dizer, você a viu, mas não a enxergou. E, quando você a percebeu, você deu a essa característica todo o peso subjetivo. Além da cor da pele, das manchas, é a pré-história que palpita. Você foi capaz de vê-lo. Uma transferência entre vocês muito mais forte. Você o percebe como ele é. Certamente Lucas sentiu que você estava olhando para ele de uma maneira diferente, mesmo através da tela. Estávamos no meio da pandemia de Covid-19. Através da tela você foi capaz, com suas palavras, de tocar aquele corpo e tocar aquela pele e é aqui que eu vou com as intervenções subjetivas. Muita resiliência. Mas que valor, que poder ocorre num encontro com o outro? Não uma simples entrevista, é um verdadeiro encontro!*

E, neste caso, este encontro sem dúvidas deixou sua marca. "Há alguém nesta vida que um dia olhou para mim de uma maneira diferente, que pôde ver algo em mim diferente de todas as coisas ruins que os outros tinham visto." Penso que você pôde ver algo diferente. Quem poderia regozijar-se em seus cadernos de anotações e celebrá-lo, celebrar que ele era capaz de acomodar sua dor e seu sofrimento, que ele podia curar as feridas, compreendendo que os cortes eram a

a coincidência (repetição com sentido de busca de elaboração): essa data corresponde exatamente a cem anos depois do filme *O garoto*, de Chaplin, anteriormente mencionado. Outra coincidência: Freud nasceu no dia 6 de maio de 1856].

maneira de expressar sua dor. Tenho certeza de que nenhum de nós, nem você nem ele, irão esquecer desta história.

Ele celebrou os efeitos desta reunião e desta intervenção, não só com ele, mas também com seu ambiente, com suas tias. E esse outro olhar que você, de um lugar de autoridade, pôde compartilhar com eles para que pudessem aprender a ver e escutar a Lucas de outra forma. Quem falou com elas desta maneira? De seu sobrinho, sua palavra carregou peso. Para mostrar a ele, a esta família, outra faceta de Lucas, a qual não podia ser vista. Imagino que, se não tivesse sido a pandemia e esta reunião tivesse sido na sala de consultas, certamente eu arriscaria dizer o que aconteceria com você, como muitas vezes aconteceu comigo, você descobre que eles estão marcados, por contato sem dúvida, por um braço forte entre os dois. E com a intermediação de algo primordial a compartilhar, algo da ordem deste alimento, deste calor, que se torna presente com muito mais força e evidência nestas histórias de verificação. Isso eu gosto de dizer: da mesma maneira como nasceram de Winnicott também, essas intervenções psicanalíticas que só um psicanalista pode fazer, que talvez poucos possam entender.

Referências

Isa, F. A. & Guasti, M. S. (2009). *Acogimiento familiar y adopción: Un aporte interdisciplinario en materia de infancia* (1a. ed.). Espacio Editorial.

Fanon, F. (2020). *Pele negra, máscaras brancas.* Ubu Editora.

8. Jennifer, a jovem faz-tudo

Eixo III – Adolescentes de 11 a 21 anos

Reunião Científica do Projeto SOS Brasil em 28 de novembro de 2021, supervisionada pela Dra. Yolanda Gampel.[1] *Trata-se de Jennifer,*[2] *18 anos, que vive com seus pais e duas irmãs.*

Material clínico

Vou relatar a breve história de Jennifer Kétilly (nome composto fictício, como o da garota, composto e inspirado em nomes estrangeiros).

1 Analista didata da Sociedade de Psicanálise de Israel.

2 Nome fictício, para proteger a identidade da paciente.

A paciente é uma garota de 18 anos, primeira filha de três meninas (Giovanna, de 8 anos, e Antonella, de 12),[3] do terceiro casamento da mãe. Reside com os pais e irmãs. Seus pais dormem em quartos separados e o sustento da família está a cargo do pai. A mãe está desempregada. A mãe teve uma filha do primeiro casamento, atualmente com 25 anos, que não reside com eles, tem um filho pequeno e encontra-se separada do marido. A paciente está no terceiro ano do ensino médio e não frequenta a escola desde o início da quarentena. Suas aulas presenciais obrigatórias reiniciaram no dia 3 de novembro do corrente ano.

Jennifer procurou o SOS Brasil porque se sente deprimida há vários meses, mas piorou recentemente com tamanho incremento de ansiedade que se deflagrou um ataque de pânico. Foi atendida no hospital, onde lhe deram "remédio na veia". Ela relata que sente medo de tudo, passa os dias acamada e isolada em seu quarto. Um dos seus piores medos é de que suas irmãs menores passem pelo que ela está passando. Seus pais passam os dias brigando e discutindo.

Primeira sessão: 25 de agosto de 2021

Recebi o número do WhatsApp e enviei mensagem escrita propondo que nos falássemos. Respondeu que estaria à espera do horário que eu pudesse lhe oferecer e agradeceu. No dia combinado fiz uma ligação de vídeo e estranhei não ter atendido. Dois minutos depois Jennifer enviou uma mensagem escrita desculpando-se e pedindo que eu tornasse a ligar, perguntando se poderia ser "só chamada de voz". Retornei com ligação de áudio. Dessa vez Jennifer atendeu, eu me apresentei, dizendo que era psicanalista de uma capital metropolitana. Disse-me que era de outro local, e perguntei:

3 Antonella e Giovanna são nomes fictícios.

Analista – *Não quiseste conversar por vídeo?*

Paciente – *Hoje eu não estava preparada... É que eu não gosto muito de falar... e estou toda bagunçada, porque estou fazendo tratamento de ansiedade.*

Analista – *Que interessante, Jennifer! Quando eu liguei por vídeo, esperava te encontrar exatamente como estás... mas tu não podias saber disto, porque não me conheces, e iremos conversar por áudio... Então me conta, o que está acontecendo contigo?*

Paciente – *Eu tenho 18 anos... não sei nem por onde começar... tenho ansiedade e ataques de pânico, medo de tudo... Antes de eu saber que tinha isso, não sabiam o que me dizer, minha mãe me levou ao hospital e me deram remédio na veia... não tenho vontade de sair com ninguém, passo todo o meu tempo deitada e me sinto mal de ficar deitada, tenho nó na garganta e fico muito ruim; cortei relações com todos. É que eu sou muito controladora e pego o problema das pessoas. Sou muito fechada e com a quarentena parei de ir à escola. Este ano passei para o terceiro ano do ensino médio. Mas não tenho energia para ir à escola e fazer as coisas. Tenho medo de sair de carro. O maior medo é que minha cabeça e meu coração aceleram, me sinto inchada, com falta de ar, a garganta parece que incha junto e parece que eu não vou aguentar!*

A Jennifer quer que eu "pegue" seus problemas, assim como pega o problema dos outros para podermos pensá-los.

Analista – *Hummm, deve ser terrível sentir o que estás sentindo... e me parece que estás com a mente cheia de pensamentos e sentimentos, mas como disseste não gosta de falar e cortaste relações com todos, tua mente acaba implodindo em ataques de pânico e se derramando no corpo, aí sentes o coração acelerado, garganta inchada com um nó...*

Paciente – *É... Parece que vou morrer!*

Analista – *Não, Jennifer! Parece, mas não vais morrer disso!*

Paciente – *Eu não tenho problemas físicos!*

Analista – *Que bom! Mas não estás conseguindo pensar teus problemas emocionais com calma e eles acabam se embolando na tua garganta e acelerando teu coração; que difícil está! Vamos começar pensando no que te ocorre neste momento e o que pode estar te deixando tão agoniada?*

Paciente – *Certo, há uns dias eu tinha uma melhor amiga, mas ela não era igual comigo como eu era com ela. Eu "cortei" os outros porque não me tratavam como eu tratava minha amiga. Depois daquele ataque de ansiedade minha melhor amiga viu que eu estava assim e não podia mais sair com ela e ela me abandonou... Ela teve só um ataque, como eu... mas eu a ajudei. Ela é vizinha e pode vir me ver, mas não vem... Só liga para contar o que ela está fazendo de bom... Tenho problema com minha aparência, sabe? Me acho feia... Já fizeram bullying comigo; em todos os lugares fizeram bullying... Aí eu pensava: para que brigar com eles, se o que me dizem é verdade?*

Analista – *Sofrer bullying é uma experiência bem desagradável e agora entendo melhor porque não queres que eu te veja através da câmera! Posso fazer algum tipo de bullying contigo também! (E rimos juntas). Tu estás te sentindo muito sozinha, sem os amigos para conversar... mas me conta, por que tu estás te achando feia?*

Paciente – *Bem, eu não sei como dizer; é difícil dizer...*

Analista – *Vamos procurar ver de outras maneiras...*

Paciente – *É que eu tenho nariz grande e boca fina... me chamavam de Lula Molusco e outras coisas e eu ficava acreditando! Hoje em dia as pessoas condenam a gente, se não estamos no padrão de bonita. Um cara que é dono de um negócio ofereceu trabalho aqui perto da* *minha casa e ele só gosta da aparência das pessoas. Eu me apresentei para o trabalho, mas ele preferiu contratar minha vizinha, não eu! Os que eu achava que eram meus amigos me caçoam. Se tem festa, me convidam e pedem para eu levar minha vizinha... preferi ficar só! De tanto acontecer isso, tenho vergonha de mim. Tenho mesmo o rosto muito esquisito e todas as vezes que falavam, eu fingia não escutar, mas agora desabei. Desde o sétimo ano falavam de mim na escola, na rua, quando saía na rua... acho que tenho muita vergonha.*

Fui me sentindo sem saída ante a fala de Jennifer, ao ouvi-la descrever-se de modo tão degradante. Pensando no que a levou a ver-se e sentir-se dessa forma e ter uma autoestima tão rebaixada; enquanto pensava, observei minha foto no computador: nariz grande e lábios finos.

Analista – *Jennifer, enquanto eu te ouço, rio intimamente.*

Paciente – *Por quê?*

Analista – Porque eu não te vejo, só te imagino. Mas tu me vês na foto do WhatsApp, onde aparecem meu nariz, que é grande, e minha boca, que é fina, e pensei rapidamente se estes atributos seriam motivo para eu me sentir feia, sendo como sou.

Paciente – *E como você se sente?* (rindo).

Analista – *Eu me sinto eu, única no mundo, como tu também és única no mundo e por essa razão não nos incluímos em nenhum padrão. Já pensaste que, em todo o mundo, só há uma Jennifer? Que coisa rara! Quem cria padrões dita como as coisas devem ser e nós aceitamos nos incluir ou não. Para mim, nariz grande é um nariz de presença, de personalidade, e uma boca fina é uma boca decidida.*

Paciente – *Mesmo?*

Analista – *Sim! E estava pensando que não deve ser por causa do teu nariz e da tua boca que tu te sentes tão mal! É que não te* *encontras em harmonia contigo mesma e existindo de acordo com o* teu *padrão de alegria de viver. E porque comentaram sobre teu nariz e boca, acabaste atribuindo esta feiura a eles! Mas quem vê cara não vê coração, conheces este ditado?*

Paciente – *Conheço, só vê a aparência; você nunca sofreu bullying?*

Analista – *Claro que sim, quem nunca sofreu! Mas o que mais me chama atenção não são teu nariz e boca, mas que quase tudo o que tu me falaste a teu respeito é triste e negativo. Fiquei pensando nas tuas qualidades, nas que tu tens. Onde estão, que não me citaste nenhuma? Eu não acredito que não tenhas qualidades!*

Paciente – *A minha mãe falou que eu tenho um corpo bonito.*

Analista – *Que beleza, Jennifer! Tens uma mãe que te elogia e, também, reconhece teu corpo bonito!*

Paciente – *E ela diz que eu tenho a bunda empinadinha e seios proporcionais...*

Analista – (Rio, contente). *Bem, como estamos conversando por áudio e ainda não te vejo, vou construir o teu mapa na minha imaginação... Nestes poucos minutos contigo, já enumerei várias qualidades: tens uma voz muito bonita e agradável, falas com rico vocabulário, conseguiste pedir ajuda ao SOS e confiar teus sentimentos a mim; ainda tens um nariz de personalidade e uma boca fina e decidida; um corpo bonito com a bunda empinadinha e lindos seios proporcionais. Gostei dessa imagem!*

Paciente – *Obrigada, doutora... tenho cabelos pretos finos e com pouco volume e longos, caídos no meio das costas. Meu rosto é fino e comprido. Os meus pais me elogiam; sofro pressão das pessoas da rua, que ficam falando muito da minha aparência, pessoas palhaças que falam dos outros. O foco é o nariz.*

Sempre que ela falava no nariz, vinha à minha mente o perfil de uma das atrizes preferidas do cineasta Pedro Almodóvar, Rossy de Palma, em *Mulheres à beira de um ataque de nervos*, cuja feiura é de uma beleza impressionante ou cuja beleza é de grande feiura.

Analista – *E dás ouvidos a elas porque não estás vivendo dias felizes...*

Paciente – *Eu sigo no Instagram umas páginas e li que não se deve competir com outras pessoas... Não quero acabar com a minha vida; quero construir um império; todo dia eu rezo para poder desfrutar a vida e conhecer lugares bonitos.*

Analista – *É mesmo, Jennifer? Que palavras lindas de se ouvir! Há um lugar maravilhoso para tu conheceres melhor, onde construir teu império e desfrutar experiências muito bonitas, que é dentro de ti!*

Paciente – *Doutora, eu estou me sentindo muito mais aliviada de conversar com a senhora!*

Analista – *Eu também estou contente com a conversa que tivemos. E, para quem não é de muito falar, eu diria que tu falaste bastante e muito bem!*

Despedimo-nos.

Dra. Yolanda Gampel – *Que encontro bonito, realmente um encontro em que os dois participantes se encontram. Há algo muito vívido e de esperança na analista. Para fazer este trabalho tem de haver alguma esperança, senão não temos como continuar e crescer. Algo que pode melhorar – ela é uma criança que está na adolescência e que encontrou alguém que a coloca em um lugar de esperança, o qual parte de seu corpo, parte da forma como fala de seu corpo. Não vem da analista e sim dela, paciente. Tudo vira sobre como ela fala, sobre sua inteligência. "Imagino seu corpo, tudo que tu tens", ou seja, você a pintou como ela quis ser pintada para ela mesma. É como se* *a analista pintasse um quadro em três minutos e o entregasse a ela: "Essa é você, como eu a vejo no meu espelho". A maravilha do encontro onde o que é primordial (Prima) emerge, não se trata da depressão, se trata da mania e como aparece no corpo, tudo isso está lá.*

Como dar a ela a oportunidade de fazer uma pintura de si mesma como ela gostaria de ser pintada, pelo que ela não tem dentro. Ela se diz feia e fala sobre os cabelos grossos que não tem. Você a pintou, o seu quadro, você foi um espelho no qual ela pôde se refletir. A primeira vez que a chama de doutora é depois disso. Eu me encontrei através de você. Agora pensemos um pouco como analistas. Eu sempre penso, do ponto de vista analítico, usando tudo que a analista trouxe, que é uma maravilha, um exemplo lindíssimo. Há um chamado desse lugar onde você vive até o lugar onde ela vive, são muitos quilômetros que as distanciam. Eu os coloco como dois mundos completamente diferentes no mesmo Brasil, e com a mesma linguagem. Esses dois lugares são dois mundos muito diferentes, mas há um encontro entre eles. Dela mesma com uma doutora que sabe dar esperança.

Como pensar agora de um ponto de vista da fantasia inconsciente? É uma adolescente e, como adolescente, está em uma época em que crescemos e caminhamos, mas esse crescimento assusta muito, porque nele se inclui a morte. Para que cresçamos estamos no mundo em que temos que matar simbolicamente o pai e a mãe de alguma maneira. Isso é muito inconsciente e é muito doloroso para um adolescente. Buscar um lugar no mundo, sair da dependência da mãe e do pai e do que os outros pensam para fazer algo revolucionário. Essa é uma menina com força e energia, é bela essa menina, que já quer ser algo distinto da família de origem, pelo que entendo. Ou seja, que na fantasia de crescimento (do adolescente) está contida a fantasia inconsciente de assassinato. Crescer é tomar o lugar dos pais, nós vemos nas sessões seguintes como ela quer defender as irmãs e cuidá-las, tomar o lugar de uma função paternal/maternal. Ela pode cuidar dos outros.

No inconsciente crescer é um ato agressivo! A rebelião é para ter a liberdade de crescer. É preciso dar aos adolescentes esse direito, deixá-los crescer como o caminho que existe para que conquistem sua identidade. É quando os adultos fazem as intervenções de: "Não fale assim, não diga essas palavras, são mal escutadas!" É preciso ter paciência e grande coração, o grande holding dos pais de aguardar isto, para que sejam o que desejam ser. Os adolescentes precisam ter esse sentimento de triunfo.

Você permitiu isso, descreveu-a como se sentindo um triunfo e não como uma menina feia, enquanto cresce. Do outro lado aparece o suicídio, a depressão, aparece o que não pode ser, o nada, as dores e então não poder digerir absolutamente nada. Apenas a vontade de vomitar e se suicidar. Tudo isso porque a fantasia inconsciente não tem oportunidade de se manifestar e ser. Isso é o que, para mim, estaria presente e que ela conta nos primeiros momentos, como sua fantasia inconsciente. Há outro aspecto que é muito interessante. Toda a construção espacial que agora temos que pensar, uma vez que nós não nos encontramos frente a frente um com o outro, há uma distância óbvia! Há uma distância e uma ideia de profundidade e uma ideia de volume quando fala sobre os lábios grandes, o nariz de seu jeito, toda a ideia sobre sua imagem corporal. Ela não quer mostrar a cara e apenas quer falar por telefone. Quanta distância e profundidade vai haver? Qual o volume que ela tem no encontro com os olhos da terapeuta? Agora o que ela necessita é conquistar uma diferenciação, por mais singular que seja, para que ela seja ela; usar seus olhos e seus ouvidos para delimitar as coisas. Mas o mais importante é que há algo dentro dela que ela já não pode limitar e nem controlar em seu corpo: a ansiedade e seus medos. Tudo isso é um mundo interno que já não pode limitar. Ela pode delimitar e não querer mostrar o rosto, preferir o telefone para apenas escutar.

É tudo isso que na adolescência surge como beleza, e devemos deixar crescer como ela queira que cresça. Porque esta é uma nova potencialidade que ela sente, e muitos adolescentes se convertem nesses momentos em um anoréxico, depressivo, suicida, porque não há a possibilidade maravilhosa de usar esta sua potencialidade de forma diferente, da maneira que eles querem e podem.

Ou seja, ela depende dos pais, depende da escola que não pode frequentar, pensa na escola e na família. As crianças que a ajudam a suportar estão em outro ambiente, em uma outra dimensão diferente da dos pais, pois estes são vistos como personagens pegajosos/parasitários/perversos. O fora, o mundo externo, a ajudou, e penso que os encontros são uma abertura muito importante para ela. O que quero, e aprendo com vocês, apesar da distância e das impossibilidades, é quanta coisa bonita pode ser feita a partir de uma conversa. Uma conversa analítica, ou seja, com uma escuta daqueles que sabem das fantasias inconscientes, do mundo psíquico, sabem sobre psicanálise e sabem como ampliar a conversa humana com outra pessoa, é bela.

Alicia Lisondo[4] – *Eu creio que fiquei impactada com o material quando o li e corrigi. Li várias vezes e quero destacar a forma delicada e sensível que a analista tem de se aproximar da paciente. É com uma enorme profundidade, sem protocolos e como ela se põe como pessoa na relação "tenho o nariz assim, a boca assim", então creio que a analista permite criar uma situação empática metaforizante.*

Joyce Goldstein[5] – *Ia salientar isso também, não sei se já terminou, Alicia...*

---

4 Analista didata e docente da Sociedade Brasileira de Psicanálise de Campinas (SBPCamp) e da Sociedade Brasileira de Psicanálise de São Paulo (SBPSP). Analista de crianças e adolescentes pela International Psychoanalytical Association (IPA).

5 Membro associado do Sociedade Psicanalítica de Porto Alegre (SPPA). Secretária geral da Federação Psicanalítica da América Latina (Fepal), gestão 2022-2024.

Alicia – *Sim, só queria dizer que o que transparece na analista é toda uma forma de aproximação que ajuda muito esta adolescente, como nós vamos ver, porque é surpreendente o que se conseguiu com tão poucos encontros.*

Joyce – *Eu queria fazer um comentário que vai um pouco nessa sua linha de pensamento. É da sensibilidade, da habilidade e da liberdade que a analista tem de pensar sobre a conversa e de se doar para essa menina. É assim, de uma forma muito artística, como foi inscrito e tem uma coisa que me chamou atenção, tão bonito e sensível que até me emocionei no final da leitura.*

A analista também cria uma entonação quando lê, quando fala sobre "fazer o tratamento na veia". Por repetidas vezes a menina, Jennifer, fala que o tratamento é na veia e eu fiquei pensando nisso. Claro que a gente entende que ela está usando diferentes medicações, mas eu também entendo de uma forma metafórica. Ela traz a ideia de como ela é profunda e ela quer poder olhar as questões de uma ótica que a gente diria "na veia", pois se aplica direto, mais rápido talvez. Então demonstra o quanto ela está disposta a poder se olhar e se enxergar, não só corporalmente, mas através do que entra, do que é internalizado na veia. Apenas um comentário.

Dr. Lazslo Antônio Ávila[6] – *Belíssimo o encontro. O que me surpreendeu bastante, e o que acho que tem tudo a ver com o trabalho efetuado, foi seu caráter breve, pois tem de ser breve. Essas intervenções do SOS, as quais necessitam da técnica ativa, achei surpreendentes o coração e a sensibilidade da analista em fazer um antibullying, ela desconstruiu o bullying em uma única intervenção. Muito bonito!*

---

6 Mestre e doutor pela Universidade de São Paulo. Livre-docente do departamento de psiquiatria e psicologia médica da Faculdade de Medicina de São José do Rio Preto, SP. Professor do Núcleo de Estudos em Saúde Mental e Psicanálise das Configurações Vinculares e membro da Cambridge School of Psychopathology e do grupo Actualidad Bioniana.

Dra. Yolanda Gampel – *Quero agregar que me parece muito importante, que nesta hora a analista trabalha como Winnicott (1994) comenta em* Squiggle game *(O jogo do rabisco), ou seja, há um ar de jogo nos encontros. Como você diz, "estamos jogando as duas juntas" e há esse ar de jogo para uma adolescente que, por um lado, está completamente travada dentro de si e não pode sair, devido a muita frustração e tristeza. No ar do jogo está a infância, mas não a vivência da infância, é um lugar que aceita que uma senhora/doutora jogue com as ideias e palavras.*

Rossana Nicoliello[7] – *Eu achei muito bonito o relato da analista. Eu já tinha tido contato com o material, mas, ouvindo a analista ler, ela trouxe sua emoção, a forma como ela é, espontânea e profunda. O que eu achei muito importante foi que a analista não esqueceu do próprio corpo, apresentando-o nas primeiras sessões. Ela permite que a paciente faça uma conexão corpo-mente para ajudá-la a lidar com esse corpo de adolescente desconhecido e uma mente de criança que não suporta esse mesmo corpo quase adulto. Em um atendimento virtual, só de áudio, ela convocou a pessoa da paciente inteira para conseguir ajudá-la. Isso me lembrou muito os trabalhos do Armando Ferrari que eu venho estudando durante muito tempo para entender esse binômio corpo-mente/somato-psíquico. Não devemos esquecer deste binômio, seja no presencial ou no virtual.*

Dra. Yolanda Gampel – *Continuamos com a próxima sessão?*

Continuação do material clínico

Jennifer passou bem a semana e tentou torná-la mais produtiva. Saiu com a mãe. Contou-me que o pai é pedreiro, falou nas irmãs menores, que não estão estudando, são barulhentas, bagunceiras e com quem

7 Membro efetivo da Sociedade Brasileira de Psicanálise de Minas Gerais (SBPMG) e da Sociedade Psicanalítica do Rio de Janeiro (SPRJ).

se preocupa e de quem cuida; com a irmã mais velha, de 24 anos, que não reside na casa, não se relaciona tão bem. Tem também dois cães, a Pérola e a Nina. Preocupa-se com as irmãs porque os pais brigam muito e estão para se separar. A Jennifer não gosta que as meninas assistam às brigas e teme que elas tenham a mesma ansiedade que ela sente, porque o clima da casa é muito pesado. Os pais discutem por qualquer coisa e nem dormem juntos. Quando se esbarram na casa, eles se agridem por problemas de dinheiro, contas atrasadas. Tenta ajudá-los, conversar, buscar a solução, mas não adianta e acaba ficando mal.

Lembro-me de ela ter me falado na primeira sessão que é "muito controladora e pega o problema dos outros" e digo que se os pais, que são adultos – e donos dos seus problemas –, não conseguem resolvê-los, como poderia ela acreditar que fosse capaz de fazê-lo? Digo para Jennifer que o que cabe a ela é cuidar da sua vida e dos estudos e ela me responde que entende tudo quando consegue prestar atenção, mas não consegue ir à escola para buscar o material de estudos. Sente-se uma velha de 70 anos.

Nas outras sessões diz estar sentindo muita pressão e que não consegue dormir porque sua cabeça parece uma bomba-relógio que vai explodir. Durante o dia, os estímulos a impedem de pensar, enquanto ajuda a mãe, mas à noite encontra seu "mundo interno em ebulição". "Como saberia encontrar o problema, quando todos os problemas se misturam?" Conto para ela que me vem à lembrança um quebra-cabeças de mil peças que eu deveria montar; eram tão pequenas que meu primeiro pensamento foi de que não conseguiria, pois o desejei pronto, mas não o trabalho de montá-lo. Mas comecei a organizar as peças em blocos de mesma cor e acabei por montá-las.

Falei que ela desejava controlar os acontecimentos, tendo o próprio quebra-cabeças montado, em vez de pensar com paciência em como fazê-lo. Respondeu que "uma casa começa pela base, mas pensa nos problemas como quem folheia uma revista sem ler cada reportagem, porque quando pensa em cada problema sente receio de ter pânico. Passa só pelo título das reportagens até que acabem e torna a folheá-las todas, repetidamente". Digo que precisa *analisar* cada problema e que analisar é pensar as partes dele. Responde que "analisar é observar cada detalhe". Sim! E digo que o que faz é sintetizar, concluir, antes de analisar, transformando a peça "nariz grande" numa Jennifer-Lula Molusco, que não representa quem ela é e sem considerar as outras partes do mapa que estamos montando aos poucos, em cada conversa que temos!

Nos encontros seguintes a pressão aumenta e a mãe me liga num dia em que não temos sessão, pois pressente um ataque de pânico a espreitar a filha. Converso rapidamente com a Jennifer. As brigas em casa aumentaram e ela tem medo de morrer, do impacto das emoções e do que pode acontecer com as irmãs, que dependem dela. Digo que vou conversar com a mãe e o faço. A mãe é *border*, está furiosa e com ódio do marido. Minha conversa com ela foi como ser soterrada por um armário despencando sobre mim. Contou-me que deseja a morte do marido e, se pudesse, rasgaria seu pescoço com as unhas (pensei em garras). Ele a agrediu no passado, quando estava grávida, e ela o enquadrou na Lei Maria da Penha. Contou que ele abusou da filha mais velha, dos 8 aos 11 anos. A menina contou-lhe quando era menor, mas a mãe não a escutou, acreditando que fossem invencionices. Recentemente pediu que a moça relatasse em detalhes, o que a deixou em fúria com o marido, agredindo-o violentamente diante das filhas, até que a Jennifer interveio. Relatou ainda que ele tem uma amante. Creio que a aparição da amante deve ter recrudescido o ódio, que encontrou reforço na história do abuso da filha, que só recentemente desejou "escutar".

Falei com a mãe que ela devia parar, que as filhas estavam desesperadas, que ela precisava de ajuda e eu iria providenciar. Que ela devia ir à escola de Jennifer para buscar o material de estudos e favorecer que a filha concluísse o ensino médio. A mãe me ouviu, prometeu que iria parar com as discussões na frente das meninas, acalmou-se, foi à escola com Jennifer, de onde a diretora me fez uma ligação e instruiu-me sobre um atestado para que Jennifer tivesse as ausências abonadas e entregou-lhe o material de estudos, marcando a data da prova. Procurei a assistente social do SOS Brasil, que já providencia suas ações junto à paciente e sua família. E estou em busca de uma psicanalista para continuar o atendimento de Jennifer.

Depois da conversa com a mãe pude ter uma noção melhor sobre a atmosfera tremendamente tóxica em que vive toda a família. Fiquei preocupada com a presença do pai abusivo no ambiente compartilhado com as filhas menores e me perguntei se elas estariam sendo também abusadas e se não seria este um dos motivos das preocupações de Jennifer em relação às irmãs. A mãe afirmou que Jennifer tinha conhecimento do abuso da irmã e negou que as três meninas tivessem sido abusadas. Conversei com Jennifer sobre o que a mãe havia me relatado e ela confirmou que o pai nunca havia "olhado torto para ela e as irmãs". Acha que a irmã mais velha pode ter sido abusada, mas jamais presenciou algo entre eles que a fizesse suspeitar. Relatou, ainda, que a irmã teria "armado" um falso sequestro para conseguir dinheiro da família e atrair o padrasto para matá-lo, o que foi contado também pela mãe. A Jennifer contou também sobre a "outra mulher do pai", que parece ser uma pessoa "de boa índole" e que "se preocupa com as três meninas, enviando-lhes presentes".

Maria de Lourdes Negreiros Lima[8] – *Na verdade, o que eu tinha pensado em falar era sobre o material anterior, mas, assim, esse material que a gente está vendo da analista é muito emocionante e eu fiquei pensando o que de essencial a gente no SOS pode oferecer*

8 Membro efetivo com funções didáticas na Sociedade Psicanalítica de Fortaleza (SPFor).

num atendimento emergencial. Seria mais importante, e essencial, acompanhar a paciente. O que acha, Dra. Yolanda?

Dra. Yolanda Gampel – *Sim.*

Maria de Lourdes – *Lembrei daquela frase de Winnicott (1975): "Sou visto; logo, existo". Parece que essa menina foi vista pela analista. Ela proporcionou esse encontro com o novo espelho por intermédio de todo esse atendimento acolhedor. Mas me chamou atenção, também, um fato interessante, isso ainda do material anterior: quando ela pergunta à analista se ela também sofreu bullying. A analista poderia ter tido uma daquelas interpretações bem engessadas de não querer falar sobre sua própria experiência pessoal, de se sentir atacada pela pergunta pessoal, mas ela não foi por esse caminho. Ela continuou proporcionando um encontro em que se pôde realmente ter ali um objeto bem acolhedor, que a ajudasse a se ver de outro jeito. Minha pergunta é: o que vocês pensaram sobre essa saída da analista de não evitar a pergunta pessoal? Ela respondeu à pergunta e nem por isso deixou de ser analítico e terapêutico, a meu ver, era sobre isso que eu queria falar ainda referente ao material anterior.*

Dra. Yolanda Gampel – *De todas as maneiras, me parece um ponto central de todo o trabalho. Janine Puget*[9] *e eu fazemos um grupo que se chama "Um muro que cai". Vou trazer-lhes um exemplo da guerra. É exatamente o que a analista traz, como ela trata os diferentes torturados que encontraram na Suíça. Por exemplo: há um momento em que estamos em uma sessão, com o analisado e a analista, e na casa explode uma bomba. É um ataque. Nesse momento as quatro paredes de nossa sessão deixaram de ser as quatro paredes do contexto em que trabalhamos. Analista e paciente estão no mesmo mundo, com os mesmos medos e onde aí, tanto o analista quanto o paciente,*

---

9 Falecida psiquiatra e psicanalista argentina (1926-2020). Analista formativa da Asociación Psicoanalítica de Buenos Aires (APdeBA).

necessitam tratamento nesse momento, então termina a assimetria. Há uma simetria completa. Há, nessa hora de tratamento, que reconstruir o modo pelo qual se rompeu, mas a maneira que será feito é a partir dos dois protagonistas, estando no mesmo mundo, os dois com medo. No caso de um paciente contar que passou por isso em sua casa e diz que espera que não tenha acontecido em outro lugar, pois precisará chamar urgente seu filho que está nesse outro lugar, permito que chame seu filho, pois eu também quis chamar os meus filhos. Nós dois estávamos no mesmo mundo simetricamente e não na assimetria do tratamento.

Faz-se uma conversa sobre isso, como dois seres humanos. Isso foi bonito, pois extrai-se daí que foi uma conversa em que o mundo é um mundo ruim, porque quiseram que fosse assim e que todos passamos por isso. Poder aceitar isso como analista e aceitar que nem tudo vem do passado. Para essa menina vem do passado, mas tudo o que se passa não se passa somente nele; passado, se passa em todas as partes. Isso há de ser uma abertura para trazer na outra sessão todas as coisas de sua intimidade, pois a doutora não é uma doutora que vive em outro mundo intelectual/rico etc. É uma doutora que sabe que no mundo existe tudo que eu vivo. Penso que essa é a situação do Brasil, da Argentina e de Israel, cada país por suas razões. Há momentos em que se passa do assimétrico para o simétrico. Foi a grande abertura dessa menina na próxima sessão, quando traz tudo que traz, pois há uma analista que sabe o que é isso, não é uma analista que é uma senhora rica que vive não sei onde, mas sim uma analista que sabe o que ela vive.

Alicia – *Isto estaria de alguma forma contemplado no trabalho de Puget, sobre "mundos superpostos"?*[10]

---

10 Puget & Wender (1982).

Dra. Yolanda Gampel – *Exato! Neste momento estamos no mundo superposto, neste momento vivemos no mundo que existe agora, onde há bullying, guerras, violências terríveis, abusos e que não é somente de uma pobre adolescente que não sabe o que fazer e que não pode jamais digerir tudo o que está passando. Tem que se converter em um adulto para poder, rapidamente, defender suas irmãs. O que me pareceu lindíssimo é que a analista disse isso, que, todavia, ela necessita: "Você (para a mãe), é uma menina que necessita de uma mãe" e depois a analista repete a fala para a mãe da paciente.*

Retorna na próxima sessão (segunda sessão) e conversa com ela como se conversa com uma adulta. A narrativa é feita como uma adulta, fala coisas de adulta. Confio na intuição da analista depois que diz para a mãe: "Cuidado, ela é apenas uma menina, ela precisa de você", essa menina pode seguir sendo adolescente para amadurecer, mas é uma menina muito inteligente que pode ser adulta quando também é cuidada como adolescente, sendo as duas coisas.

Susana Muszkat[11] – *Queria cumprimentar a analista e agradecer a Yolanda pela visão incrível e sempre muito tocante. Eu estava pensando nessa menina e em como a própria casa dela é um lugar de guerra e de bullying. A questão da imagem corporal, a analista dá para ela um espelho, uma imagem, que vai para além da imagem corporal, porque a mãe quando a elogia fala de algo que me chamou muita atenção. A mãe fala dos peitos e da bunda e isso realmente me chamou atenção! Parece que a questão do abuso sexual e da valorização de uma sexualidade das filhas, não está só no pai, tem algo obviamente, como a analista falou, que ela preferiu não ver ao longo de alguns anos.*

Então a guerra, o abuso, o explosivo, essa questão do abuso com tantas meninas novinhas dentro da casa, é uma situação muito

11 Membro efetivo e professora assistente na SBPSP.

assustadora. Ela vive sem muros que a protejam, não tem muros de proteção entre o mundo adulto e o infantil. Depois eu acho que nessas confusões de abuso quer dizer que, por um lado, ela tenha que se proteger do pai, talvez essa ideia de que o corpo dela não atenda às expectativas masculinas de feminilidade, de beleza. Também de um jeito torto e confuso tenha de se ver a questão do pai não a escolher e ao mesmo tempo escolher fugir do abuso e atender a uma expectativa de valorização do corpo feminino pelo pai e pela mãe. Acho que é uma situação de bullying, guerra, confusão e de mundo borderline *muito preocupante.*

Marly Terra Verdi[12] – *Queria parabenizar a analista, agradecer à Yolanda por essa ajuda para pensarmos e dizer o quanto a gente verifica a importância mesma do projeto para as pessoas que são atendidas quando nos debruçamos aqui nos atendimentos. Fiquei pensando nessa questão, de adolescentes que não conseguem se inserir no mundo dos seus grupos de iguais. Isso é danoso, é complicado psiquicamente. Quando ela fala do bullying, da não aceitação, é como se voltar para dentro, para o mundo da família como uma salvação possível, e a pandemia colocou a todos presos dentro de casa, as famílias ficaram presas juntas.*

Numa família com esse grau de complexidade e de violência interna, eu penso que a bomba que ela fala, do peito que pode explodir a qualquer momento, é muito semelhante ao que está sendo vivido ali com a família inteira. E penso que isso também é perturbador porque ela não encontra paz nem no mundo externo nem no mundo interno, no sentido da dicotomia interno-externo, do mundo fora e dentro da família. Tenho observado que, para os adolescentes, o mundo fora da

12 Membro efetivo, docente e didata da Sociedade Brasileira de Psicanálise de São Paulo e do Grupo de Estudos de Psicanálise de São José do Rio Preto e Região (GEP Rio Preto).

família é mais importante que o mundo dentro da família, mas ela não tem essa saída. Eu penso que isso é uma questão bastante difícil.

Leila Lombardi[13] – *Bom, gente, além de eu estar sempre encantada com a Yolanda, que é sempre um prazer imenso, estou absolutamente encantada com a analista! Eu acho que o material dela é um encantamento, e outra coisa que eu achei muito interessante e que acho importante é como ela trabalha com o humor. A ideia de rirem juntas eu acho que as aproxima muito, criar alguma coisa leve numa situação tão complexa. Agora eu também fiquei pensando como ou quando com adolescentes a gente precisa realmente entrar com a presença dos pais? É uma coisa que é colocada. Ela lançou mão desta situação, que parece que foi muito efetiva para todo mundo, e eu acho que é uma coisa delicada porque nem sempre o paciente aceita. Eu achei que a analista foi muito operativa nesse sentido. Então aproveito para perguntar para Yolanda a respeito dessa entrada que me parece vital às vezes, ao mesmo tempo uma faca de dois gumes, porque nem sempre isso favorece o contato com o adolescente.*

Dra. Yolanda Gampel – *Vou dizer que realmente a analista trabalha com certo humor e ele é um pouco mais maníaco. No entanto, penso que ela tem uma intuição que vai além do que se pode aprender ou não, sobre quando ser mais maníaca e quando baixar o tom. É como se a analista estivesse jogando.*

Penso que uma das coisas que nós analistas não ensinamos nos seminários é como jogar, inclusive com um paciente. Saber jogar. Os analistas de crianças colocam a face para serem analistas, mas saber jogar com as ideias, com um certo humor e não estar na linha, por exemplo, não estar em uma linha kleiniana, bioniana etc. Não estar nessa linha de seriedade que necessite falar as coisas de formas

---

13 Membro efetivo da SBPCamp e membro associado da SBPSP.

protocolares. A questão com os pais do adolescente, ele não quer saber dos pais, você quer saber muito dos pais pelo adolescente e eles nos devolvem: "não, não vão saber!"; mas onde se vê que esta menina na segunda hora entrega completamente sua cara e seu corpo à analista mesmo que só por telefone e ela diz: "veja tudo que estou passando!" Então a analista está nesse lugar que, por um lado, contém toda essa coisa terrível, mas dá esperança: "deixe-me falar com sua mãe".

É como as diferentes maneiras de um bebê, por exemplo: esta manhã estava dando uma aula sobre os movimentos de um bebê com 3 semanas, com 5 semanas e depois com 6 semanas para pedir comida ou quando sente que quer algo. Observemos isso. Agora o que faz um bebê que quer comer e tem 2 semanas, como o diz? Vemos coisas interessantes, se colocarmos atenção nisso. Tem as mãos fechadas e de repente coloca as mãos no peito e trata de levantar a boca e movimentá-la, vemos como de semana a semana a comunicação se torna mais e mais arrojada.

Assim são os pacientes que vêm e trazem consigo algo que não sabem comunicar e devem aprender com o analista. Está no analista compreender aquilo que se pede, e em seguida dar sentido a esse pedido.

Eu vou falar com sua mãe que é uma mãe que deve ser muito concreta, que não vê coisas entre aspas, que não se deu conta e que não sabe o que fazer, como fazer. Agora pense um pouco sobre toda a frustração e rancor dessa menina adolescente. Como ela tem raiva, rancor, e ela espera outra família, ela quer outra família, uma família que faça com que valha a pena voltar para casa para estar junto. Então ela não tem vontade de estar em casa após tudo isso que você disse, com a pandemia e tudo.

Aqui ao final ela diz que a outra mulher do pai, que não é uma amante, parece mais que uma amante, ela diz que é uma senhora muito amável que cuida delas e lhes dá cuidados, escutou isso? Que nos cuida e nos dá cuidados quer dizer que essa senhora amante que a mãe oculta e odeia é uma senhora que dá esperança e pode cuidar das meninas enquanto a mãe não pode! Forte conflito tem essa menina!

Seguimos.

Anne Maria Pflüger[14] – *Muito obrigada, doutora Yolanda! Queria dizer que quinzenalmente eu tenho o privilégio de ouvir a analista e tenho compartilhado muitos bons momentos que foram as sessões com essa menina e outro atendimento que ela faz. Ela, para quem não sabe, é uma artista também e faz um trabalho lindíssimo! Então queria dar os parabéns a ela mais uma vez e dizer que não é fácil em tão poucas sessões colocar uma paciente em pé. Era uma menina que estava deitada na cama, já que estamos falando dessa questão corporal, e voltou a ficar em pé. A analista intuitivamente viu que não dava para interromper o atendimento em oito sessões e seguiu mais um pouquinho. Foi justamente por isso que veio toda essa história e aí ela fez essa intervenção com os pais, em que foi um pouco mais diretiva, mas acho que foi necessário, porque isso foi organizador também. Só queria fazer esse comentário, gosto muito de tê-la no meu ateliê.*

Alicia – *Eu queria falar sobre a necessidade que nós também temos, dentro do projeto, de não ter uma rigidez aprisionante, de ter uma plasticidade e de poder acompanhar a intuição dos colegas que estão atendendo, que sabem muito mais do que nós sabemos sobre os pacientes. Oito sessões é um número totalmente arbitrário. É claro que nós temos a pressão de uma lista de espera e isso nos angustia muito. Outra das questões é que durante muito tempo eu muitas vezes escutei: "o que é que vocês vão fazer em três sessões ou em oito sessões, com esses pacientes que têm uma história trágica, que às vezes não têm*

14 Membro associado da Sociedade Psicanalítica de Porto Alegre e do Grupo de Estudos Psicanalíticos de Santa Catarina (GEP-SC).

mente, que não têm recursos na comunidade, que não têm famílias que possam dar suporte psíquico etc.?"

Eu já trabalhei no hospital do SUS em comunidade e sempre me surpreendeu observar como essas pessoas procuram ajuda e como elas em pouco tempo conseguem alguma transformação. Não são os objetivos terapêuticos que nós temos em uma análise clássica, mas o pouco que nós podemos dar e que coloca esta adolescente em pé! Então nós vemos as falhas no sistema de saúde, na escola. Essas instituições nos chamam, nos convocam, nos dizem: "o psicanalista precisa estar aqui!" A analista é sensível a todas as paratransferências.[15] *Ela chama a mãe, fala com a escola, fala com quem quer que seja para poder criar esse* holding *ambiental, além da continência que ela cria na relação com a paciente. Eu acho que são casos como esses que nos estimulam a continuar batalhando para fazer cada vez melhor!*

Maria Elisabeth Cimenti[16] – *Eu queria dizer que não faço parte do programa SOS, embora as admire muito por tudo que escuto e vejo vocês trabalharem. Eu faço parte de outros projetos que estão absorvendo muito e admiro muito esse trabalho. Queria agradecer à doutora Yolanda pela sua sensibilidade, experiência, nós podemos aprender muito com tudo isso. Eu fiquei muito feliz que essa reunião seja aberta e gostaria de aos poucos me aproximar mais do SOS e falar sobre a emoção do trabalho da analista. Tenho trocas em outros espaços e sei da experiência e da sensibilidade que ela possui. Assim gostaria de fazer um elogio a ela e a este grupo por um trabalho tão importante que estão fazendo!*

Quanto ao caso, fiquei com uma questão que parece importante, porque me lembrou outro caso que atendi de um casal com um filho pequeno e que passou por uma mudança muito significativa! Era um

15 Landolfi (1989).

16 Membro efetivo da SPPA.

casal que procurou ajuda pois brigavam muito, eu fiquei me perguntando quanto também, além de todas as razões comentadas, enfim, se não havia um risco de um crime, algum ataque violento/físico entre os pais dessa menina que se assusta tanto. A todo momento ela pode estar esperando que algo aconteça. Esse casal com quem conversei, eles falavam das brigas até que o pai baixou a máscara e me mostrou uma cicatriz que deformou o rosto dele porque a esposa tinha, com uma faca, o atacado. Esse limiar é que eu acho, às vezes, difícil de determinar. É um casal que eu fiquei pensando como estão pedindo ajuda pelo medo de chegarem ao extremo de um ataque, vamos dizer, mais sério, mais grave.

Esse casal com essa mãe que obviamente é borderline *com descontroles graves e um ódio tão grande poderia vir a atuar. Eu imagino que, por isto, a analista depois trabalhou com o casal. Fico muito aliviada quando se coloca a importância do ateliê como espaço para o pensamento. Este acolhimento a essa mãe pode ter aliviado muito as tensões.*

Alicia – *Vamos seguir com as sessões porque temos pouco tempo e acho que importa ver o material clínico.*

Material clínico – Sessão: 12 de novembro de 2021

Paciente – *Olá, doutora! Estou tendo percepções sobre mim nesta última semana. Percebi, algumas vezes, que muita coisa do que está dentro de mim, do pânico que eu sinto, sabe, é porque não perdoei. Tenho dificuldade de perdoar as pessoas.*

Ouço miados de gatinhos pequenos, sinto apreensão e digo:

Analista – *Estou ouvindo miados de gatinhos que parecem criancinhas chorando?*

Paciente – *Sim, eu ganhei da minha mãe dois filhotinhos de gatos.*

Senti, com revolta, o peso da carga imposta pela mãe à filha, passando-lhe as gatinhas para cuidar. Presente de grego!

Analista – *Semana passada tu me falaste nos cães que há na tua casa; como eles se comportam com os gatinhos?*

Estou certa de que, ao saber que havia gatinhos convivendo com os cães, fiquei logo preocupada com eles e temerosa de que fossem atacados pelos cães e que assim me identificava com a Jennifer, preocupada com ela e as irmãs gatinhas soltas em meio à briga dos pais, que pareciam verdadeiros cães furiosos.

Paciente – *Meus cães parecem humanos, sabe, porque eles cuidam dos gatinhos. Quando meus cães percebem que a gente está triste e sofrendo, eles ficam atrás da gente para dar apoio.*

Analista – *Que interessante, eles acabam fazendo o que os humanos não conseguem fazer porque estão brigando como cães.*

Paciente – *É bem assim, doutora...*

Percebo que a voz de Jennifer está diferente hoje, mais alegre, diferente de todas as outras vezes, e comentei com ela.

Analista – *Jennifer, estou te sentindo mais animada hoje, com a voz mais alegre...*

Paciente – *É que eu estou mais reflexiva, porque os pânicos diminuíram e consigo pensar melhor...*

Analista – *Sim, e estavas me falando sobre a reflexão de não conseguires perdoar...*

Paciente – *São mágoas, doutora... que não consigo perdoar!*

Analista – *É, mas não se trata de mágoas que não perdoastes, mas as que ainda te ferem porque teus pais, quando ficam brigando todos os dias, como me disseste, acabam não cuidando de vocês, filhas, ao* *contrário do que fazem os cães com os gatinhos. E vocês é que precisam ser cuidadas pelos pais, não eles serem cuidados por vocês!*

Lembro-me de Jennifer "pegando" os problemas dos outros, seus pais, que, em contrapartida, não pegam seus próprios problemas, muito menos os das filhas. E nas demandas de um ambiente não continente, que exige dela "ser controladora". A cena desesperadora, para quem assiste, de uma leoa tentando salvar os filhotes do ataque das hienas, corresponde ao que senti com a notícia do presente dos gatinhos.

Paciente – *É, mas tá o contrário!* (responde ela rapidamente).

Analista – *Sim, tu cuidas dos pais, das irmãs, dos gatinhos que a mãe trouxe para tomares conta e apelaste para a vó que, mesmo morta, veio à noite ninar o teu sono. Ah, e a Nina e a Pérola, que também se sensibilizaram e se preocupam com teu sofrimento e cuidam de ti.*

Paciente – *É verdade isso que a senhora diz, doutora (parecendo dar-se conta, assim como eu, da dimensão da inversão da corrente dos cuidados). Sabe, doutora, o negócio da minha vó... ela tinha morrido e eu fiquei sentindo muita culpa por não ter feito o suficiente por ela, mas eu assisti um vídeo no Tiktok,*[17] *sobre o céu, e aí entendi. Depois que entendi como é o céu, vi como é bom naquele lugar, agora eu tenho certeza de que a minha vó tá naquele lugar e tá bem. Só aí consegui me perdoar. Cheguei à conclusão de que a minha avó conseguiu vencer, foi uma vitória que ela teve. Viver a vida dela, por completo! Ela passou por todos os sofrimentos e dificuldades, viveu todo o processo da vida e tolerou as fases ruins, porque tem gente que se mata, que comete loucuras e ela não. Deus a levou em paz e no momento certo!*

Analista – *Jennifer, tuas palavras me emocionam muito; que reflexão linda esta que fizestes!*

Jennifer ri e se entusiasma.

---

17 Aplicativo de vídeos para celular e computador.

Paciente – *Doutora, o meu pensamento flui e dá voltas como uma roda-gigante!*

Eu realmente sinto encantamento com a voz de Jennifer.

Analista – *Sim, o teu pensamento na roda-gigante, em um certo ponto consegue perceber o que acontece do alto, de um jeito mais completo... e tua reflexão parece incluir a vó como um exemplo de pessoa, que ensina a tolerar as dificuldades para poder vê-las de outras maneiras e encontrar novas soluções que não incluam matar os problemas e se matar junto. E tu, também, como a avó, tens comido o pão que o diabo amassou...*

Paciente – *Sim, doutora, mas estou levando o que acontece na minha vida como aprendizado...*

Analista – *Temos que reconhecer que tu encontraste um modo de se fazer ouvir, porque a mãe procurou o SOS e hoje estamos aqui pensando juntas sobre o que se passa contigo, conseguistes sair de casa e passar um dia nadando, ir à escola para pegar o PET de estudos e, se tudo correr bem, vais concluir o ensino médio...*

Paciente – *Eu acho que qualquer pessoa que perdeu alguma pessoa melhora tanto... a gente aprende com as perdas... o vídeo do Tiktok do céu eu gostei tanto, porque com certeza minha vó tá muito feliz naquele lugar onde ela descansa em paz!*

Analista – *Tu sabes, Jennifer, que as crianças e adolescentes frequentemente têm o hábito de se sentirem culpados pelo que acontece de mau com seus pais... e pensam que falharam ou cometeram algum erro...*

Aqui ela me interrompe.

Paciente – *Sabe por que sou muito apegada com minha vó? Vivi pouco com ela, porque quando meus pais brigavam, e eles brigam a vida toda (e ri), eu ia para casa dela e ela me dava doce, distraía minha cabeça, contando as histórias da vida dela, preparava aquelas* *comidinhas especialmente para mim... e, quando ela morreu, deixou um espaço muito grande, um verdadeiro vazio na minha vida...*

Analista – *Pois é, mas ficastes com remorsos por ela ter partido... Que interessante, mas se entrássemos mais fundo no teu pensamento e no teu coração, talvez a escutássemos dizendo para ela o contrário do que me dissestes sobre teres remorsos.*

Paciente – *E como seria, doutora?*

Analista – *Ah, seria mais ou menos assim: "minha vozinha querida, tu me valeste tanto nos dias em que meus pais brigavam, não conseguiam cuidar de mim de modo especial e eu me sentia tão desamparada! Adoçaste a minha vida com teus doces, comidinhas e histórias! Mas foi tão pouco o tempo que ficastes ao meu lado!" Sabe, Jennifer, acho que* tu *a culpaste por ter te deixado antes da tua hora, antes que tivesses podido aliviar a* tua *dor. Inclusive tu a chamastes naquela noite em que ela te colocou na cama e te acariciou. Mas não se pode contar muito com os mortos, né?*

Paciente – *Doutora, eu não tinha pensado assim, mas faz muito sentido... hoje ela tá bem no céu e eu estou aqui sentindo ainda a falta dela.*

Analista – *Claro! Inclusive eu imagino que sintas algo parecido a meu respeito, porque na última vez em que conversamos, tu lamentastes que nossos encontros teriam um fim, quando ainda te sentes necessitada de cuidados e nem sabes como se irão resolver todos os teus problemas.*

Contei para ela sobre o contato com um CRAS que atende a região onde mora, e ela me disse que fica perto de sua casa – para quem quero encaminhar a família. Citei os pontos que me chamam atenção: a mãe, que é muito nervosa, não consegue trabalhar e cuidar das filhas e da casa e precisa de um SOS para ela; falei das irmãs, que também estão nervosas e não frequentam a escola e dela mesma, que precisa concluir o ensino médio e cuidar de encontrar um trabalho, como me contou que desejava.

Jennifer me interrompe.

Paciente – *A minha mãe é muito ativa, sabe, ela faz um trabalho social grande, porque a família é do interior, gente que passa trabalho e ela providencia cestas básicas...*

Analista – *Sim, eu sei por que tua mãe me contou tudo o que ela faz... mas há um serviço social que ela não está conseguindo fazer, que é o da casa de vocês e com as pessoas que moram aí; outro dia me disseste que até comida faltava... e tudo isto tem te sobrecarregado, quando não é tua função e sim da mãe e do pai!*

Paciente – *É, a minha mãe não faz o serviço social de casa, o tema de casa... (risadinha). Mas, doutora, eu queria dizer que, desde a última vez que conversamos eu e você, muita coisa fluiu e eu queria contar... pararam as brigas aqui em casa e não tem tido discussão forte, depois que a senhora falou com minha mãe. Só umas briguinhas que vêm e passam... Outra coisa é que estou estudando o PET todos os dias e acho que vou conseguir fazer as provas e terminar... tô fazendo o possível pra estudar tudo. Também tem a "cesta básica" daqui de casa, pois ajudei meus pais a arrumar as contas; escrevemos as contas no papel para ver o que devemos e vamos pagando de pouquinho em pouquinho...*

Analista – *Que maravilha, Jennifer! E eles não brigaram nesta hora?* (rindo).

Paciente – *Doutora, falei com voz firme! Parem de brigaiada vocês aí! Bota as contas no papel e vamos ver como administrar! E eles me escutam e ficam quietos! Quando entra um dinheiro eu vejo o que tem que pagar, eles pagam e aí vejo quanto sobra para a comida! Aí tem conta paga e comida!*

Analista – *Jennifer, estou rindo sem parar aqui, que contente estou de incluir mais um elemento no teu mapa, guria! Tu analisaste o problema! Conciliadora! Mediadora de conflitos! Pacificadora! Líder de grupo! Impressionante!*

Paciente – *A que bota ordem no chiqueiro!*

Analista – *Hahaha!!!! Ordem no chiqueiro, que interessante... porque a casa virou chiqueiro, deixa eu pensar aqui... Chiqueiro é onde os porquinhos fazem xixi, cocô, misturam comida com todos os restos e ficam pisando em cima e é aquele fedor! (O nariz de Jennifer é grande e capta todos estes cheiros ruins...). Tua casa vira um chiqueiro porque todas as raivas, tristeza, brigas, assuntos sérios e não sérios se misturam e os pais, em vez de limpar, sujam mais ainda! E tu disseste: "Vamos parar de jogar as sujeiras para fora e vamos pensar!!!". Tu te transformastes na economista da casa, Jennifer! Em todos os sentidos!*

Paciente – *Sim, doutora, eu sou muito economista... Sei guardar dinheiro, às vezes acho até que sou egoísta, me previno muito antes de gastar e penso em todas as circunstâncias...*

Analista – *Genial, guria e funcionou! Parabéns!* (Eu estava me sentindo muito contente na sessão). *Só imagino como ficaste feliz, porque tu sabes te fazer ouvir!*

Paciente – *Sim, doutora, acho que sei. E tem mais, consegui arrumar um serviço, um estudo para minha irmã de 12 anos! Tenho uma tia que é parente da minha mãe, que é diretora de teatro e consegue mandar gente até pra TV, porque tem contato com produtores de grande porte, conversou com diretores da Globo e da Record e precisava de atores para ensinar. Falei para minha mãe conversar com a tia, porque a minha irmã é muito bonita. É branquinha com traços de negra, tem lábios carnudos, bem desenhados, cabelo tipo afro cacheados e cheios, tem um nariz grandinho que esconde com a cor da pele, ela é uma beleza diferente.*

Analista – *Fiquei pensando que tu também és de uma beleza diferente, própria, tua e única!*

Paciente – *Obrigada, mas vou continuar. A tia quer treinar a minha irmã para fazer teatro e até a colocou para fazer lives*[18] *com a diretora da Record, que está treinando minha irmã. Ela está lendo bastante e, se Deus quiser, vai dar tudo certo.*

Analista – *Jennifer, tu és uma caixa de surpresas de onde estão emergindo muitas capacidades e o teu mapa está cada vez mais complexo!*

Jennifer ri, animada, e diz:

Paciente – *Só de ver que minha irmã está ocupada e as contas encaminhadas, eu já me sinto melhor... agora só estou preocupada com minha irmã pequena.*

Analista – *É, Jennifer, mas este não é um problema com o qual tu tenhas que te ocupar, embora te preocupes e com razão. A tua irmã precisa frequentar a escola e cabe aos pais providenciar isso. E tua mãe precisa de atendimento, ter alguém com quem conversar para poder cuidar disso.*

Paciente – *Mas eu estou conversando com minha mãe, eu a acalmo.*

Analista – *Tu és uma filha dedicada, mas é a mãe que precisa ter alguém, para que tu possas cuidar da tua parte, que é terminar o Ensino Médio e buscar os teus sonhos...*

Paciente – *É, eu sou um produto multiuso* (e ri), *sou mãe, sou pai, sou psiquiatra, economista... é muita coisa para mim...*

Analista – *Claro que é muito e, por essa razão, estavas implodindo em ataques de pânico!*

---

18 Transmissões de vídeo ao vivo/simultâneas ao acontecimento.

Paciente – *Ontem a gente foi à cidade, fomos num forró... e eles conseguiram ficar no mesmo ambiente, mas não sei quanto tempo isso pode durar...*

Analista – *Bem, estamos na hora, vou conversar mais uma vez contigo para te falar sobre os contatos que eu fiz com o CAPS, ok?*

Paciente – *Doutora, se tudo der certo como eu imagino, vou voltar a ter consultas com você. Sou muito grata por isso que você fez comigo. Você me ajudou muito! Estou finalmente tentando resolver e montar o meu quebra-cabeças de mil peças! Um dia vai dar tudo certo e vou lembrar de cada pessoa que me ajudou nesse momento difícil. Vou lembrar de você e vou te achar onde você estiver!*

Depois desta sessão tivemos outra para eu passar o nome da assistente social e enumerar os problemas que, a nosso ver, seriam alvo de cuidados. A ideia de viver sofrendo e suportando, não tolerando os sofrimentos, e só após a morte gozar a paz do céu Tiktok, ficou pairando meus pensamentos.

Falei para Jennifer que ela tem a ideia de viver mal e sofrendo, para só então ganhar a paz no céu Tiktok, como a avó, mas que podíamos pensar em outras. Podemos pensar em viver bem, já, e o melhor possível, analisando os problemas e buscando soluções possíveis aqui na terra, no chão em que vivemos. E deixar a morte para o final.

Alicia Lisondo – *Quero só comentar sobre a participação do "Eixo Corpo" coordenado por Cláudia e Tadeu, em que temos uma assistente social maravilhosa que nos ajuda a encontrar os recursos possíveis dentro das comunidades, entre outras coisas.*

Dra. Yolanda Gampel – *Um trabalho muito bonito da analista com essa menina. Tudo que se abre desta adolescente é incrível, de uma grande profundidade, e sabemos que antes estava tudo completamente ocupado, tinha uma pança/barriga que estava inflamada e que agora* *tudo surge como coisas correntes. A única coisa que queria perguntar para a analista é: por que você falou de perdão? O que pensa?*

Analista – *Porque ela disse que não conseguia perdoar. Ela se sente culpada.*

Dra. Yolanda Gampel – *Isso eu entendi, você pensa que já tem que perdoar? Que ela não sabe perdoar ou não quer?*

Analista – *Ela disse que não sabe perdoar, que não consegue perdoar e me ocorreu como se fosse um defeito, um erro dela.*

Dra. Yolanda Gampel – *Há coisas que não se podem perdoar. O que ela disse é algo muito interessante que diz da vida, que não há perdão, que não se pode perdoar como diria a filosofia, e que o único que se pode perdoar é perdoar a si mesmo. Nós podemos nos perdoar a nós mesmos, perdoar o outro é impossível!*

Analista – *Foi o que eu disse, eu acredito ter dito que ela não podia perdoar porque ainda sofre cotidianamente/diariamente maus-tratos que não podem ser perdoados, que a magoam permanentemente. Não há que perdoar, ela está sendo massacrada ainda todos os dias pelos pais, pelas brigas. Não sei se ficou claro isso.*

Dra. Yolanda Gampel – *Você traz de uma forma muito linda, traz como um "chiqueiro". Foi bonita a forma da interpretação com a qual a analista diz disso, sobre o que é o chiqueiro, todos os pensamentos, tudo que os pais tiram dela. Boa a interpretação que ela teve. O chiqueiro é aquilo que ela sente dentro; para mim não há perdão. Ou seja, sentir a dor impossível do que passou. Não se pode perdoar.*

Analista – *Foi entendido de outra maneira?*

Dra. Yolanda Gampel – *Não, escuto você e leio a tradução e às vezes me perco. Pensei que você tinha dito que ela podia perdoar, como dizendo que... penso que se perdoar tudo passa.*

Analista – *Não é que não possa perdoar. Como perdoar se, todavia, e sempre, dia e noite estão sendo massacradas pelas brigas dos pais? Não é uma questão de perdão. É um massacre atual e presente nesse sentido.*

Alicia – *Parece que o que a Dra. Yolanda disse tem a ver com o tempo, não se trata de nesse momento ela seguir na guerra dos pais. Ela está dizendo algo muito mais profundo que tem a ver com a essência de toda a vida e diz: "Há coisas na vida que não se podem perdoar, nem agora nem nunca". O perdão passa pelo percurso interior de cada um poder se perdoar, mas há situações sociais, políticas, por exemplo, ou familiares, que não é possível perdoar. Nem agora nem mais tarde, não são dignas de perdão.*

Analista – *Entendi e estou de acordo!*

Dra. Yolanda Gampel – *Essa menina/adolescente de 18 anos disse coisas muito boas, as quais a analista aplaude com todo o coração. Que linda a maneira como o faz! Esta menina percebe, por meio da analista e do trabalho realizado, que, se ela não tomar a bandeira na mão e disser aos pais, não vai acontecer nada. Aí ela pode perdoar-se porque ela fez algo para que isso não tornasse a suceder. Bonito. Estamos terminando, certo? Eu quero dizer algo...*

Alicia – *Queremos dizer que não temos palavras e esperamos o último encontro com você no dia 12 de dezembro, quando vamos apresentar uma paciente adulta do Eixo IV. Já apresentamos um bebê, uma criança, uma adolescente e falta o último dos Eixos.*[19]

Dra. Yolanda Gampel – *Eu vou querer que vocês me apresentem um idoso também!*

---

19 Neste momento o Projeto SOS Brasil ainda não contava com um Eixo V, voltado ao atendimento das instituições em pleno funcionamento. Contudo, diante das solicitações recebidas foi necessário estruturar e acrescentá-lo ao projeto.

Alicia – *Teremos um outro Eixo que está se iniciando e será coordenado pela Regina, que vai ser destinado a instituições, pois escolas, hospitais e UTIs*[20] *nos pediram ajuda. Então deixamos aqui!*

Dra. Yolanda Gampel – *Foi muito comovente o que a analista trouxe, humana e psicanaliticamente. Quero dizer algo que me atravessou. Na última parte, eu pensei no ponto da esperança; nós não temos nenhum trabalho em análise, pelo menos que eu conheça, sobre o que é psicanaliticamente a esperança? Aqui nós vemos como a analista, por meio de todo seu trabalho, deu a essa menina o ponto da esperança, é um ponto para trabalhar e pensar, pois não está pensado psicanaliticamente. A esperança no trabalho psicanalítico não pode se limitar ao desejo ou não desejo, pois se há uma utopia na esperança é uma utopia porque não são coisas que podem acontecer. Nós temos, como psicanalistas, que aprender a ser um* holding *desta utopia. Assim penso com base no que escutei, que a analista é um* holding *dessa esperança que ela tem na menina. Com sua capacidade lúdica, passou à paciente essa esperança na vida. Esperança de que a subjetividade humana contenha algum potencial para esperar algo melhor da nossa existência, eu diria que vocês estão fazendo um trabalho ao pensarem nisso psicanaliticamente.*

Referências

Landolfi, P. (1989). *Interrupção do processo em psicanálise de crianças: o problema das paratransferências.* Trabalho apresentado na Associação Psicanalítica Argentina, Buenos Aires.

Puget, J. & Wender, L. (1982). Analistas y pacientes en mundos superpuestos. In J. Puget & L. Wender, *Psicoanálisis*, *4*(3), 503-521.

---

20 Unidade de tratamento intensivo.

Winnicott, D. W. (1994). O jogo do rabisco. In D. W. Winnicott, *Explorações psicanalíticas*. Artes Médicas Sul.

Winnicott, D. W. (1975) O papel de espelho da mãe e da família no desenvolvimento infantil. In D. W. Winnicott, *O brincar & a realidade*. Imago.

9. Oito encontros... alguns desencontros

Eixo IV – Adultos, pais, profissionais de saúde, de educação e do Poder Judiciário

Reunião Científica do Projeto SOS Brasil em 20 de novembro de 2022, supervisionada pela Dra. Patrícia Schoueri.[1] *Trata-se de trechos de três atendimentos a partir dos quais é possível pensar no tempo e no ritmo das três a oito sessões que são contempladas nos atendimentos do Projeto SOS Brasil.*

1 Mestre e doutora pela Faculdade de Medicina da Universidade de São Paulo (USP). Coordenadora do grupo psicoterapia breve de orientação analítica do serviço de psicoterapia do Instituto de Psiquiatria do Hospital das Clínicas. Membro associado da Sociedade Brasileira de Psicanálise de São Paulo (SBPSP).

Questão inicial

Como imaginamos ou "desejamos" que seja a pessoa que procura o SOS Brasil? Se a psicanálise, a princípio, é um processo que não supõe tempo predefinido de atendimento, como esta proposta de três a oito sessões repercute na transferência e contratransferência? Para dar forma a essa discussão, escolhemos apresentar um resumo de três situações com tempos e ritmos de atendimento diferentes.

Caso 1: Eliza[2]

É um caso com um perfil um pouco diferente do esperado, o qual me propôs vários questionamentos, contratempos/ruídos. Eliza é estudante da área da saúde, tem 26 anos, residente no Sul do país.

Quando sugeriram no grupo que apresentasse este caso, minha primeira reação foi recusar, pois não tinha nenhuma sessão "estruturada". Como iria falar de uma paciente com tantas faltas? Por fim, achamos interessante trazer alguns questionamentos que surgiram nas discussões do grupo, além da minha expectativa, decepção, incômodo durante o período desse atendimento, ou seja, a "vulnerabilidade" do analista.

Nossos primeiros contatos

Mandei uma mensagem para Eliza apresentando-me e sugerindo um horário para conversarmos. Ela não demorou a me responder, mas não foi fácil encontrar um horário compatível para o atendimento. Quando conseguimos marcar, ela disse que estaria na casa do seu patrão.

2 Nome fictício.

Eu pergunto se ela conseguiria ter privacidade no horário de seu trabalho, falar à vontade, sem ser interrompida. Ela me responde que sim e que trabalhava junto com sua mãe. No dia do atendimento, eu mando uma mensagem:

Analista 1 – *Podemos começar?*

Ela não apareceu durante a sessão e no final do horário eu escrevo:

Analista 1 – *Aguardo seu contato para marcarmos um novo horário.*

Ela me responde:

Paciente – *Oi, perdão. Agora que peguei o celular. Podemos marcar para amanhã? Ou hoje final da tarde?*

Marcamos mais uma sessão com certa dificuldade de encontrar um horário, mas houve outra falta. Logo neste início, já fiquei um pouco irritada com a situação. Parecia que ela achava que eu estava à sua disposição! Como se fôssemos um serviço disponível 24 horas. O que ela estava buscando? Qual era sua demanda tão emergencial que era tão difícil encontrar um horário e que, quando marcava, faltava?

Após tantas marcações e faltas, minha vontade era devolver a ficha, pensando em qual era realmente o desejo dela de ser atendida. E os outros pacientes que estavam aguardando na fila? Questionei-me sobre de quem seria o desejo do atendimento. Meu ou dela?

Após a segunda falta e diversas mensagens trocadas, perguntei se ela ainda tinha interesse em ser atendida. Ela disse que sim e eu fui mais enfática na minha mensagem, querendo mostrar, de alguma forma, que não era tão fácil assim: marca e desmarca.

Analista 1 – *Prefiro marcar um horário que realmente você possa falar. Não tenho tantos horários disponíveis.*

Eu já parto para o primeiro atendimento irritada. Antes de atender, levei este caso para o grupo, conversamos sobre outras pacientes que têm chegado ao SOS com o mesmo perfil. Chegavam sem uma demanda tão emergencial, sem a menor ideia do que é um contexto analítico, com os atendimentos sendo feitos sem privacidade. De qualquer modo, cabe a nós darmos os contornos que viabilizam o atendimento, e aprendermos a nos mover dentro de espaços tão diferentes do tradicional consultório.

Pensamos também qual a transferência que esses pacientes acabam tendo com o SOS, por ser um atendimento sem custo. O fato de ser gratuito traria uma maior despreocupação?

Outro ponto importante sobre o qual conversamos foi o cuidado que devemos ter para não entrar na pressão da fila de espera: uma vez iniciado um atendimento, devemos nos debruçar no caso, esperando o tempo dele.

Primeiro atendimento (após quinze dias do meu primeiro contato)

Neste primeiro atendimento, ela conta que soube do serviço por uma amiga que já tinha sido atendida no SOS. Menciona que procurava atendimento psicológico há algum tempo, mas não conseguia vaga no serviço público. Refere que suas questões são antigas e que vem lidando sozinha com as dificuldades. Atualmente, ainda está esperando vaga para atendimento, mas quando soube do SOS logo se inscreveu.

Conta, com muito sofrimento, que perdeu uma filha logo ao nascer, há dois anos. Entrou em trabalho de parto com 40 semanas. Ela e a criança estavam muito bem, mas no hospital insistiram em fazer parto normal e acabou demorando muito para a criança nascer, o que desencadeou problemas no bebê. Ela deixa claro que foi um erro do hospital.

A perda foi em setembro, e em dezembro estava novamente grávida. Com 3 meses de gravidez, o marido se separou dela. Ficou muito deprimida, não tinha de onde tirar forças. Nem teve tempo de viver "o luto". Teve que continuar estudando, trabalhando para sustentar sozinha seu filho que estava para nascer.

Mora com a irmã e seu filho de 2 anos. Estuda enfermagem e trabalha ajudando a mãe com faxinas. Ajuda a mãe para agilizar o trabalho, assim à noite a mãe consegue ficar com seu filho para que ela possa estudar.

Analista 1 – *Uma menina muito esforçada, penso...*

Percebo que está muito cansada e que, com a vida corrida, acaba não se permitindo parar para se cuidar, para sofrer. Identifiquei uma demanda para tratamento, uma necessidade de falar da dor que a sufocava. Não é um caso com uma situação de urgência, mas algo emerge ao receber essa indicação da amiga. Uma questão antiga que surge ao ter a possibilidade de ser acolhida.

Ao ouvir sua história, seu sofrimento, vi o quanto devia estar sendo difícil falar dessa dor tanto tempo silenciada. Novamente despertou em mim o interesse de ajudá-la, possibilitando um espaço de escuta e acolhimento. Após este primeiro atendimento, as faltas continuaram mesmo marcando nos dias e horários sugeridos por ela. Novamente ela se esquivava... Talvez um movimento de fuga de entrar em contato com questões que estavam há tanto tempo abafadas.

Chegamos a conversar no grupo (o ateliê do Eixo IV) que essas faltas deveriam ser contadas como atendimentos e falar sobre isso com ela. Assim foi feito, mas continuava difícil conseguir uma sessão inteira com ela. Chegava atrasada, entrava nos últimos minutos. Fizemos uma sessão com seu filho presente. Quase não conseguia falar comigo, seu filho nos interrompia, ela o apresentava a mim, sendo carinhosa com ele, mas não conseguia falar de si mesma.

Durante o período no qual a estava atendendo, ela terminou a faculdade e supostamente teríamos mais tempo para nossos encontros. Mas isso não aconteceu, pois as faltas continuaram. Falava de uma obra que estava fazendo em sua casa e que estava ocupando seu tempo agora.

De que tempo estava falando? Tempo de que e para quem? Parece que fazer a obra interna estava sendo difícil demais, não tendo disponibilidade para mexer nessas questões tão sofridas. Contando com as faltas já estávamos nos aproximando do 8º encontro. Após mais duas faltas, conversamos sobre sua demanda naquele momento. Ela dizia estar bem comparando com o início do nosso trabalho, como se não precisasse mais dos nossos encontros. Ela percebia que sua questão não era emergencial e que poderia aguardar sua vaga para o atendimento psicológico. Conversamos sobre outras possibilidades de atendimento, que ela poderia procurar em sua cidade (universidade, hospitais) pois ela parecia continuar interessada em ir em busca de tratamento.

Valeu a pena? Sim, valeu! Com a ajuda do grupo e me descolando da minha irritação/mal-estar e sentimento de desprestígio do meu trabalho, pude olhar além, conectar-me com uma menina sofrida que estava precisando de ajuda e não tinha condições psíquicas, naquele momento, de se aprofundar em uma reflexão. Acredito que, apesar dos nossos poucos encontros, pude ajudá-la a seguir em frente, a construir sua "casa" com os materiais acessíveis a ela, e a manter viva a vontade de iniciar um tratamento futuro. Pude colocar um "band-aid", dar um alívio inicial, uma certa "proteção", que evidenciou ainda mais sua ferida e pôde despertar para uma busca mais ativa de um tratamento mais duradouro.

Caso 2: Sônia

Este é um caso que, a nosso ver, pareceu corresponder à ideia do trabalho proposto pelo SOS. Sônia, 51 anos de idade, procurou o atendimento no SOS indicada por uma amiga psicóloga e colega de trabalho, em junho de 2022. Ela é auxiliar de enfermagem, e trabalham juntas em um posto de saúde. Vive em uma cidade pequena do interior com cerca de 9 mil habitantes. Residia com seus pais, uma irmã mais velha e sua filha de 16 anos de idade.

Quando fiz o contato inicial, mostrou-se muito disponível com os horários e interessada em conversar. Logo de início, chamou atenção como, verbalmente, ela se expressava bem, descrevendo-me situações de perdas dramáticas em todos os seus detalhes.

Contou-me que em março de 2021 a mãe, que estava em tratamento quimioterápico para um câncer, contraiu Covid. Poucos dias depois a mãe faleceu, após contaminar todos os membros da família. O pai morreu alguns dias depois da mãe e a irmã mais velha também faleceu após algumas semanas. Sônia e a filha tiveram Covid, mas evoluíram bem.

Sônia ficou muito abalada com essas perdas, passando por momentos muito depressivos por cerca de seis meses, quando começou a namorar um homem com quem foi estabelecendo uma relação estável. No entanto, em março de 2022, o namorado contraiu uma dengue grave. Ela o levou à emergência, onde ele apenas foi medicado e orientado a retornar para casa. No caminho de casa ele faleceu em seus braços. Ficou muito impactada com mais essa perda e recolheu-se em sua casa, só saindo para trabalhar. Algumas amigas procuraram por ela, mas não conseguia receber ninguém, nem sair. Emocionou-se muito na sessão ao contar-me da morte do companheiro. Chorava muito sozinha em casa e procurava evitar que a filha a visse naquele estado.

Na sessão seguinte começou a trazer material relacionado com a filha. Contou que a filha tinha começado a namorar um rapaz um pouco mais velho e que era de uma família com um pouco mais de recursos, pois tinham até carro. A filha começou a sair muito com o namorado nos finais de semana, ficando muito na casa dele. Ela estava preocupada, pois achava que o rapaz só queria aproveitar-se dela, mas descrevia que a filha estava bem satisfeita com o namoro. Após meu pedido por mais detalhes sobre essa situação, revelou que se sentia muito só nos finais de semana sem a filha, e até se irritava por deixá-la só. Lembra que ela mesma era uma filha muito dedicada aos pais, e não se sente acolhida do mesmo modo por sua filha.

Na terceira sessão comentou que estava se sentindo melhor e gostando de conversar comigo. Lembra que era obesa e fez uma cirurgia bariátrica há cerca de vinte anos, o que mudou sua vida, deixando-a mais satisfeita com seu corpo, sentindo-se mais valorizada. Entretanto, começou a apresentar uma espécie de anemia nos últimos anos, mas não sabe se tem relação com a bariátrica. Precisa fazer tratamento clínico constante para essa anemia e, para isso, viaja para uma cidade próxima. Investigo sobre centros de atendimento psicoterápico nessa cidade maior, e ela diz conhecer. Digo-lhe que talvez ela vá precisar de um atendimento mais prolongado depois de nossas sessões, pois tem muitas situações difíceis para enfrentar. Informo que vou tirar férias de três semanas em julho, e marco a próxima sessão para agosto. Ela diz que vai sentir minha falta.

Na quarta sessão, ela me diz que está melhor. Pela primeira vez nos últimos meses resolveu aceitar o convite dos colegas de trabalho para uma *happy hour*. Eles saem todas as quintas, depois do trabalho, para tomar cerveja em um boteco. Ela gostou de ter saído e diz ter-se divertido. Contou-me também que está se sentindo sobrecarregada em seu trabalho, pois faltam técnicos e os poucos que restam ainda têm que fazer a faxina do posto de saúde. Agora escrevendo, penso que pode ser uma alusão às minhas férias e ao fato de eu estar planejando encaminhá-la para outro serviço, deixando-a sobrecarregada, tendo que fazer a faxina sozinha.

Alguns dias antes de nossa quinta sessão, envia-me uma mensagem: "Gostaria de avisar que acho que irei parar com as sessões, se quiser colocar outra pessoa no meu lugar... desculpa alguma coisa e obrigada por tudo". Respondo que poderíamos conversar sobre isso no nosso horário marcado, mas ela não responde mais. Ainda tento chamá-la no horário combinado, mas ela não atende.

Discutindo em nosso grupo, ficamos com a impressão de que ela se reequilibrou com as sessões, reconheceu a necessidade de dar continuidade ao seu tratamento em outro local. Além disso, impactada com as minhas férias, que parecem ter representado mais uma perda nesse mar de perdas, optou por encerrar seu atendimento no SOS. Pensamos ainda que o limite de oito sessões poderia ser vivido como outra quebra sobre a qual ela não poderia ter nenhuma ação. Dessa vez, ela tomava a iniciativa de fazer o corte: ela se desliga antes de ser desligada do dispositivo.

Alicia Lisondo[3] – *Seria bom conversarmos sobre estes dois casos antes de seguirmos.*

Na primeira situação, pareceu-me que Eliza estava colocando em cena toda a desconfiança que ela teria de uma equipe de saúde, porque ela perdeu uma filha e tem convicção de que isso foi devido a um erro da equipe médica. Então de que forma ela se aproxima de alguém que representa a saúde, sabendo que houve uma situação tão trágica em sua vida? Ela vai, não vai, sabe que precisa, quer e não quer, em uma atitude totalmente ambivalente com dificuldades para essa entrega.

3 Analista didata e docente da Sociedade Brasileira de Psicanálise de Campinas (SBPCamp) e da SBPSP. Analista de crianças e adolescentes pela International Psychoanalytical Association (IPA).

Que bom que a analista teve a paciência e a continência do grupo para reconhecer a irritação e usá-la a serviço do trabalho/paciente.

Raya Zonana[4] – *Acho que uma das coisas que pensamos nesses casos, e neste caso em particular, foi o propósito e as condições que o projeto tem para lidar com uma demanda que era colocada dessa maneira. Penso que Patrícia poderia nos ajudar nesse sentido, a partir da sua experiência com psicoterapia breve.*

Dra. Patrícia Schoueri, analista convidada – *Acho que posso começar dizendo que, de uma maneira geral, os pacientes foram muito bem atendidos e bem conduzidos. O que me parece é que é importante trabalhar de forma um pouco mais organizada/direcionada, levando em conta que se trata de uma terapia de tempo curto.*

Ela vai exigir um setting *um pouco diferente e, ouvindo de vocês, pensei que talvez de primeira mão pudéssemos pensar em uma questão institucional. Acho que o SOS Brasil corresponde a uma instituição, então é algo a considerar, porque, como o tempo proposto para o trabalho é muito curto, os pacientes se ligam ao terapeuta, mas também poderiam ligar-se ao projeto. Assim o profissional não se confundiria com o projeto. Isso favoreceria os atendimentos, trazendo um pouco mais de liberdade para os dois lados. Muito da demanda que recai no atendimento poderia cair no projeto.*

No Hospital das Clínicas[5] *(HC), onde eu trabalho, a situação é diferente. Durante a pandemia, organizamos um projeto chamado Com Você, que oferecia quatro sessões de psicoterapia para todos os funcionários que se interessassem. Vocês estão em outro caminho que amplia a questão além da pandemia, em um projeto para questões mais genéricas do sofrimento psíquico, não tão focado em um contexto de crise breve.*

---

4 Membro efetivo e docente do Instituto Durval Marcondes da SBPSP.

5 Hospital das Clínicas da Faculdade de Medicina da USP.

No HC nós trabalhamos com 24 sessões, eventualmente doze sessões, quando temos uma situação de crise. Temos a questão institucional e dentro dela temos a triagem dos pacientes. Quem tria os pacientes não é o mesmo profissional que os atende, são pessoas diferentes. Normalmente quem realiza a triagem sou eu ou um dos residentes de quarto ano (R4) e depois, ainda durante o processo de triagem, eu aviso que depois de terminada a terapia, em um prazo entre três a seis meses, nós iremos chamar o paciente para saber como foi a terapia, conferir como ele está e, eventualmente, dar algum encaminhamento. Acho que isso já circunscreve bastante. Talvez falar um pouco do processo de triagem pudesse ser interessante.

Quando li os casos que acabaram de apresentar, pensei um pouco sobre começar falando da crise, pois acho que o SOS nasce da situação de crise para depois poder ampliar sua atuação. Eu acho que a situação de crise favorece muito um trabalho circunscrito, porque ela já coloca uma questão real, o que chamamos de "foco", ou seja, traz em si um recorte na psicodinâmica daquilo que o paciente apresenta de forma emergencial. Já está ali posto por ele, então essa é uma parte do trabalho que está feita! O que nos cabe quando há uma crise instalada é fazer o atendimento com alguma especificidade: ouvir as questões do paciente vinculadas à crise do momento e a que essa crise se refere enquanto circunstância, digamos, traumática ou passada, e fazer a ligação destes aspectos com a condição do término. Sempre. Quando trabalhamos com o tempo limitado, o tempo já traz a realidade, o tempo de certa forma é a realidade posta. Ao ser limitado, já institui a falha. Então estamos trabalhando com a ideia de uma falha que deve ser vista de uma forma ampla. Pode ser uma separação, pode ser uma perda, pode ser uma limitação, uma morte, em suma, já sabemos que o trabalho se dará sob essa perspectiva, e é ela que vai estar em pauta o tempo todo. Começamos assim um trabalho.

Desde o começo está dito que é algo limitado, que não tem uma superfície ampla. Nós devemos limitar também nossas aspirações terapêuticas, não só as do paciente. É uma limitação para ele e para nós. Ao escutar o que emerge, por que a procura, tentamos ligar a experiência emocional daquele momento com as situações do passado que, de alguma forma, vamos tentar favorecer que surjam. Nessa entrevista fazemos algumas interpretações como teste. Podemos pensar o primeiro caso apresentado aqui, voltados para esta ideia. Imaginemos que o primeiro caso fosse uma entrevista de triagem. Acho que foram tantos desencontros, mas dela poderíamos tirar um eventual foco.

Susana Muszkat[6] – *Queria fazer uma pergunta antes de continuarmos: você diz que, depois dos três ou seis meses estabelecidos, a entrevista que será feita no final é novamente com quem realizou a triagem como uma espécie de* follow up/*acompanhamento do trabalho feito? Porque, dessa forma, configura-se mesmo um* setting *bem delimitado e a transferência institucional fica mais presente do que aquela com o analista em si.*

Dra. Patrícia Schoueri – *É isso mesmo! É uma tentativa de descolar um pouco, senão fica tudo muito em cima do analista e é muita coisa. Acho que temos também uma questão ética posta. Porque de alguma forma nós acolhemos os pacientes, oferecemos alguma coisa e depois não é como se eles estivessem soltos. Nós estamos ali para ouvir novamente, tentar ajudar se for preciso. A nível de saúde pública, temos a possibilidade de que as pessoas possam procurar o serviço quando necessário, então pontualmente durante a vida elas têm uma referência sobre a atuação. Isso no HC. Talvez no SOS possamos pensar algo a respeito.*

Susana – *E isso está muito relacionado com o que será apresentado no Caso 3.*

6 Membro efetivo e docente da SBPSP.

Dra. Patrícia Schoueri – *Acho que sim.*

Analista 1 – *Você foi falando e eu realmente fiquei pensando que nós acabamos fazendo essa divisão, mas tudo recai no analista, no início, logo na primeira sessão, eu já coloquei essa limitação sobre o tempo. Falo disso e, no final, atendi cerca de quatro ou cinco pacientes e os encaminhei, todos acabaram recebendo algum encaminhamento porque, na verdade, eu fico me questionando sobre qual é esse perfil do paciente para nós. Não só nesse caso, mas os outros pacientes que eu atendi no SOS também não foram pacientes com alguma urgência, algo pontual. Essa paciente trouxe algo que aconteceu há dois anos, então o que é emergencial, o que seria essa urgência da qual estamos falando? Por isso, quando comentei sobre o caso, se não há uma urgência, mas algo emerge diante da possibilidade de um atendimento/ajuda uma questão surge no paciente. Eu já atendi uma paciente cujo caso não era para uma terapia de oito sessões, identifiquei que ela teria de ser encaminhada. Como trabalhar de forma breve com casos que logo no início você identifica que não seriam para uma questão tão pontual/emergencial, mas para serem atendidos de uma outra forma?*

Alicia – *De todas as formas, parece que alguns casos ficam muito claros, tanto sobre o tempo, quanto se há uma dor profunda e uma demanda que talvez nem seja reconhecida, devido às dores que isso trazia. Vamos dizer que, sem dúvida alguma, a paciente estivesse inundada de uma dor que, no encontro, permitiu que você pudesse trazê-la à superfície e ser nomeada. Qual é a demanda? Tinha uma demanda? Sem dúvida!*

O que acontece é que talvez fosse difícil para a própria paciente reconhecê-la. Também existe algo aí que seria o nosso ideal e da realidade em que nós nos encontramos, pois ela não teria nenhuma obrigação de saber o que é psicanálise, setting *e frequência. Justamente, você mesma diz "somos nós que temos que criar os contornos". Parece-me que essa é uma questão fundamental! Nós não queremos impor a este paciente um know-how que temos e que seria nossa ferramenta de trabalho. O paciente vai vir a descobrir junto conosco, se chegarmos nesse nível.*

Leila Lombardi[7] – *Eu acho que a Patrícia apontou uma importante questão do início do nosso projeto. Tínhamos um foco definido, ou pelo menos oferecíamos isso, éramos um SOS ligado à pandemia/ Covid-19. No momento em que ampliamos a atuação, não temos mais um paciente desejado/modelo, pode surgir qualquer coisa. Eu acho que isso muda completamente a oferta, por assim dizer. Tanto que a pergunta do grupo é "qual o paciente que desejamos?" Acho que sem dúvida nós temos que levar isso em conta, porque o que eu percebo é que ficamos muito frustrados ao perceber que é muita demanda e que nós podemos oferecer muito pouco. Temos a urgência de procurar e dar uma continuidade. Acho que isso nos ajuda a pensar um pouco sobre essa questão, como estamos fazendo aqui com Patrícia. Isso esclarece muito e nos ajuda a lidar com aquilo que nós podemos oferecer e com a frustração diante do que é possível.*

Marly Terra Verdi[8] – *Do meu ponto de vista, essa primeira situação que nós estamos discutindo demonstra imediatamente um aspecto transferencial. Uma pessoa que procurou a saúde pública e teve que esperar, e por esperar demais veio a perder uma filha. Eu penso que ela colocou o analista para esperar logo de cara, vivendo essa situação imediatamente na contratransferência. Acho que é importante considerar isso.*

Dra. Patrícia Schoueri – *Eu vou ler o caso 1 como se fosse uma entrevista de triagem.*

A analista diz para a paciente, logo de início, que seriam poucas sessões. A Marly notou o quanto transferencialmente isto já implica

---

7 Membro efetivo da SBPCamp e membro associado da SBPSP.

8 Membro efetivo, docente e didata da SBPSP e do Grupo de Estudos de Psicanálise de São José do Rio Preto e Região (GEP Rio Preto).

retomar a situação traumática vivida, e a Alicia entendeu que a paciente não tinha condições de colocar em palavras sua dor, além de não ter obrigação nenhuma de saber como é que nós deveríamos trabalhar com ela. Juntando tudo isso eu vou voltar um pouco para a ideia da triagem.

A triagem, como falei com a Susana, descola um pouco a questão institucional do atendimento. Em geral constitui uma entrevista única com uma hora, uma hora e meia de duração, apesar de haver autores que fazem mais de uma entrevista.

Assim, nesse encontro, vamos tentar dar um contorno, um tipo de interpretação/discriminação, a depender do campo em que estamos: pôr em palavras o que e qual o tipo de experiência emocional, de sofrimento, que o paciente está trazendo. Ao fazer isso, ao longo da entrevista, tento formatar, dizer alguma coisa do sofrimento que essa pessoa relata. Então, eventualmente, se não há uma demanda já posta, a demanda pode emergir, como eu imagino que tenha acontecido no caso 1.

É isso que esperamos de uma entrevista de triagem: conseguir fazer uma formulação psicodinâmica do que está acontecendo, avaliar um pouco as defesas do sujeito, se são defesas muito rígidas, se são mais flexíveis, ou pacientes com tendência a atuar, com defesas mais invasivas e disruptivas. Outra coisa que avaliamos é a motivação, que imagino não ser o caso aqui, mas como eu atendo em um hospital psiquiátrico normalmente os pacientes chegam com queixas sintomáticas, e esperam apenas melhorar dos sintomas. Este não é bem o caso no SOS Brasil. Observamos se há implicação, motivação para mudar, para o insight, *que é diferente de uma motivação visando só melhorar. Se o paciente só quer melhorar, imagina "não tenho nada a ver com isso".*

Nessa entrevista de triagem, escutamos e tentamos colocar em palavras, fazer ligações do que está acontecendo agora com situações do passado que o paciente refere, e, contratransferencialmente, vamos apreendendo o paciente. Quase tudo se dá na contratransferência, que é muito intensa, e nós tentamos devolver em palavras o que o paciente expõe. Assim, tentamos mobilizar um pouco a sua motivação.

Na triagem nós avaliamos se seria possível trabalhar as questões nos atendimentos breves, como, por exemplo, dependência, confiança, condições precárias de conter o afeto, se há muitas atuações, tentativas de suicídio. Essas situações podem ser vistas como contraindicações. Além de trabalharmos com casos de indicação/casos ideais, nós também temos algumas situações nas quais é contraindicado o trabalho. Assim, evitamos adentrar, com um tempo limitado, portanto com uma realidade muito posta, em situações em que é difícil o paciente se vincular, situações onde vai ser preciso prolongar o tratamento porque as defesas são muito rígidas para serem transpostas, ou uma necessidade de prolongar o tratamento para mobilizar uma eventual motivação para mudança.

Em uma entrevista de triagem percebemos que o paciente espera que alguém resolva realmente toda a sua vida, mas muito provavelmente uma terapia breve não vai ajudar. Outro ponto seria o envolvimento em questões inevitáveis, questões muito primitivas e muito complexas, para as quais a elaboração vai demandar um tempo maior. É claro que todo mundo tem esses aspectos, e eu acho, inclusive, que nós vamos nos colocar diante dessas questões, mas desde que seja possível circunscrever e delimitar um campo de trabalho no qual tenhamos outras áreas da personalidade do paciente para nos ajudar, áreas mais organizadas. Precisamos avaliar o grau de organização também.

Outra situação seria a dependência muito severa ou situações que implicam transferências muito intensas. Transferência negativa muito intensa ou transferência erótica muito intensa são situações que em terapias breves são muito difíceis de lidar.

De maneira geral o que avaliamos na entrevista de triagem é observar se é possível ter uma crise. Caso não se tenha uma crise, devemos delimitar um foco, um recorte, uma área de trabalho. Malan (1981) diz que uma terapia breve seria a terapia de uma interpretação. Delimita-se um foco e esse foco é uma interpretação básica de um conflito que será trabalhado nesse tempo. Muitas vezes, não é um conflito, mas sim uma ambiguidade ou uma ambivalência e então estaremos no campo da discriminação.

Então avaliamos se existe alguma motivação e uma boa resposta às interpretações durante a entrevista. Isso vai desaguar na situação em que teremos um trabalho com uma pessoa que tenha vários aspectos de personalidade e uma área que chamaremos de mais organizada/neurótica, que possa sustentar esse trabalho circunscrito a uma área mais traumática, de maior ambiguidade, ou uma área de conflito.

Esses são os pontos mais gerais sobre a entrevista de triagem. E terapeuta e paciente estão mergulhados no mesmo lugar, o lugar da falta e da falha, os dois estão juntos nisso, os dois vão ter suas ambições circunscritas. Nós vamos ter nossa ambição terapêutica muito circunscrita e o paciente também vai ter as dele. Ele vai poder trabalhar pontos circunscritos e nós tentaremos conseguir isso circunscrito na amplitude do tratamento proposto, mas com profundidade, no sentido de dar o sentido necessário para essa experiência emocional. Essa situação que a analista do Caso 1 viveu com tanta intensidade, de se sentir decepcionada, irritada, de perceber em si também uma certa vulnerabilidade, acontecerá sempre. Todos sentimos. Penso que para trabalhar em terapia breve nós temos que lidar com essas questões em nós mesmos também.

A contratransferência vai estar ali presente o tempo todo para nos auxiliar. Isso não é algo próprio da terapia breve, acontece em outras situações também, mas aqui é muito evidente. Nos perguntamos se isso serve, serve para quê? O que estou fazendo aqui? O paciente faz as mesmas perguntas. Se a terapia serve para a vida dele, se ajuda, o que pode ajudar? Isso também é importante ressaltar, porque isso vai estar em pauta e nós vamos ter que usar a nosso favor, usar no sentido de entender que essa fragilidade, essa vulnerabilidade e decepção vai estar ligada, no atendimento, à vulnerabilidade, à decepção e à fragilidade que o paciente apresenta. A partir daí, podemos ligar essa experiência emocional e viva, pela transferência e na contratransferência. Nós estamos no fogo cruzado sempre, vamos tentar ligar isso com as questões que o paciente oferece em sua fala.

Importante também lembrar que, ao trabalharmos com tempo aberto, as questões de férias, faltas e desencontros desencadeiam turbulências emocionais que são muito úteis na análise, mas difíceis de serem vividas na maioria das vezes. Mas penso serem de uma utilidade enorme, porque nos colocam no centro da questão. Se nós conseguirmos ligar isso às situações que o paciente vive, principalmente em terapia breve, em que temos uma atividade um pouco maior, no sentido de estarmos muito atentos para fazer essas ligações. Falar sobre estes desencontros mobiliza. Em uma analogia, essas situações são como fermento para um processo terapêutico.

Analista 1 – *Eu pensei na importância do grupo. Você fala da instituição SOS e o grupo não deixa de ser um terceiro. A instituição que entra aí na dupla, e esses encontros que nós temos de forma quinzenal, são muito importantes! Você comenta sobre minha contratransferência, poder me distanciar e pensar sobre isso. Eu nem cheguei a transcrever, não foi um daqueles casos que termina e nós transcrevemos, mas por um tempo voltamos e pensamos. Eu acho que é esse continente, esse terceiro que nos ajuda.*

Dra. Patrícia Schoueri – *É isso mesmo, de certa forma o terceiro coloca um limite, impõe algum tipo de limite para podermos discriminar as coisas e poder fazer bom uso desta discriminação.*

Analista 2 – *Eu gostaria de comentar duas coisas que me ocorreram. Primeiro que, no meu caso, realmente as minhas férias tumultuaram bastante, confirmando a ideia, mas não deu tempo de tratar* *isso; após minhas férias a paciente decidiu não vir mais. O que eu estava pensando era sobre o foco. Nesse meu caso eu achei que o foco seriam os lutos que essa paciente viveu, mas me surpreendeu que à medida que as sessões iam ocorrendo, na verdade, o foco foi outro. Naquele momento foi a relação com a filha que estava namorando e ela ficava sozinha em casa. A filha despertava para a sexualidade e dormia na casa do namorado, enfim, de uma certa maneira, tive que mudar o foco e realmente foi o que a aliviou, poder falar sobre essa situação que estava vivendo.*

Raya – *Era um luto também.*

Analista 2 – *Sim, claro, era um luto sem dúvida, mas foi interessante porque eu tive que mudar. Pelo menos me surpreendeu o fato de que eu esperava trabalhar o luto de um jeito com ela, e tive que trabalhar de outro, foi interessante, um aprendizado.*

Dra. Patrícia Schoueri – *Você sabe que isso tem a ver com a ideia de foco. Quando tentamos circunscrever um foco, neste caso o luto, as perdas, esta pode ser uma parte mais superficial do foco. Se tudo correr bem, se a pessoa tiver o seu psiquismo muito dinâmico, transformando esse luto vai ser processado sozinho em um período que pode demorar um ano, se chegar a tanto. Ou nós fazemos um acompanhamento que, às vezes, nas crises é necessário, ou nós vamos ver que esse luto empacou e, se ele empacou, pensar o porquê disso. Iremos conferir se tem alguma coisa lá trás que está se repetindo agora nesse empacamento, alguma coisa à qual a pessoa não tem acesso e está interrompendo o processo.*

É uma atividade certamente imaginativa, o recorte tem a ver com as perdas e como elas se relacionam com as questões conflitivas que surgem quando vem a perda, o que emerge. O foco é a tentativa de ligar isso com o resto, e dentro da entrevista de triagem nós tentamos nos aproximar das questões com algumas pontuações.

Eu falo sobre interpretações como teste, mas não precisa ser uma interpretação propriamente dita, porque muitas vezes são pontuações/ discriminações, mas nós vamos nos aproximando lentamente e se o paciente topar fazer a terapia ele já saberá mais ou menos em que campo ele vai transitar e por quanto tempo. Também sempre pergunto se a pessoa quer. Eu trabalho de uma forma um pouco diferente, pois existem outras formas de terapia que poderíamos oferecer e, às vezes, as pessoas manifestam desejos: "o grupo eu não quero", por exemplo, já falam logo de cara, a pessoa sabe um pouco de si e nos ajuda no tratamento.

Raya – *Como nós não temos essa triagem no SOS, nosso primeiro contato seria o momento em que poderíamos tentar fazer esse diagnóstico e dizer para o paciente como funciona o trabalho dentro do projeto. "Temos tantas sessões, a ideia que surgiu aqui é mais ou menos a que podemos trabalhar nesse tempo." Apresentar ao paciente a ideia do que eventualmente vai poder ser trabalhado dentro de um tempo limitado e colocarmos férias ou momentos em que não poderemos atender, explicitando quais encontros deixarão de acontecer/serão adiados e por quê. No caso 1 os encontros só puderam acontecer depois de quinze dias do primeiro contato, ou seja, depois de algumas faltas, então essas faltas, como Marly e Alicia pontuaram, já são vistas como pontos diagnósticos, elas já fornecem ao analista uma percepção da dificuldade, "ela pede o tratamento, mas não vem". Temos ali alguma desconfiança, um medo e/ou uma angústia. Esse ponto já deixa o analista alerta para algo que a pessoa possa dizer que representa exatamente isso. "Tenho uma situação em que me entreguei e olha no que deu, como vou me entregar novamente?", se conseguirmos pensar tudo isso seria esse o foco e então poderíamos devolver para a pessoa o que nós percebemos, de uma maneira mais terapêutica e comunicável ao propor o trabalho. Você pensa mais ou menos assim?*

Dra. Patrícia Schoueri – *Sim! Penso mais ou menos dessa forma, a única coisa que eu acho é que não dá para sabermos, eu não saberia pelo menos, mas acho que o caso 1 também suscita isso.*

É que dá para imaginar que mesmo com todas as dificuldades da Eliza, que são evidentes frente a isso que você acabou de dizer, que ela pede e não vem, mas ela também fala sobre ter tido uma experiência muito ruim com hospitais e médicos, obviamente isso está vinculado a outra coisa para ela.

Acho que fica muito difícil para ela adentrar um processo às cegas, vamos dizer entre aspas, sem saber bem o que ela vai falar, por quanto tempo ela vai falar e onde está circunscrito este trabalho, porque eu acho que isso dá um terreno um pouco mais firme. Também achei que Eliza, apesar de toda essa dificuldade que é enorme e existe nela, dá umas dicas de que talvez ela pudesse trabalhar em um terreno mais firme e certo, até porque ela ficou as oito sessões, ela também não foi embora. Quando ela diz que a privacidade podia estar lá mantida, a analista a questiona e ela nega. Acho que a contratransferência da analista aponta para a ideia de ela ser uma menina esforçada, quer dizer que ela tem algum recurso que ela mesma não perceba. Penso que, nesse sentido, talvez não fosse uma contraindicação total porque eu acho que ela tem elementos para, eventualmente, poder conversar exatamente sobre isso, "Poxa, como confiar em uma situação que acontece isso, aquilo etc.?", e que se reproduziu e veio se repetindo claramente na relação com a analista do SOS.

Vou começar a falar um pouco do caso. Quando eu comecei a escrever sobre o caso 1 eu pensei um pouco: "vou escrever sobre o caso, não vou escrever sobre a paciente, me voltei para o caso mesmo". É uma situação em que vejo a paciente desestruturada, onde ela tem muitas faltas, e então fiquei pensando como podemos pensar. Eu entendi um pouco sobre o caso quando vi que não conseguia discriminar uma imagem da paciente ou uma imagem do atendimento. Tinha uma desestruturação da paciente, mas também do atendimento em si, que estava um pouco sem um formato que pudesse ajudar a dar a sustentação que a paciente necessitava.

Eu pensaria no que a paciente nos aponta como sua questão se relaciona com uma ligação vital, isso frente a uma separação em que a culpa está nas condições externas a ela (paciente). Ela mesma parece nos dizer, de outras maneiras, que há partes dela que não conseguem vingar, discriminar-se e nascer para ela mesma. Trabalha no mesmo lugar que a mãe, a qual por sinal é quem assume parte dos cuidados maternos que seriam dela com o filho. Não à toa, imaginei que a terapeuta apreende que não pode haver espaço de privacidade a priori, o que nos leva a pensar que não há ainda uma disposição da Eliza, uma discriminação suficiente entre interno e externo.

Entretanto, a paciente refuta. Ela diz: "não, dá sim!", a terapeuta se vê então invadida pelos sentimentos de decepção e ideias de vulnerabilidade, o que me parece ter sido transmitido por uma identificação projetiva. Eliza se defende também com atuações, já que não corresponde ao combinado, faltando na maioria das sessões, mas também assim comunicando o quanto não consegue perceber e valorizar o que tem e, novamente, por identificação projetiva, coloca a terapeuta para sentir o que ela sente. Um certo desvalor.

Resumindo, podemos pensar que Eliza sofria por se sentir abandonada, à mercê de um mundo, situações e pessoas que não se ocupavam devidamente dela. A raiva e a culpa ficaram deslocadas nas figuras do hospital e do médico. Assim, imagino que quando, e se fosse possível, a terapeuta falaria para ela da ligação entre as coisas, pondo em palavras o que poderia acalmá-la frente à situação do momento. Dar a ela um terreno mais firme, até podendo eventualmente falar disso na transferência.

Ela se defende da dor da perda, da perda de si mesma, engravidando novamente. Uma busca sofrida, senão atuada, de encontrar vida dentro de si. Podemos imaginar que a dificuldade de entrar em contato com a dor da perda de seu bebê e então poder processá-la pode estar localizada além das condições de solidão e precariedade atuais. Encontrar-se em uma outra dor semelhante que parece vir na forma de decepção, situação em que esteve só para enfrentar e que fica como base para a situação atual. Pouco sabemos da história da Eliza, sabemos que ela mora com a irmã, o pai não aparece e a mãe parece ser buscada para lhe ajudar, um pouco a duras penas, me pareceu. Já que ela tem que trabalhar para aliviar a mãe, para somente então a mãe ajudá-la.

Quem cuida do bebê durante o dia é sua mãe (avó da criança) enquanto ela trabalha. Pareceu-me que Eliza não encontrava dentro de si condições para cuidar do bebê e do bebê que pode ser uma parte dela. Vem em busca de ajuda com a solidão, desamparo, raiva e culpa. A terapeuta, entretanto, diz que percebeu o valor da Eliza e se sentiu desqualificada. Ela se sente um pouco, não exatamente confundida, mas "envolvida" com Eliza, como tendo que ficar à disposição dela 24 horas. Uma comunicação de que talvez a paciente não tivesse nenhuma possibilidade de ficar separada dela. O que nos leva a supor que Eliza não conseguiria lidar com os sentimentos que vinha sentindo, de se cuidar e de se valorizar.

Nessas condições podemos nos perguntar o quanto Eliza teria condições psíquicas de lidar com a situação de dependência que talvez nem tenha se instalado pelo pouco tempo. Essa seria uma condição básica a ser considerada no trabalho breve, pois ele pressupõe que a dupla esteja constituída e possa viver uma separação. Entretanto, eu mantenho em suspenso a ideia de que Eliza parece não se dar conta de como ela é esforçada. Posso então ter uma primeira hipótese de que a Eliza atuou porque não poderia se ligar à terapeuta tendo que se separar de forma tão precoce ou forçada. Ela precisaria de tempo para se ligar, se nutrir para depois poder se separar. Imagino aqui que, caso contrário, ela estaria se colocando numa condição de reviver o trauma, o que não aconteceu, pois a meu ver a analista foi muito continente em suas atuações e falas. Ela pode sensibilizar/ajudar Eliza a se sensibilizar para uma terapia posterior. Podemos supor também que se tivesse havido a possibilidade de uma entrevista de triagem, se ficasse explicitado um campo de trabalho, um foco, uma forma de trabalhar, se isso fosse mais claramente conversado com Eliza para que ela pudesse se sentir um pouco mais segura, sentir que o externo existe para ela, estaria ali para ela de forma mais firme, mais sintônica,[9] *talvez teria sido possível uma proposta de trabalho concreta, apesar de limitada. Ainda assim, certamente muito aquém do que ela gostaria e do que a terapeuta também gostaria e do que seria preciso. Provavelmente.*

Isso estaria em contraponto a uma ideia de um cuidado externo negligente, senão incompetente, o que me parece ser o que ela imagina da vida. Penso que seria difícil para Eliza e para a analista entrar de corpo e alma sem saber onde estavam no processo e para que, qual meta e em qual circunscrição trabalhavam. Sem essa delimitação certamente cairiam no campo da dependência mais absoluta, o que constituiria uma contraindicação. Isto não é algo que podemos fazer de forma breve.

Essas são todas inferências, mas acredito que tendo um foco talvez pudéssemos sensibilizá-la, não dá para saber. De qualquer forma, Eliza parece ter se beneficiado da terapia e acho que foi muito adequado. Também se estivéssemos em uma entrevista de triagem.

---

9 As tentativas de aproximação são uma busca por fazer algo mais sintônico, o que fortalece muito o vínculo e a segurança.

Ao fim desta entrevista nós poderíamos dizer que acreditamos que a terapia pudesse ser útil se realmente sentíssemos isso. Nós teríamos oito sessões para conversar sobre os sentimentos de desamparo, raiva e dor, se fosse possível acessá-los durante a entrevista, falar sobre eles frente à perda do primeiro bebê para que ela pudesse não estar só com esse sentimento. Entretanto, se nós julgássemos que as questões de desconfiança fossem muito intensas, e houvesse uma precariedade quanto aos afetos – porque ela atuou bem, ela faltou, faltou, faltou... –, a analista poderia falar mais sobre isso, pode ser que seja um padrão dela.

Caso estivesse muito sujeita a ações, e é uma situação de extrema dependência, então nós, em um primeiro momento, já poderíamos propor outra forma de abordagem. Pensei que pudéssemos pensar no caso como uma entrevista a partir destas ideias. Para uma primeira entrevista precisaríamos estar muito ligados quanto ao que estamos propondo, ter uma atividade mental intensa e bem direcionada.

Alicia – *Nós agradecemos imensamente seu aporte e sua contribuição porque em cada atendimento podemos ter isso em mente para situar e construir, junto com o paciente, o objetivo do projeto. Então cada um vai poder aproveitar esta contribuição de acordo com a sua experiência e possibilidade. Gostaria agora de passar ao outro exemplo, se for possível.*

Dra. Patrícia Schoueri – *Irei falar do caso 2. Pensei que Sônia parece ter repetido parte da história no presente ao reagir de forma semelhante ao que tinha reagido no passado. Ao se sentir abandonada pela terapeuta, porque acho que no meio do caminho a analista comentou com ela onde faria terapia depois, comentou sobre suas férias e então acho que tudo isso trouxe à tona de novo o abandono. O que ela fez? Ela saiu em busca de viver a vida com outra pessoa para negar a dor de ser deixada, além disso também ouvi um tom de desprezo invejoso nesse ato dela, como se fosse "eu não preciso mais* *disso". Pareceu-me que algo semelhante se passou com a morte dos pais, especialmente a morte da mãe, que contaminou tudo. Suponho que a questão da inveja esteja presente, pois supus que em sua fantasia a mãe, ao morrer, não quis deixar os outros vivos e assim arrastou todo mundo com ela, isso pode ter sido uma fantasia, mas eu imaginei assim. Agora, ela mesma parece invejar a filha, que consegue ter um namorado, ter vida, vida sexual, como o analista estava comentando. A filha com mais recursos psíquicos. Parece que tinha isto no campo.*

Sabe que isso me lembrou um paciente que atendi. A história dela era que todo mundo que passava em sua vida morria. Era uma coisa impressionante. Então dava a impressão de que ela vinha com aquele manto negro que levava tudo embora. Quando soube dessa história, eu me lembrei muito desta outra, que ocorreu há tantos anos, e mesmo assim retornou em minhas memórias.

Outra faceta na qual pensei, que poderia ser uma fantasia e acho que liga uma coisa com a outra, é sobre ser abusada e às vezes ser a abusadora. Talvez ela tenha se sentido abusada ao ser violentamente, deixada por sua mãe, sem aviso prévio, após ter ficado retida no seio da família, como parece ter acontecido, se eu entendi bem. Ela mesma pode se sentir abusadora ao se deixar ficar retida porque ela obviamente tinha ganhos nisso e, ao querer reter a filha e talvez desejar reter o terapeuta também, pensei que ela é bem gulosa. Parece ter bastante dificuldade em conter a gula e essa pode ser uma das razões pelas quais o analista se viu já encaminhando na quarta sessão, no meio do processo. Deve dar muito medo frustrar uma pessoa gulosa e invejosa. Será que ela pode achar que mereceu tais perdas?

De qualquer forma, eu penso que há maneiras de nos ajudar a navegar em mares tão revoltos em um pequeno espaço de tempo, frente à visão das ondas ainda maiores, quando da aproximação do término. Tudo que vier está relacionado com o término, que é o foco para esta paciente. Vai estar tudo junto, tudo condensado ali, então a gente se acostuma a marcar com o paciente na primeira sessão a data da última, porque aí eu já considero faltas e férias, isso já ajuda muito. É claro que no meio do caminho podem acontecer algumas coisas, o inevitável. Nesse caso, tudo que vier à tona na sessão vai ter que passar pela nossa escuta, sob o nosso crivo, vinculado à falta vivida e anunciada no passado (morte da mãe/companheiro), tendo como ponto de convergência o fato de que vamos nos desencontrar e vamos nos separar. Isso tudo tem que estar bem articulado no que nós conversamos com o paciente, pois é isso que vai eventualmente ajudá-lo, é assim que nós vamos conseguir dar algum sentido para essa experiência de forma muito pontual.

Ativamente ligamos esse fato a tudo que nos ajuda a gerar um significado para essa experiência emocional do momento nesse contexto. Especialmente por estarem em mares mais revoltos, o que nos será de grande valor, temos que estar muito atentos. Aqui imagino que a paciente tenha ficado com medo de ficar sozinha com seus sentimentos de raiva e inveja ou, dito de outra forma, imaginando que o terapeuta não se preocupava com ela ou que ela não merecesse as oito sessões. É uma forma de talvez pensar a raiva e a inveja, se isso tiver alguma validade; eu acho que alguma comunicação que pudesse incluir que o terapeuta se importa com ela, que sente e, mais que isso, está com ela nisso, poderia ter ajudado. Também poderia ter sido útil ligar esses sentimentos, esses sentidos que ela outorga, a ideia de que o terapeuta não se importa com ela com a ideia de que a sua mãe, ao morrer, a deixou na mão. Alguma coisa do gênero "não pensou em mim". Obviamente isso só seria possível se tivesse sido conversado de alguma forma. A separação que ocorre ou ocorrerá com a dupla, tem que ser ouvida e endereçada diretamente, além de se buscar trazer conexões com a história e fantasias que colocam essas experiências emocionais atuais, reatualizadas, em busca de algum ganho de sentido e apropriação pelo sujeito.

Penso que no meio do caminho o analista teve suas férias e a partir de então eu acho que isso foi uma questão. Talvez, no meio do caminho valesse a pena não nos referirmos a algum acompanhamento futuro pois é quase como se deslocássemos nossa atenção do que está acontecendo ali e jogássemos para frente. Penso que essa ideia da falta, da falha, se amplia, aparece e, a partir daí, o paciente vai se defendendo disso. É claro que ele vai ter encaminhamento e tudo mais, mas deixar isso para outras pontas do projeto, eventualmente conversar no começo e no final, não sei. Isso é uma sugestão que me ocorreu agora ao repensar a situação pela qual o analista passou.

Alicia – *Passamos para o próximo caso.*

Raya – *Só pensando agora, a partir das coisas que foram ditas, que a paciente que fez a bariátrica depois, eventualmente, ficou com anemia, ela vive entre a gula e a penúria, então parece que é um pouco nesse sentido. Foi algo que me ocorreu.*

Dra. Patrícia Schoueri – *Entre a gula e a penúria. Estou pensando que, se nós apreendêssemos isso em algum momento, poderíamos comentar com a paciente. Como é fazer oito sessões? Talvez não tenha sido o que ela quisesse, mas também não é uma penúria, esse tipo de coisa.*

Caso 3: Tânia

Thalita (analista que é o primeiro contato dos pacientes que buscam o SOS) informa que tem uma urgência: uma mãe que há 20 dias perdeu uma filha de 6 anos de idade. Entro em contato com Tânia por mensagem de WhatsApp e combinamos um horário.

Chama minha atenção a foto de seu WhatsApp: são dois rostos muito juntos um do outro, quase um só rosto. O rosto de uma criança e de uma moça. A primeira conversa é sem vídeo. Quando pergunto como ela prefere, ela fica em dúvida. Combino então deixar sem vídeo e, se ela quiser, ligamos durante a conversa.

Penso, agora que estou escrevendo, se algo em mim evitou ver seu rosto, incomodada com a imagem no WhatsApp.

A entonação de sua voz me soa infantil e lamentosa ao falar de sua filha, que tinha 6 anos de idade e que havia falecido há poucos dias. Desde o nascimento da menina, ela havia se dedicado aos cuidados que ela demandava por ser muito doente. Mas, segundo a mãe, ela a entendia em sua forma de se comunicar. Aos poucos, Tânia foi me contando que aos 14 anos estava em um relacionamento abusivo e que conseguiu se afastar do namorado, mas voltou a namorar e, pouco antes de se separar definitivamente, engravidou. Não quis que o pai da criança soubesse e não quis interromper a gravidez. Durante a gestação, soube que sua filha tinha algum problema e que não seria uma criança "normal".

Após o nascimento passou a dedicar-se exclusivamente à filha. Já tinha parado de estudar e não trabalhava. Era ajudada financeiramente por sua mãe (separada de seu pai há bastante tempo), por familiares e amigos. Com a morte da filha não queria saber de nada, não queria se alimentar, fazendo questão de dizer que estava muito magra. Só queria ficar deitada, mas não conseguia dormir. Mora com um companheiro há um ano ou um pouco mais. Ele gostava de sua filha. Agora, desde a morte da menina, o companheiro cuida dela. Tânia cozinha, cuida um pouco da casa. Diz que ele é bom para ela.

Escuto-a por quase todo o tempo enquanto conta detalhes sobre a filha. Ela diz que é bom poder falar sobre isso, pois não quer esquecer nada. Quer continuar a viver como se a filha existisse. Digo somente que, depois de passar esses anos tão próxima à menina, percebo que deve ser difícil estar sem ela. Lembro-a de que não está sozinha, que o companheiro parece ser uma pessoa importante e muito presente.

No encontro seguinte, ligo algumas vezes e ela não atende. Escrevo uma mensagem de que tentei falar com ela no horário que tínhamos combinado. Cerca de duas horas depois, ela envia um áudio dizendo que se sentiu mal, foi ao pronto-socorro, tendo sido medicada com um "remédio forte" e que só agora tinha acordado. Queria muito falar comigo, se desse, hoje ainda.

Marcamos para o dia seguinte. Conta que o médico que a atendeu a encaminhou a um psiquiatra. O psiquiatra a medicou, sugeriu tratamento com psicóloga. Ela iria marcar pelo convênio que sua mãe pagava. No outro encontro volta a falar sobre a filha. Quase no final, diz que era aniversário da mãe e que ia fazer um fricassê de frango. Pergunto como é o fricassé. Ela se admira de eu não conhecer.

"Nunca comeu um fricassé?!?" Explica como fazer e diz que a mãe gosta. Comento que ela vai comemorar a vida da mãe e que parece gostar de cozinhar para a mãe. Depois me conta do bolo que sabe fazer.

No encontro seguinte, volta a falar de bolos e que vai aproveitar uma viagem do companheiro, a trabalho, para fazer e vender bolos. Fala da embalagem para poder vender fatias do bolo sem estragar a cobertura. Digo que é cuidadosa e tenta não estragar seu trabalho. Está pensando em trabalhar no consultório da dentista que cuidava de sua filha. Lá vão muitas crianças como sua filha e ela pode ajudar as mães.

No encontro seguinte, diz que não vai mais trabalhar neste local porque lembra-se muito de sua filha. Tem "uma novidade": vai se casar! Escolheu o dia do nascimento de sua filha para isto. Fico impactada e um pouco dividida com a notícia e vou conversando sobre esta escolha, sobre o fato de que cada coisa tem uma história e que a história de sua filha estará sempre em sua memória com suas particularidades e que a história dela com o companheiro é outra.

Cada uma tem suas marcas, suas datas. Algumas são dela com a filha, outras dela com o companheiro. Ela parece avaliar estas ideias.

Ao longo de nossas conversas no WhatsApp, aparecem nas mensagens palavras como "querida, minha linda" e perguntas se pode dar meu número de telefone para outras pessoas que "podem pagar". Digo que, como ela está aproveitando nosso contato e quer oferecer este trabalho para outros, pode encaminhar outras pessoas para o SOS. Ela conta que foi à psicóloga: ajuda, mas é diferente. Como percebo esta ligação "adesiva", vou assinalando que ela está mais segura, já tem uma psicóloga e podemos pensar no encerramento do nosso contato. Combinamos uma sessão de encerramento, que seria a sexta, e terminamos.

No entanto, ela continua me enviando mensagens. Conta algumas situações, pergunta se poderia atender outro amigo. Um dia me disse que não está bem, se poderíamos conversar. Marco um horário, ligo e ela não atende. Logo a seguir envia áudio, dizendo que estava com a cabeça longe e faz a "consulta" por mensagem: "por que eu passo tão mal quando dependo de alguém?" Envio uma mensagem falando algo sobre o tema e ela me responde que precisa ter em mente o que lhe escrevi.

Ela continua enviando mensagens e volta a pedir para conversarmos. Demoro a encontrar um horário e, quando combinamos, o tema é "precisar de ajuda dos outros". Falamos então da ambivalência entre ser dependente e ter que lidar com os próprios recursos. Dias depois ela me escreve que está pensando muito em nossa conversa e que a ajudou muito. Continua a enviar mensagens, eventualmente. Respondo com "recebi", "entendo" ou outra palavra para que veja que recebo, mas não mais a atendo. Tento aqui fazer uma síntese, pois o que nos importa abordar, como grupo, são os tempos de atendimento ao qual demos o nome de SOS, que para muitos significa *Save Our Souls*.

Questão Final

São três tempos, três formas de aproximação e de trabalho. Como podemos pensar a efetividade da escuta psicanalítica neste dispositivo? Como podemos pensar – a partir destas três pessoas que lidam com os atendimentos de formas diversas – nossa maneira de nos colocarmos como psicanalistas?

Analista 3 – *A junção de datas, do nascimento da filha e de seu futuro casamento, me causa um grande impacto. Patrícia tem nos ajudado a pensar na efetividade da nossa escuta psicanalítica e, a partir desses três casos, nos próximos atendimentos diversos e como nos colocarmos como psicanalistas. Acho importante dizer que quando Rossana revisou o texto, na última revisão, ao enviar para todos, ela teve um ato falho que acho muito significativo: ela não escreveu "efetividade da escuta psicanalítica", mas sim "afetividade da escuta psicanalítica", eu acho que isso é talvez uma marca.*

Dra. Patrícia Schoueri – *Gostei, pois, penso que é a afetividade, como uma certa busca de efetividade, poder transitar pelas duas coisas.*

A Tânia parece centrar a questão na ideia de ter poucos recursos. Ainda menina engravida, decide manter sozinha a gravidez, cuida o tempo todo de uma criança muito doente que não se desenvolve como as demais, mantendo-se completamente dependente. Imagino que essa imagem que ela traz da filha espelha de certa forma a sua "parada de desenvolvimento", já que não estuda e não trabalha como as demais jovens da sua idade. Talvez não restasse mesmo a Tânia outra opção que não fosse se espelhar e se grudar à filha para não a matar dentro de si. Acho que de alguma forma ela diz isso, quando fala "não quero esquecer". Todas as discriminações que foram feitas me pareceram muito pertinentes e devem tê-la ajudado bastante a retomar a sua vida, buscando toda ajuda possível: psiquiatra, psicólogo do convênio, vendendo os bolos e até apostando em uma relação mais fértil e de criatividade, como um casamento, o que me parece que ela quer/queria/ainda quer ter muito com a analista.

A dificuldade maior aqui me pareceu ser a fase do término, que ficou interrompida com o atendimento, e acabou tendo que ser retomado. Eventualmente, se pensarmos na triagem, no foco, as oito sessões seriam para conversar sobre a morte da filha, da intensa dependência que tinha e em função das dificuldades de deixar de lado as facetas de sua vida.

Nesse caso podemos pensar um pouco na questão do término, que eu acho que também é outra situação superimportante. Mesmo em oito sessões parece que tudo está tão junto, mas eu imagino que a questão do término está sempre presente desde o começo. Tem um autor, James Mann (2005), com uma visão um pouco americana, mas é interessante. Ele trabalha com doze sessões. Ele diz que, de uma maneira geral, nos doze encontros, o primeiro terço é semelhante a uma lua de mel, o momento de fazer o vínculo, e até se esquece que vai haver um término. O paciente também esquece. No meio do caminho fazemos todas as ligações possíveis e, no último terço, a ideia do término se encontra presente. Penso que da metade para o fim, se tentamos escutar com esse ouvido, o paciente vai trazendo as questões sempre endereçadas ao término, à ideia de que os encontros vão acabar e como está sendo vivido o término. Que é a questão pela qual ele vem nos procurar.

Eu acho que no caso da Tânia ela precisava mesmo falar da dependência. Achei que foi tudo muito delicado. Nesse caso podemos pensar um pouco no término e em como ele é inevitável, assim como a realidade à qual estamos submetidos. É importante que isto fique claro desde o início, como já havia dito. Acho que a analista já falou que, frente ao que ela percebeu da identificação adesiva, ela a encaminhou, e a partir desse momento, a paciente vai pedindo para conversar. A partir de então foi possível conversar sobre a dependência e sobre como é que ela está vivendo essa questão em sua vida. Acho que esse era o foco possível para ela. Então, é interessante que a separação só pode se dar mesmo quando foi possível falar sobre isso. Essa questão da transferência, da contratransferência e do término, além da triagem, são os pontos-chave. Trabalhar com tempo limitado nos faz estar na situação, temos que lidar com ela, mas se tivermos mais clareza, ajuda.

Rossana Nicoliello[10] – *Eu fiquei pensando realmente no meu ato falho, porque surgiu afetividade e na verdade o grande desafio que nós temos nesse atendimento é o fato de ser breve, a questão de finitude. Como lidar com aquilo que aparece primeiramente, pois o afeto é sensorial, ele é do corpo e sobre o qual a gente não tem uma gama de representações. Será que conseguimos que essa apresentação se torne representação? Mas esse pode ser um caminho de não poder lidar com a finitude. É um desafio o atendimento breve. Eu particularmente senti os três atendimentos, porque, para poder fazer a formatação, mergulhei nas supervisões e percebi uma intensa afetividade, mesmo na paciente que faltava. A minha percepção era de que ela matava qualquer possibilidade de vínculo e tentativa de projetar a intensidade de um luto que não tinha sido elaborado.*

A frustração da analista do Caso 1 talvez viesse de escutar a paciente dizer "você está morta". "Deixar no vácuo", como dizem os adolescentes, é entrar em contato com uma sensação meio mortífera de "não consigo fazer nada". Acho que a grande carga que recebemos em qualquer atendimento é uma carga de afeto não representado. Temos que ver este traço dentro de nós e no paciente. Mas em oito sessões é uma ginástica.

Marly – *Fiquei pensando, e me chamou atenção, não sei se é um sentimento meu, talvez por serem três situações, o quanto o atendimento de adultos parece me mobilizar muito mais com relação à*

10 Membro efetivo da Sociedade Brasileira de Psicanálise de Minas Gerais (SBPMG) e da Sociedade Psicanalítica do Rio de Janeiro (SPRJ).

transferência, e de como uma atuação na transferência se apresentou, pelo menos na minha impressão, mais que em outras vezes nas nossas discussões até o momento.

É interessante também, no caso 2, quando a Patrícia fala da inveja. Na volta das férias a paciente diz "eu fui passear, eu consegui passear". Tive a impressão de "você foi passear, mas eu também fui" e logo em seguida ela interrompe. Eu fico me perguntando por que muitos pacientes fazem isso, nós voltamos das férias e eles dizem "passei muito bem, fiquei ótimo, você não me fez nenhuma falta". Parece-me que pode ser um recurso. "Se você tem o recurso de ficar bem, eu também tenho. Talvez para o paciente do caso 2 possa ter sido fundamental. "Eu também tenho o recurso de voltar à vida." Mesmo ela tendo encerrado antes, é um recurso: "eu também posso me despedir". Enfim, eu fiquei pensando que essas atuações podem ser buscas por recursos, talvez tentando tornar muito breve e muito condensada uma ajuda e os recursos possíveis.

No caso 3 eu fiquei pensando, achei muito interessante quando ela liga tantas vezes, porque me parece como se ela tivesse elaborado que, mesmo ficando longe, as coisas não terminam. Ela pode se lembrar, ela pode entrar em contato, ela pode voltar a conversar, coisa que ela está tentando elaborar com a perda da filha. É interessante que os três casos me fizeram pensar muito nessa condensação transferencial e contratransferencial que a Patrícia trouxe hoje. Talvez a gente precise pensar nessas atuações como recursos.

Alicia – *No congresso de Boston, René Roussillon falou algo que eu guardo como um tesouro porque ele nos aconselhou a sermos poliglotas e retirar a atuação desse marco negativo que teve na história da psicanálise, para passar a entender a atuação como a única forma possível do paciente comunicar certos afetos de sua vida que não chegaram à palavra. Então, neste sentido, há um resgate da atuação como uma música presente na relação.*

Marly – *Eu fiquei pensando, Alicia, justamente nisso. Que talvez para os adultos, que são muito mais autônomos, isso apareça mais claramente nos movimentos transferenciais.*

Joice Calza Macedo[11] – *Tem um trabalho da Sara Zak (2008) no qual ela fala a respeito da discriminação entre uma ação comunicativa e uma atuação, no atendimento de adolescentes.*

Alice Becker Lewkowicz[12] – *Achei muito interessante a discussão e pensei sobre a questão do término. Acho que para nós analistas isso é um assunto muito delicado, porque o nosso dispositivo é meio sem fim, a gente tem essa ilusão sempre de que dá para continuar. Lidar com isso está sendo um ótimo treinamento do SOS porque é uma ilusão obviamente da análise tradicional. Isso é muito interessante para nos aprofundarmos. Outra coisa que eu também fiquei pensando nos três casos é a respeito de como tratam de lutos muito intensos, situações agudas.*

No caso 2 temos uma avalanche de lutos. Acho que eles se pouparam ali e decidiram lidar com o luto possível que é a saída de uma perda que não é definitiva. A outra coisa que eu queria destacar do caso 3 é sobre a questão muito interessante do fricassê.

Eu me surpreendi, primeiramente, que a analista não soubesse o que é um fricassê porque aqui no Sul é muito comum e eu achei que isso aproximou a paciente, ela tem potencialidades que ela podia te ensinar alguma coisa. Como ela estava fazendo fricassê para a mãe, e de repente ela estava ensinando a analista, que é essa mulher analista! Ela deve tê-la posto em um lugar mais sofisticado de si própria.

---

11 Membro efetivo, professora assistente e CFPC da Sociedade Brasileira de Psicanálise de São Paulo (SBPSP). Diretora de extensão, membro efetivo e analista didata pela Sociedade Brasileira de Psicanálise de Campinas (SBPCamp). Analista de crianças e adolescentes pela International Psychoanalytical Association (IPA).

12 Membro da Sociedade Psicanalítica de Porto Alegre (SPPA).

Alicia – *Nos termos de Anne Alvarez:*[13] *dar ao paciente a possibilidade de ser agente e de que ele se aproprie das potencialidades que tem. Um banho narcísico! Tem coisas que mesmo você estando na penúria da penúria, de ter perdido uma filha etc., você é capaz de fazer!*

Analista 3 – *Na verdade o tom no qual ela falou que ia fazer um fricassê para a mãe foi diferente. Eu sei o que é um fricassê, mas tem várias receitas e podemos passar uma ou outra. Mas ela falou nas sessões sobre tudo o que ela não tinha, não tinha, ou tinha perdido. Deu a nítida sensação de que aquilo era alguma coisa que trazia um pingo de vida e aí eu perguntei porque achei que se ela pudesse falar de como ela fazia, daquilo que ela tinha e sabia fazer, da receita, seria muito interessante. Acho essas conversas de mulheres, de receita, de roupa coisas muito fortes! Então quando surgiu ali eu entrei, porque senti que foi um momento em que a receita podia funcionar.*

Alicia – *E funcionou muito bem por sinal!*

Leila – *Muito rapidamente... eu fiquei com muita inveja porque trabalho no ateliê de crianças e acho que tem uma diferença muito grande do SOS voltado para criança. Principalmente entre crianças/adolescentes e adultos. Não se consegue terminar com a criança, porque somos apresentados em um primeiro momento para uma situação da realidade brasileira, para situações sociais trágicas que nós temos encontrado e que demandam uma ampliação, inclusive. Temos que discriminar o psíquico dentro dessa situação e isso tudo me fez refletir que talvez tenhamos que pensar sobre isso e encontrar até uma parceria imediata com o setor do Grupo Corpo. Temos precisado encaminhar quase todo mundo, a mãe etc., então a conversa de hoje me ajudou também nesse sentido.*

---

13 Professora visitante e palestrante na Clínica Tavistock e no Curso de Formação de Analistas de Crianças e Adolescentes da Sociedade Psicanalítica de São Francisco.

Dra. Patrícia Schoueri – *Eu gostei muito de participar. Só queria alinhar esses últimos comentários. A intervenção breve chama muito o paciente para a realidade, chama muito para o corpo que também é realidade. A afetividade que vem via corpo está muito presente, mas o nosso trabalho talvez seja tentar circunscrever alguma experiência emocional que venha desta forma e colocá-la em palavras, dar-lhe uma representação. Penso que isso é a essência do trabalho na psicoterapia breve: o trabalho deve ser feito de uma forma circunscrita. O caso 3 é interessante nesse sentido, pois isto aconteceu, mesmo que tenha sido lá no finalzinho.*

Alicia comentou um pouco sobre as atuações. Uma repetição que vem de forma atuada, vem porque está precisando, e é disso que se trata. É nessa experiência que é necessário se dar um símbolo, uma palavra.

Referências

Malan, D. (1981). *As fronteiras da psicoterapia breve*. Artes Médicas

Mann, J. (2005). *Time-limited Psychotherapy*. Harvard University Press.

Zac de Filc, S. (2008). Reflexões a respeito do setting no tratamento de adolescentes. In S. Zac de Filc, *Livro anual de psicanálise* (Tomo XXII, pp. 157-167).

10. Racismo estrutural na relação mãe-filho

Eixo IV – Adultos, pais e cuidadores

Reunião Científica do Projeto SOS Brasil, em 12 de dezembro de 2021, supervisionada pela Dra. Yolanda Gampel.[1] *Trata-se de Ana,*[2] *43 anos, casada e mãe de dois filhos, um rapaz de 21 anos e um menino de 9 anos, residente em uma pequena cidade do interior do Brasil.*

Primeira sessão – 27/7/2021

Ana soube do Projeto SOS pela internet.

De início, queixou-se de que tem estado muito agitada e ansiosa para falar comigo e poder desabafar. Disse que tem muita coisa

1 Analista didata da Sociedade de Psicanálise de Israel.

2 Nome fictício.

para fazer e não está aguentando mais. Não gosta de limpar a casa e estava se sentindo sobrecarregada, mas disse que o marido aceitou que ela pusesse uma pessoa para ajudá-la na limpeza. Mas agora isso tem sido um novo problema, porque essa mulher fica o tempo todo rodeando-a. Onde ela vai a mulher vai atrás, quer ver o que ela faz e fica se metendo nas coisas e olhando tudo. Ana diz:

Paciente – *Ela mexe nas minhas caixas, nas minhas gavetas, se eu ponho alguma coisa num lugar, ela vai lá ver. Se eu falo com alguém, ela fica por perto ouvindo. Eu não aguento mais!*

Analista – *Você está muito incomodada e quer encontrar um jeito de se livrar dessa intromissão.*

Ana estava conversando comigo na cozinha e eu pude perceber o seu desconforto e a presença de alguém passando por ali de vez em quando. Em seguida, ela me conta tudo o que faz. Tem um emprego de serviços gerais numa escola, mas está de licença por motivo de saúde. Trabalha à noite na lanchonete do marido, ajudando na cozinha. Também ajuda um advogado numa cidade próxima, que fica a 100 km de onde mora, uma cidade muito pequena. Começou a fazer esse serviço para o advogado, depois de ter organizado os próprios documentos para causas que ela teve anteriormente, e, como aprendeu muito bem a cuidar dessas questões jurídicas, as pessoas começaram a pedir sua ajuda nos processos, e, com isso, o advogado sugeriu que ela fosse sua assistente. Ela gosta muito desse trabalho, e tem sido remunerada por ele, organizando a documentação dos processos em rua região. Eu percebo que ela se sente importante por fazer isso. Digo que ela se sente valorizada por ter sido escolhida pelo advogado para fazer o trabalho.

Paciente – *Sim, vou com frequência à cidade do advogado levar e buscar documentos. Ele é uma ótima pessoa e gosta do meu trabalho. Cada vez me dá mais trabalho. Tem até outro advogado que me* *procurou para ajudá-lo também, mas não posso ajudar os dois e não quero trair o que confiou em mim primeiro.*

Percebo que ela está tentada a aceitar o trabalho extra. Ela me diz:

Paciente – *Com tudo isso eu ainda cozinho em casa para minha família e às vezes faço "quitanda" (prepara e vende doces e salgados). Mas eu gosto de cozinhar. Não me importo. O que eu não aguento é a falação de todo mundo, todos querem conversar comigo e eu converso com todo mundo, eu sou de falar. Mas essas pessoas não entendem o que a gente fala. Então não tenho com quem conversar de verdade. Por isso eu queria conversar com alguém como a senhora.*

Analista – *Sim, Ana, eu posso compreender o que você sente. Vocês estão sempre papeando, mas você não sente que as conversas fazem sentido para você.*

Paciente – *É isso mesmo.*

Depois ela me diz que o marido é uma ótima pessoa, muito bom pai, mas muito calmo. Fala isso como uma crítica, querendo dizer que falta ação.

Paciente – *O meu filho mais velho está estudando para prestar vestibular, ele é muito inteligente, se parece (fisicamente) comigo, mas é calmo como o pai (parece haver crítica também nesse comentário), e o menor de 9 anos se parece fisicamente com o pai (que é negro), mas é agitado como eu.*

Ela me diz já no final que se sente criticada pela família por cuidar melhor do mais velho do que do caçula e que se sente culpada. Ana usa óculos de lentes muito grossas. Comentei que percebo que tem dificuldade para enxergar. Ela me diz que perdeu uma vista há três anos e não enxerga bem.

Eu digo que ela deve procurar sem falta um oculista e ela diz que vai voltar a procurá-lo. Ela se queixa também de dores no corpo, diz ter fibromialgia. Durante nossa conversa, o filho apareceu na janela, curioso para ver com quem a mãe estava conversando. Eu o cumprimentei, ela disse para ele ir brincar. Eu comentei que o menino é uma graça.

Perguntei sobre os cômodos da casa para saber se teria onde ficar com privacidade e ela foi andando pela casa, me mostrando os espaços. Vi que tem vários cômodos, sugeri que ela ficasse no quarto trabalhando em vez de ficar na cozinha, onde estava, com a interferência da ajudante. Nesse primeiro encontro eu disse, também, que via que ela é muito esperta e luta pelo que quer. Ela ficou contente e orgulhosa, sentiu-se reconhecida.

Eu senti que havia alguma situação que a incomodava em relação ao filho, mas nesse dia ela não me disse mais nada. Não deixou transparecer também, o que eu percebi mais tarde, que ela queria um atestado para poder continuar afastada da escola onde trabalha.

Nas suas falas, ela insiste em deixar claro que não quer trair a confiança das pessoas, mas que se sente esperta e fica com vontade de usar sua esperteza. Tem medo de que percebam sua sagacidade, sente-se sempre vigiada. Como numa ocasião em que foi fazer novos óculos e me explicou com muitos detalhes que cobraram mais caro do que ela achava devido pelo serviço feito. Ela pagou, pois não teve coragem de desistir e pedir o dinheiro de volta. No entanto, mais adiante na conversa percebi que ela ficou com os óculos e não havia de fato pago pelo serviço.

Dra. Yolanda Gampel – *Desde o primeiro contato esta paciente mostra que tem muitos problemas sobre contar a verdade ou não, contar as coisas ou escondê-las, tem medo do que possam dizer. Percebemos muitos elementos de ansiedade persecutórias, fóbicas e receio de mostrar quem ela é. Ela necessitaria de um atendimento de pelo menos duas ou três vezes por semana se estivéssemos em nosso consultório. Aqui sabemos que temos oito sessões nas quais será preciso fazer um* *trabalho em que se possa referir alguma verdade da paciente. Dessa forma, poderemos ajudar concretamente a converter em uma espécie de presença as ausências, que certamente cada um de nós tem. Por exemplo, quando a paciente diz que perdeu a vista, a analista sugere que seria importantíssimo que fosse a um oculista. Penso que, entre pensar o mundo interno e os caminhos da ausência da paciente, devemos, junto a isso, perceber algo da realidade da paciente para dizer algo que parece excepcional, pois estou segura de que no consultório não faríamos isto, mas aqui acontece dessa forma, e funciona. A sessão começa com um desabafo, pois esperou muito e precisa desabafar, quer que a analista seja o depósito de todas as coisas que ela não pode ter dentro de si, sozinha, pois são muito pesadas e não aguenta mais. Assim ela começa a sessão carregada. E a analista diz: "você está sobrecarregada e quer se desfazer de todas as intrusões de dentro". Perfeito! Captado em cinco minutos e dito no momento.*

O que vamos fazer nas próximas sessões com o olhar entre a ação concreta, o ato de ajudar alguém e a interpretação profunda que ocorre ao mesmo tempo? Penso que nós estamos habituados a trabalhar só em tempos longos, não em tempos curtos. Tempos curtos nos proporcionam muita aprendizagem clínica, e com eles podemos fazer as duas coisas: a ação do momento e a interpretação profunda. Isso é o que vejo em quase todos os casos e é uma coisa para pensarmos sobre todos os serviços de emergência e de curto prazo. Sigamos com o caso.

Alicia Lisondo[3] – *Eu queria dizer algo. Tem se discutido muito se o que nós fazemos pode se chamar de psicanálise. Quando há um ato para que o paciente entre em contato de uma forma muito mais contundente com a realidade; nós não esperamos, como neste caso, que o paciente possa chegar sozinho até o oculista. Assim, a analista*

---

3 Analista didata e docente da Sociedade Brasileira de Psicanálise de Campinas (SBPCamp) e da Sociedade Brasileira de Psicanálise de São Paulo (SBPSP). Analista de crianças e adolescentes pela International Psychoanalytical Association.

intervém dizendo que ela deveria ir. Para mim parece fundamental e gostaria que Yolanda pudesse explicar melhor essa questão de que quando nós atendemos e há um ato na realidade não estamos realizando uma orientação e não somos um ego auxiliar, mas que esta postura não impede a interpretação profunda diante do transbordamento da angústia.

Então essa questão de atuar na realidade é um dos argumentos que tem sido usado para dizer que isto não é psicanálise. Temos que pensar o que é psicanálise hoje, e o que não seria psicanálise? Esta questão envolve considerações ideológicas. Eu sempre digo que, para avançar, há que discutir epistemologicamente os fundamentos da argumentação.

Dra. Yolanda Gampel – *Depois de vermos o caso vamos falar disso, pois é o que eu mais aprendi com vocês nesses encontros.*

O que é psicanálise? É uma grande pergunta para fazermos. Nós trabalhamos do ponto de vista psicanalítico, ou seja, nós sabemos que há algo mais profundo e que há, em certas situações da vida, um momento em que a psicanálise se converte em um ato e que no momento presente é necessário para o paciente, junto com tudo o que nós trabalhamos do ponto de vista consciente e inconsciente. É um ponto de vista que não usamos suficientemente quando nos fechamos em: isto é psicanálise e isto não é psicanálise!

Este é um trabalho excelente realizado por pessoas especializadas que atuam há muitos anos a partir de um ponto de vista psicanalítico.

Analista – *Eu gostaria de comentar sobre o que de fato eu vivi todo esse tempo em que atendi pacientes pelo SOS. Como em poucas sessões era possível fazer uma interpretação psicanalítica profunda sem ter a possibilidade de dar continuidade aos atendimentos por muito tempo, pude observar questões tão emergenciais concretas que me deixavam em dúvida se deveria falar alguma coisa ou não. Eu acho que nos contatos aqui nas supervisões, com Yolanda e com o grupo do ateliê,* *eu aprendi muito a esse respeito e para mim foi muito importante. Isso me permitiu essa liberdade de, nesse caso, dar algumas sugestões mais concretas para a paciente ao mesmo tempo em que pude observar que algo do inconsciente estava emergindo. Então penso que o que Yolanda fala faz muito sentido para mim.*

Segunda sessão – 4/8/2021

Ana atendeu minha chamada no quarto, deitada na cama. Começou me dizendo que estava bem, que tinha se sentido muito melhor depois da nossa conversa. Estava conseguindo ficar mais tranquila. A faxineira fica agora fazendo as coisas dela e Ana se isola.

Como ela havia falado sobre a culpa de não tratar tão bem o filho menor, eu perguntei se ela queria me falar como se sente em relação ao filho. Ela então se emocionou muito e disse que esse era o problema dela, que ela não consegue falar com ninguém. Desde que ele nasceu e ela viu a cor dele – "mulato, puxou ao pai, que é negro" – ela o rejeita, não consegue aceitá-lo e sente muita culpa por isso. Ela procura tratá-lo bem, mas tem pensamentos ruins, pensa que vai pegar uma faca e fazer mal a ele. Isso a atormenta muito. Ela começa a chorar muito, e continua dizendo que não pode falar com ninguém porque a cidade é pequena e todo mundo se conhece. Nem para o psiquiatra ela pode falar tudo.

Eu disse que era bom ela poder falar comigo. E que essas ideias assustam muito, mas que isso só se passava na cabeça dela e que era um enorme tormento, que eu compreendia, mas que ela não faria, de fato, nada disso. E sugeri que seria bom ela procurar brincar com o filho.

Ela me disse que comprou um jogo de dominó para jogar com ele. Eu lhe digo que ela fez muito bem e sugeri que também comprasse livros de colorir para colorir com ele, que procurasse fazer mais atividades com o filho. Ela me diz que vai fazer isso.

Fica um tempo calada, parece estar relaxando e se recuperando do choro e da angústia. Depois ela me diz que gosta de se arrumar bem, gosta de fazer as unhas do pé, acha lindo um pé bonito, bem cuidado. E o filho diz que ela é linda: que é a Branca de Neve, a Bela Adormecida. Até quando ela está no vaso sanitário, ele quer se sentar no colo dela. Ela diz que cheira mal, ele diz que não, que ela é linda sempre.

Como ela gosta de se arrumar bem, na cidade a chamam de perua, ou "Terá", que é o apelido que lhe dão como se fosse Tereza Collor por ser linda, e outros a chamam de Lindinha. Tem muitos apelidos, todos a conhecem. Mas ela não tem interesse em ficar falando com as pessoas, que parece que não percebem o que de fato importa. Ela diz: "Quando a gente diz banana, eles entendem banana". Não percebem nada além...

Naquele momento me diz que ficou com muito sono, com vontade de dormir como há tempos não tinha. Eu digo que ela está podendo relaxar depois de me contar as ideias persistentes que a fazem sofrer muito, e disse que deveria aproveitar e descansar (já que estava deitada na cama). Ela diz que não pode, que tem muito o que fazer: almoço, levar roupas na costureira e cuidar dos documentos. Quando eu perguntei se ela estava sendo medicada, ela me diz que toma Velija 60 mg e Zolpidem 10 mg.

Nós nos despedimos. Eu fiquei muito preocupada com o que ouvi das suas ideias em relação ao filho, e apreensiva pelo seu sofrimento psíquico constante. Senti muita vontade de ajudá-la.

Leila Lombardi[4] – *O que eu tenho pensado é que o que temos conseguido fazer é apresentar para aos pacientes o seu próprio mundo interno como uma entrada, vamos dizer assim, e isto acaba, muitas vezes, tornando difícil a interrupção dos encontros. E aí fica uma pergunta: se essa ideia de apresentação do mundo interno é o lado psicanalítico com o qual a gente tem de atuar, embora isso venha acompanhada da dificuldade na interrupção, até onde a gente consegue ajudar o paciente a tomar contato com esse mundo interno, como nesse caso, que está tão carregado do que poderíamos chamar de "cacas" da paciente? É um pouco da impressão do que foi trazido sobre as dificuldades em fazer essa dosagem.*

Alicia – *Uma colega pergunta com que olhar podemos ver uma moça que se casa com um homem negro e passa a ter pensamentos sobre atacar seu filho com uma faca. No Brasil existe um racismo estrutural, o negro tem sido visto através dos tempos, como escravo, como não humano, muitas vezes são tratados como animais.*

Dra. Yolanda Gampel – *Penso que talvez não possamos abordar esta pergunta hoje, mas eu diria que na relação de casamento e de dar à luz uma criança entram tantas coisas diversas: quem nasce e com quais características, se se parece com o pai ou com a mãe, com o tio ou com a avó. Essa criança se parece com o pai, um homem negro. O que, para ela, seria o negro deste pai? O pai é um homem com o qual ela se casou por suas características... Quem sabe se semelhantes ou contrárias às de seu próprio pai e que lhe oferecia algo. A ambivalência sempre acompanha uma relação. Pensem sobre quantas coisas ditas "negras" há, metaforicamente, nos filhos que temos e que não podemos amar, sem saber qual a razão, e que pode não ser pela cor.*

---

4 Membro efetivo da SBPCamp e membro associado SBPSP.

Sempre há algo "negro" em algum dos filhos e que as mães não conseguem suportar e que não está necessariamente relacionado à cor, é outra coisa. Aqui recebe um nome: é negro. Penso sobre quantas mães não aceitaram seus filhos por terem algo, "negro". Tudo que é o desconhecido na maternidade, que é sempre muito complexa, aqui chamamos de "negro". Podemos estudar para aprender muitas coisas.

Marly Terra Verdi[5] – *Pensei em quando há uma marca de uma diferença muito grande já no início da vida do bebê, momento em que a mãe tem que se identificar com ele e talvez essa marca crie uma alteridade muito forte. Ou também questões com a fantasia de que algo se passou no útero e que não foi bom para o bebê.*

Eu fiquei pensando nisso enquanto ouvia como ela trouxe essa questão das diferenças desde o início. Com os advogados, por exemplo. Como as diferenças a colocam em conflito e como ela não sabe o que fazer com esse sentimento, parece se perguntar: "Que tipo de relação ter, uma boa ou uma ruim?" Percebe-se, desde a primeira sessão, que ela fala disso, uma relação violenta na qual ela atua. Parece que isso surge com o filho, mas apresenta a mesma nuance.

Maria de Lourdes Negreiros Lima[6] – *Fiquei pensando várias coisas sobre essa moça. Ela começa falando de uma coisa meio persecutória sobre como a pessoa que entrou na casa para ajudar parecia que a estava vigiando/fiscalizando/mexendo nas coisas dela. Foi então que fiquei imaginando que isto era ela contando para a analista, na posição de terapeuta, sobre seu medo de mexerem em suas coisas. O medo de que comecem a vigiar e ver as coisas "negras" dela. Parece que há aí uma diferença, para ela, entre casar-se com um homem negro e produzir um filho negro, porque quando ela produz este filho*

5 Membro efetivo, docente e didata da SBPSP e do Grupo de Estudos de Psicanálise de São José do Rio Preto e Região (GEP Rio Preto).

6 Membro efetivo com funções didáticas na Sociedade Psicanalítica de Fortaleza (SPFor).

negro é o momento em que sai de dentro dela o seu "negro", como se ela temesse mostrar esta sua parte para as outras pessoas. Este filho me parece que reativa estas fantasias. Ela fala muito de beleza, de ser bonita, se nomeia perua, sempre arrumada como se ela precisasse necessariamente mostrar este lado seu. Ao mesmo tempo, ela diz ficar insatisfeita com pessoas que não entendem que, quando ela fala de banana, na realidade não é só de banana que se fala. Ela fala de um desejo que as pessoas enxerguem além e consigam ver o que ela realmente quer dizer. Essas coisas todas eu acho que permeiam as fantasias dela com relação a esse filho, foi o que pensei.

Dra. Yolanda Gampel – *Você tem razão sobre essa ideia, mas a analista caminhou por outros aspectos. A analista diz que a paciente havia falado de um problema que teve com o filho e que parece muito importante. Então, não esperamos que a paciente o traga, nós trazemos o problema aqui e vamos a isso. E é tão interessante pois podemos pensar sobre o que essa mãe traz: o filho, pobrezinho, se sente como um excremento e o lugar que ele ocupa para essa mãe é estar com ela no vaso sanitário. É doloroso imaginar-se como essa criança nesse momento. "Para a minha mãe, sou um excremento negro para ela."*

A partir deste ponto, pode começar a pensar que, se é visto como um excremento, irá agir como um, sentar-se em seu colo enquanto a mãe faz cocô, por exemplo. É impressionante essa imagem, e o que pode se passar com essa criança. É uma perversão muito grave e não sei o que pode acontecer se não houver um trabalho com ele.

Mas o que a terapeuta faz: sugere encontrar jogos em comum, pensar que o jogo é esse com fichas brancas e negras, mas também livros coloridos para poder pintar e ver as cores distintas. Normalmente nós diríamos que um analista não deveria dar conselhos. No entanto, eu penso que é a única maneira de trabalhar com essa mulher, que – se não lhe é imposto e não se lhe é explicado tanto sobre seu mundo interior, mas indicado um caminho – talvez possa tomar este caminho e usá-lo. E pensemos que em casos de grande negativismo, fechamento, persecutoriedade do paciente, o analista tem que se fazer presente para que a análise possa seguir.

Terceira sessão – 10/8/2021

Paciente – *A senhora não tem noção de como eu passei bem. Saiu de mim uma ardência que eu tinha aqui nas costas há muito tempo, desde que o meu filho nasceu. Sinto um grande alívio. Agora eu estou trancada no quarto arrumando umas gavetas que só eu posso arrumar. Ele* (o filho) *entrou e queria ficar comigo, ele sempre quer ficar comigo, mandei ele ficar com o pai e ele foi.*

Ontem nós dois ficamos colorindo. Eu disse para ele colorir, mas ele quis desenhar e eu fiquei colorindo, aí eu falei que era macarrão, mas ele me corrigiu e me disse que os ursinhos estavam descascando laranja (ela me mostra os desenhos que coloriu numa revistinha de caça-palavra). *Ele desenhou* (mostra o desenho dele) *e me disse que era uma caverna, e que estava com o pai e o irmão. Ele gosta muito de dinheiro. Quer sempre pedras, gosta de diamantes. Ele é muito poderoso. Ele diz: o Bolsonaro só quer dinheiro para ele e não dá nada para os pobres. Ele não gosta do Bolsonaro porque nós não gostamos. Eu sou uma má contadora de histórias, ele me contou a história do desenho. Que era uma caverna com os superpoderosos.*

Eu digo que foi muito bom ela ter brincado com ele.

Paciente – *A gente estava precisando ficar junto. Eu acho que ele ficou ouvindo nossa conversa na última vez. Ele disse: – Mamãe me protege!*

Essa semana eu soube lidar mais com isso. Não foi aquele estresse. Só ontem que veio um pouquinho, mas passou rapidinho. Eu sou bem mais forte do que qualquer pensamento. Não estou mais no desespero de resolver tudo. Ontem a mulher da limpeza estava aqui, eu fui para a casa da minha mãe.

Eu disse que agora que ela pôde falar sobre essas ideias assustadoras, está se sentindo mais forte para afastar esses pensamentos quando eles surgem.

Ela também me conta da família, que compraram uma rocinha do irmão, que se atrapalhou e vendeu para eles por 10 mil reais, e tem 2 hectares.

Paciente – *Eu quero fazer uma casinha lá. Quero morar na roça e viver tranquila. Meu marido disse que a gente não teria dinheiro para construir a casa, mas eu disse para ele que vi na TV Globo que se pode fazer casa com reciclagem e ele foi na casa da minha mãe, juntar os tijolos e as telhas, tem muito lá e na casa da minha sogra também (o filho foi ajudar o pai a juntar as coisas para reciclagem). Vou realizar meu sonho.*

Analista – *Ana, você está sentindo que pode melhorar sua vida e transformar suas ideias ruins em pensamentos bons, que sejam úteis para sua vida.*

Ela responde:

Paciente – *A lanchonete está indo muito bem, o Daniel*[7] *(filho mais velho) deu a ideia de fazer combos. A outra lanchonete da cidade estava mais cheia que a nossa, os jovens querem novidades. Com a ideia do Daniel, do combo, lanche artesanal e molhos que ele descobriu na internet, todo mundo amou. A gente está fluindo, isso ajuda minha cabeça.*

Nessa sessão, ela me fala da sua família. Tem nove irmãos: cinco mulheres e quatro homens.

---

7 Nome fictício.

Paciente – *Todos moram aqui, só dois que foram para a capital. Um irmão meu gosta de adquirir bens. Todas nós, mulheres, gostamos de adquirir artigos da moda, cosméticos, bijuteria. Minha mãe, também. Quer sempre estar bem-arrumada. É consumista demais. Às vezes eu brigo com ela. Já fiquei sem falar com ela porque ela quer sempre vestidos novos.*

Nós compramos a roça do meu irmão que fazia gambiarra e se atrapalhou todo. Minha irmã comprou o supermercado dele e foi tão bem que comprou um apartamento por 171 mil. Meu pai era alcoólatra, mas minha mãe sempre foi trabalhadeira. A família do meu marido é humilde, mas minha sogra é maravilhosa. Minha família é uma turbulência, mas a gente se dá bem. Todos gostam de mim, querem que eu vá sempre ficar com eles. Fizeram nosso grupo da família no zap, que se chama A GRANDE FAMÍLIA.

Analista – *Você está se sentindo bem mais aliviada agora e podendo ter planos para o futuro. Tem esperanças de que, tirando essa Ana assustadora de dentro de você, possa construir muita coisa para você e sua família.*

Ela sorri, aliviada. Fizemos seis sessões.

No final do atendimento, ela pediu meu endereço, dizendo que queria me mandar umas coisas típicas de sua cidade. Coisas que eu iria gostar porque são muito boas. Perguntou ainda se eu poderia fazer um atestado para ela apresentar na escola. Eu conversei com a coordenação do SOS e fiz uma declaração. Ela me agradeceu muito quando lhe enviei. Recebi dela uma caixa com vários alimentos. Quando agradeci, ela me explicou o que era cada uma das coisas.

Dra. Yolanda Gampel – *Isso me parece muito bonito e fiquei pensando muito que hoje é nosso último encontro. Pensei em sugerir que possamos pensar como em análise podemos nomear as ausências, ou seja, em determinada maneira a vivência do mundo interno e do* *mundo externo são criações mentais e surgem como representações/imagens e construções. Sem que haja uma aparição da representação, não se pode pensar o aparelho psíquico. Mas, por meio da representação e da metáfora, o infigurável se torna figurado. Por exemplo, como podemos nomear esta coisa que é a ausência e pensei que esta paciente chega dizendo: "Tenho tanto dentro, que desejo evacuar de alguma maneira, pois estou muito sobrecarregada".*

É uma imagem, uma representação de como sente seu mundo interno e como sente que o mundo externo também a sobrecarrega de uma porção de coisas, mas quando o marido lhe oferece uma ajuda, essa ajuda é como se o marido lhe oferecesse algo ausente, ou seja, uma mãe e um pai que podem ajudá-la. Para ela esse ausente é tudo o que lhe falta, toda a recordação de tudo o que lhe faltou nessa grande família, apesar de ser uma grande família e todos estão bem. Estamos falando de tudo que não pôde receber desse pai alcoolizado. O que nós fazemos em análise, de um ponto de vista analítico, é poder trazer as ausências, dar uma imagem, representá-las ou fazer uma metáfora para poder contar uma história. Ela diz não saber contar boas histórias, não tenho todas as metáforas para dizê-las. Tudo que ela tem são muitas coisas presentes como a presença de um objeto, mas não de objetos de uma história.

A ausência é parte de algo estranho e inquietante e que ameaça todas as certezas das percepções e pensamentos. E ela, nestas sessões, pôde trazer isso e tudo aquilo que não se animava a dizer. Nós podemos pensar como o núcleo psicótico, algo traumático, mas isso é o que surgiu nestas poucas sessões. Ao assinalar-se esse ponto cego de uma ausência constitutiva do objeto da operação psicanalítica, algo que nós não podemos qualificar, mas é o que fazemos e de que maneira temos que fazer, nos casos em que temos seis ou mesmo dez vezes com a pessoa. É como se a psicanálise fosse o discurso da ausência, e aqui é o discurso da ausência junto com a questão de dar uma imagem do necessário, um ato de dizer, você tem que ir ao médico, ensine seu filho a colorir, enquanto ela mesma não sabe desenhar, mas o filho sabe desenhar e sabe contar uma história. Como é bonito o contato com este filho! Penso que há coisas analíticas muito bonitas na apresentação. Para mim é uma maravilha de psicanálise. Quem não quiser vê-las que não as veja. No mundo em que vivemos e nas condições em que vivemos é isto que temos que fazer.

Alicia – *Eu só queria falar para a analista, e complementar o seu comentário, que a gente não pode deixar de levar em conta que há diferentes níveis de interpretação, só isso. Aliás, há um trabalho precioso de Anne Alvarez (2021) que tem muito a ver com isso, que acontece tanto no consultório particular quanto nesse tipo de atendimento, de acordo com o paciente e seu momento.*

Maria Rita Gaspar Goulart Moreschi[8] – *E para mim o que eu sinto é que a gente sai de um pedestal institucional psicanalítico e busca um contato com o estranho, diferente, pobre, e distante, em todos os lugares do Brasil.*

Dra. Yolanda Gampel – *Penso que é importante neste trabalho estar no agora, neste momento. As pessoas que chegam e buscam o SOS são pessoas que "não têm" e para quem ninguém fez uma narrativa da vida. Vivem uma vida muito concreta, compramos isso e fazemos isso! O que a paciente traz é que vão procurar para construir sua casa material reciclado, ou seja, o que ela aprendeu nessas sessões é poder fazer reciclagem e assim ter esperança para mudar a vida com seu filho e, também, pode mudar a própria vida com todas as suas coisas, que possa reciclar as coisas e dar esse elemento de vida, de sentimento de agora, do difícil que é agora viver e o que deve ser feito para vivê-lo. Isso que está presente em todas as análises.*

---

8 Membro associado da SBPSP.

Aqui vocês usaram de uma maneira extraordinária. Para mostrar que o atual, o de hoje, o ato que não é só um ato de interpretação do inconsciente para a consciência, senão um ato feito na necessidade de um viver diário muito difícil. De onde essas famílias poderiam aprender a metaforização, se tudo é muito concreto: há ou não o que comer, há ou não água, há ou não onde dormir, não há tempo para ver outras coisas e esse é o trabalho de transformação de Anne Alvarez, que vale a pena estudar sobre os diferentes níveis de interpretação, sobre quando e como fazê-las.

Alice Lewkowicz[9] – *Queria trazer um aspecto que considero ter ficado muito agudo hoje. A questão do racismo no Brasil.*

Eu acho que isso hoje apareceu mais explicitamente, que eu me lembre, do que nos outros encontros e acho que essa clínica do SOS que nos faz chegar perto mais facilmente desse tipo de problema, porque nas clínicas privadas dos nossos consultórios particulares no Brasil atende-se, na maioria das vezes, pessoas brancas de classe média-alta. Então, tendo em vista o que a Dra. Yolanda falou dos diferentes níveis de interpretação e escuta, eu acho que a gente tem que aproveitar essas situações.

Eu até fiquei pensando sobre o que a analista sentiu quando lhe foi revelado que o marido da paciente era negro e existia esse ódio pelo filho negro. Acho que isso é muito difícil, porque todos somos iguais. Que escuta nós conseguimos/podemos ter desse sofrimento? Acho muito importante que a paciente conseguiu revelar essa angústia com o "ter um filho negro", mas acho que são vários níveis que nós temos que aproveitar para apurar nossa escuta. Acho que nessa área ainda deixamos muito a desejar, só queria falar disso pois acho que no SOS nós temos tido mais oportunidade de nos aproximarmos desse tipo de sofrimento.

---

9 Membro associado da Sociedade Psicanalítica de Porto Alegre (SPPA).

Ceres Martins[10] – *Eu pensei assim, com muita comoção, fiquei emocionada de pensar que esse trabalho, além de tudo que temos visto, quando o inconsciente vem para o consciente, na medida do possível, a partir da técnica que temos como possibilidade no espaço de atuação do SOS, ele para mim sugere que há uma troca da dor pela esperança, porque a gente sente isso quando vai se despedir dos pacientes que atendemos naquelas quatro ou cinco sessões. Há sempre uma dúvida se tocamos em alguns pontos e se resolveu ou não alguma coisa, pois nosso espaço e tempo de trabalho são curtos/reduzidos. Ao mesmo tempo, nesse nível de interpretação profunda junto com a condição da concretude da situação, há uma esperança muito grande! Essa moça foi tocada, a sensibilidade da analista também foi tocada com muita ênfase. Foi bom para todos. Eu fiquei muito entusiasmada com o projeto por termos essa possibilidade, a dor pode ser transformada em esperança.*

Maria Auxiliadora Campos[11] – *Fiquei pensando que a partir de algumas conversas que surgiram no trabalho junto ao SOS e nas supervisões mensais oferecidas, senti-me mais livre e menos preocupada em ter condutas mais factuais e objetivas. Esse é um aspecto que penso não se restringir ao atendimento emergencial, ocorrendo também em consultório, apesar da frequência dos encontros. Não é raro orientar e sugerir, em momentos de muita fragilidade do paciente, como que "emprestando" provisoriamente nossas funções egoicas. Por outro lado, o material aqui apresentado me levou a pensar em mães de crianças negras que alisam precocemente os cabelos de suas filhas, o que aponta para uma insatisfação dessas mães ao desejarem que suas filhas se assemelhem a pessoas brancas. A paciente trazida pela analista fala*

10 Membro filiado da SBPSP e do GEP Rio Preto.

11 Membro efetivo da Sociedade Brasileira de Psicanálise de Ribeirão Preto e coordenadora de um dos Ateliers de Pais e Cuidadores (Eixo 1).

de seu conflito/preconceito racial, de forma muito clara, profunda e pungente, o que não é habitual.

Dra. Yolanda Gampel – *Podemos fazer algo que possa construir e modificar situações mais impossíveis e permitir ao outro seguir crescendo. Penso que análise não é curar, mas sim possibilitar ao outro usar tudo que tem e tudo que nós temos para poder aprender a amadurecer, crescer e criar coisas novas. Isso eu vi nesse grupo constituído por todos vocês.*

Alicia – *Creio que muito mais que psicanálise, temos palavras e exemplos de vida de como poder estar nessas situações de risco quando nos encontramos nos limites dos limites. Mas o ser humano tem uma potencialidade capaz de transformação. Como você disse, a paciente falava e ninguém a entendia. Mas ela já tinha uma preconcepção de que iria encontrar alguém que iria escutá-la psiquicamente, além de ouvi-la propriamente. Por isso creio que seguimos trabalhando com todas as nossas perguntas, inquietações e realizações para seguir crescendo como seres humanos. Digo que o SOS é para mim um antídoto ante o desespero de viver no Brasil, neste momento com níveis assustadores de corrupção e deterioração dos valores humanitários. Mas, com nossas ferramentas psicanalíticas renovadas e bem cuidadas, ainda podemos fazer a diferença nesses seres tão sofridos e marginalizados. Vale a pena, o que nós conseguimos fazer e aprender com cada paciente e sobre nós mesmos, usando nossa ciência-arte da melhor forma possível. Utilizando os instrumentos que a psicanálise nos dá.*

Referência

Alvarez, A. (2021). *O coração pensante: três níveis de terapia psicanalítica com crianças e adolescentes*. São Paulo, SP: Blucher.

11. O que pensam os psicanalistas que atendem no SOS Brasil

Lazslo A. Ávila

Pesquisa qualiquantitativa com 47 psicanalistas do SOS Brasil, atendimento psicanalítico emergencial online, nos anos 2021 e 2022

Introdução

Já foi relatada aqui, nos capítulos prévios, a trajetória do Projeto SOS, diretamente vinculada à conjuntura sociopolítica-econômica e de saúde brasileira. Após dois anos de sua implantação, surgiu a ideia de organizar um grupo de pesquisa para elaborar uma investigação aprofundada sobre o seu andamento, avaliando os seus resultados e questionamentos. Avaliar para melhor prosseguir.

A presente pesquisa destina-se a investigar quantitativa e qualitativamente os questionários dos psicanalistas que atenderam clinicamente nos anos 2021 e 2022, colher suas respostas e submetê-las a tratamento estatístico e à análise qualitativa, no referencial psicanalítico. Divulgar os resultados, para convocar mais colegas a esse esforço psicanalítico-cívico de levar nossos conhecimentos e nossas técnicas ao auxílio de mais pessoas, famílias, grupos e instituições, porque a crise não é apenas a do vírus da Covid, a verdadeira crise, apenas catalisada pela pandemia, é a herança colonial, de escravidão e exploração econômica, de pobreza e elites descomprometidas, de maus governos e desgovernos. Sabemos que a nação brasileira ainda está em construção, a descolonização está em andamento, o imperialismo ainda impera, e aqui, nos trópicos, o capitalismo ainda é mais que selvagem.

Objetivos da pesquisa

Os principais objetivos da pesquisa são analisar quantiqualitativamente o atendimento psicanalítico de emergência para a população brasileira, do Projeto SOS Brasil, no período 2021-2022 e caracterizar a experiência vivida pelo conjunto de 47 psicanalistas durante os atendimentos, levantando suas opiniões sobre o país, a pandemia, a técnica psicanalítica emergencial online e suas vivências pessoais ao levar atendimento para as pessoas vulnerabilizadas do país.

O objetivo secundário, mas essencial, é fornecer subsídios para a conceituação teórica acerca do tratamento psicanalítico emergencial para populações vulneráveis, investigando os ganhos que a psicanálise pode ter, em seu método, sua ética, no alcance social e em seu próprio *corpus* teórico.

Método

A pesquisa é qualiquantitativa, narrativa, de corte transversal e de caráter exploratório. Participaram de sua elaboração as psicanalistas Alicia Beatriz Dorado de Lisondo (SBPSP e SBPCamp), Maria de

Lourdes Negreiros Lima (SPFor), Marly Terra Verdi (SBPSP e GEP Rio Preto e Região), Regina Célia Cardoso Esteves (SPFor) e Rosa Sender Lang (SPRJ).

O projeto foi submetido à Plataforma Brasil, órgão do Conselho Nacional de Desenvolvimento Científico e Tecnológico que rege a produção de pesquisas científicas no país, recebendo aprovação do Comitê de Ética, sob número CAAE 57700522.9.0000.5415.

O instrumento metodológico que estabelecemos foi o de discussão sobre o acompanhamento de dois anos de execução do projeto, com a elaboração de um questionário com doze perguntas distribuídas a todos os psicanalistas que já haviam realizado ao menos um atendimento em busca de ajuda emergencial. Recebemos assentimento da maioria dos analistas participantes do SOS Brasil e a amostra contou com 47 participantes.

Esse questionário foi pensado utilizando os referenciais teórico-técnicos que norteiam a metodologia clínica psicanalítica e pretende explorar, na forma da Teoria Embasada de Rustin (2016), o que cada psicanalista percebeu e compreendeu ao longo de seu atendimento no SOS Brasil em relação à dinâmica psíquica e à evolução do tratamento da pessoa atendida. Pretende ainda discutir os efeitos da tecnologia online neste trabalho emergencial.

Trata-se, portanto, de pesquisa clínico-qualitativa (Turato, 2003, 2005; Figueiredo e Minerbo, 2006), centrada na discussão do método clínico psicanalítico, visando caracterizar o que esse conjunto de profissionais apreendeu quanto à sua prática clínica para a população que buscou ajuda do Projeto SOS Brasil.

Para a análise e discussão das respostas aos questionários, foi necessária a criação de categorias que pudessem agregar e sintetizar os dados colhidos, distribuindo as respostas dos 47 participantes pelas categorias escolhidas para cada uma das doze perguntas, para o tratamento estatístico dos dados e discussão qualitativa posterior, com base no referencial teórico-metodológico psicanalítico.

Procedimento

Elaborou-se um questionário de doze perguntas, sustentadas pela concepção teórica de Rustin (2016) e pela metodologia clínico-qualitativa de Turato (2003).

Os questionários foram enviados pelo WhatsApp e por e-mail para todos os psicanalistas envolvidos no projeto, no ano de 2022.

Para garantir a uniformidade e maior participação dos psicanalistas, contamos com os coordenadores de ateliê dos cinco eixos do projeto, que, em uma de suas reuniões mensais, comunicaram aos integrantes de seus grupos a intenção e o propósito da pesquisa, coletando também o Termo de Consentimento Livre e Esclarecido (TCLE) e, na reunião seguinte, distribuíram e recolheram as respostas dadas.

Cada pergunta buscou investigar uma das grandes interrogações envolvidas no complexo trabalho desenvolvido no Projeto SOS Brasil, de modo a oferecer um painel consistente tanto das questões que emergiram ao longo dos atendimentos clínicos realizados como das opiniões, perspectivas e modelos que nortearam esses 47 psicanalistas em sua atuação clínica emergencial online.

Descrevemos a seguir as doze questões elaboradas e uma breve justificativa sobre como e por que cada uma foi concebida.

Instrumento – Questionário

Primeira pergunta: *Por que você decidiu participar do Projeto SOS Brasil?* Essa pergunta indaga sobre o que moveu cada psicanalista a se integrar ao projeto. Estaria intrinsecamente ligada ao momento atual, à enorme crise social-emocional decorrente da pandemia e das precárias condições sociais vigentes no Brasil? Era visível em muitos colegas o objetivo de dar alguma contribuição pessoal para a população. Mas devia haver também muitos outros motivos a serem investigados.

A seguir, o segundo conjunto de questões que emergiram da própria vivência do Projeto: *Enquanto psicanalista, qual é a sua visão sobre a pandemia do coronavírus e a situação socioeconômica do Brasil neste momento e seu impacto na construção da subjetividade?* Essa pergunta está destinada a apurar e situar o ponto de partida, evidente, da urgência de trabalho que é o Projeto SOS Brasil, ou seja, a pandemia e a crise social no Brasil. Buscávamos saber sobre o impacto psicológico, diante da extrema vulnerabilidade dos seres ainda em formação: bebês e crianças, assim como incidindo sobre os adolescentes e adultos responsáveis pelo cuidado familiar ou atuando em instituições de saúde, educacionais ou judiciárias.

A terceira pergunta era: *Qual é, na sua opinião, a contribuição que a psicanálise pode trazer para as pessoas que estão sofrendo as consequências da presente pandemia ou de outras situações de emergência social?* Quais seriam os instrumentos técnicos e as concepções teóricas que esses psicanalistas poderiam trazer para o projeto e como descrevem a sua atuação até o momento.

Quarta questão: *Quantas pessoas você atendeu, no presente projeto do SOS? Qual era a queixa ou situação que motivava a procura por atendimento?* Tínhamos com certeza diversas pistas, não só porque acompanhávamos todo o noticiário, e mais, nossas famílias também estavam afetadas, nossos pacientes, nossos amigos. A morte rondava a todos, gerando ansiedades e conflitos. E, para além da pandemia, havia o reconhecimento da multiplicidade de demandas psíquicas e sociais do povo brasileiro.

A quinta pergunta que estabelecemos foi: *Qual foi seu eixo de atendimento? O que você considerou característico no atendimento desta faixa etária no Projeto SOS Brasil?* Queríamos conhecer, desde a perspectiva de cada psicanalista, o que emergiu em sua prática clínica, que conteúdos e que cenários apareceram em relação aos universos infantis, adolescentes, adultos ou institucionais que eram atendidos.

Passamos para a sexta pergunta: *Como você avalia a forma como o(s) paciente(s) experienciou a postura do psicanalista no atendimento do SOS Brasil?* Tratava-se de buscar características da receptividade da população a essa oferta de trabalho. Sabíamos que havia uma profunda demanda reprimida, mas como as pessoas em condição de vulnerabilidade receberiam a oferta dos atendimentos psicanalíticos?

A sétima questão que propusemos foi: *Que ferramentas técnicas da psicanálise você utilizou ao longo dos atendimentos?* Queríamos também indagar sobre a questão do atendimento remoto, e que recursos fizeram parte do arsenal técnico empregado. Essa pergunta implica diversos desdobramentos, atuais e futuros, sobre a prática da psicanálise em situações emergenciais.

A seguir, pedimos que os psicanalistas nos informassem: *Quais dificuldades você enfrentou durante o tratamento psicanalítico da(s) pessoa(s) atendida(s) no SOS Brasil?* Essa foi a oitava questão. Nos interessava especialmente saber sobre o número de sessões, limitado entre três e oito, e sobre as dificuldades técnicas relativas ao atendimento remoto; as dificuldades para encaminhar o paciente; as questões ligadas ao sigilo e à privacidade; problemas no contrato, como as faltas às sessões; considerando a situação socioeconômica brasileira, os problemas que pudessem interferir; as questões gerais de mobilização da contratransferência.

A nona questão foi: *Em sua opinião, quais foram os resultados do atendimento psicanalítico para a pessoa e/ou a família que você atendeu?* Embora se trate de avaliação evidentemente subjetiva, queremos poder levantar a percepção de cada psicanalista sobre os possíveis resultados de seu trabalho com essa população.

Depois, importava buscar conhecer com mais detalhes o processo analítico desenvolvido entre cada analista e cada pessoa atendida pelo projeto SOS Brasil. Formulamos então, a décima pergunta: *Houve transformações na experiência vivencial da(s) pessoa(s) que você atendeu? Comente.*

Na décima primeira questão, procuramos levar os psicanalistas a refletir sobre o enquadre proposto, levantando suas potencialidades ou deficiências: *Como você avalia o atendimento psicanalítico com o limite de três a oito sessões? Aponte aspectos positivos e negativos.*

A última questão a ser investigada era de ordem pessoal: *O que significou para você a experiência de participar do SOS Brasil?* Esperávamos conhecer que aspectos esse conjunto de psicanalistas iria ressaltar sobre suas experiências ao longo do trabalho analítico, em meio à grande crise sanitário-econômico-política, sentindo de muito perto as angústias da população brasileira mais exposta aos sofrimentos múltiplos desse momento histórico.

Métodos de análise dos resultados

Análise qualitativa – Uma investigação psicanalítica é inerentemente atenta e respeitosa da singularidade de cada pessoa. Contudo, uma pesquisa com pretensão de produzir conhecimento generalizável e de validade ampla precisa ser, ao mesmo tempo, rigorosa e universalizável. O desafio, aqui, é o de sustentar a unicidade de cada psicanalista em sua experiência e discurso, ao mesmo tempo que se buscam os conteúdos similares e/ou compartilhados e, para isso, após elaborar o questionário, era preciso estabelecer categorias de agrupamento e classificação de suas respostas particulares.

Criamos entre cinco e dez categorias gerais para cada uma das doze perguntas, de modo a poder agrupar e classificar as respostas dos 47 analistas, buscando aglutinar os conteúdos particulares e criar linhas gerais de significação, à procura do fundamento comum inerente às suas respostas. Buscamos levantar as constâncias, as repetições, as conexões internas, o compartilhamento de ideias e conceitos psicanalíticos (teoria e técnica enlaçadas).

Propusemos realizar uma análise rigorosa do conjunto de respostas, utilizando metodologia psicanalítica para avaliar o projeto em seu alcance e significado para a população atendida. Essa análise preserva a singularidade inerente a cada atendimento psicanalítico, cada psicanalista e cada sujeito atendido, mas busca integrar os dados qualitativos colhidos em um conjunto significativo de elementos compreensíveis. As categorias respeitam essa singularidade, mas tratam de abarcar os elementos convergentes e divergentes nas respostas ao questionário, o que possibilita ampliar o campo de significação semântica de seus enunciados.

Os dados colhidos, na forma das respostas aos questionários, foram avaliados com os critérios metodológicos próprios à psicanálise, ou seja, com base nos conceitos que norteiam o entendimento da mente humana e procedimentos técnicos envolvidos nos atendimentos psicanalíticos. Esses mesmos conceitos foram os que levaram à construção do questionário e foram o critério para a compreensão e discussão das respostas dadas pelos participantes da pesquisa.

Análise quantitativa – A parte estatística é composta por uma análise descritiva, que mostra a frequência de respostas a cada categoria. Desse modo, é possível observar quais foram os aspectos mais e menos referidos pelos psicanalistas para cada uma das perguntas. Além disso, "nuvens de palavras", as quais ilustram os termos mais citados nas respostas, foram utilizadas para complementar a análise descritiva. Elas mostram quais foram as palavras mais utilizadas nas respostas de cada pergunta, de modo que quanto maior a palavra, maior foi sua frequência. Contamos com a colaboração da Estat Jr, firma mantida por professores e alunos de matemática da Universidade de Campinas (Unicamp), para essa análise.

Resultados e discussão

Fizemos uma análise conjunta dos resultados quantitativos e qualitativos, pois eles se entrecruzam e se iluminam reciprocamente. Os aspectos que possibilitavam aglutinação, compondo as categorias e, assim, a quantificação, estão apresentados em forma de tabelas simples, com o número de respostas e a porcentagem relativa diante do total. Os aspectos de ordem qualitativa serão apresentados na forma de citações literais das respostas fornecidas pelos 47 psicanalistas. Após isso, foram analisados esses números e depoimentos, extraindo de ambos as suas significações, com uma chave de leitura baseada na psicanálise.

A primeira pergunta ("Por que você decidiu participar do Projeto SOS Brasil?") trouxe um amplo conjunto de respostas, que foram lidas cuidadosamente e dispostas nas categorias preparadas para abarcar a diversidade e a singularidade, buscando as convergências. Obtivemos o seguinte quadro:

- Dar contribuição pessoal / Levar atendimento à população / Solidariedade / Promover transformação social: 82,97% (39 psicanalistas).
- Momento atual no Brasil (pandemia e situação econômica e social): 59,57% (28 psicanalistas).
- Interesse no tema específico deste ateliê / Troca de experiências com outros colegas / Possibilidade de aprendizagem: 27,65 % (13 psicanalistas).

- Ter experiência prévia com trabalho social: 21,27% (10 psicanalistas).
- Promover ampliação do conhecimento e técnicas psicanalíticas: 12,76% (6 psicanalistas).

A impressiva maioria de 83% dos participantes dessa pesquisa demostrou-se pessoalmente motivada em levar atendimento psicanalítico para a população brasileira; assim como 28 colegas (60% do total) manifestaram-se comprometidos e compromissados com a situação social brasileira, pretendendo auxiliar com seus conhecimentos e experiências prévias, em momento de tal gravidade. Observe-se que, nessa amostra de psicanalistas, o interesse profissional pela área escolhida, com possibilidades de intercâmbios e aprendizagens, foi um fator determinante da decisão de integrar o projeto para treze participantes. Dez deles já tinham experiências prévias com trabalhos de natureza social. Portanto, a primeira pergunta retrata bem a consciência e o envolvimento social desse conjunto de psicanalistas.

Isso se demonstra mais acuradamente nos seguintes depoimentos:

Psicanalista 12 – *"Por desejo de contribuir com a comunidade"*.

Psicanalista 13 – *"Queria ajudar as pessoas que estavam sofrendo. E o projeto me ajudou a ajudar"*.

Psicanalista 34 – *"Porque gostei da ideia do uso mais social, quero dizer, ao alcance de todos, do conhecimento psicanalítico e porque me interesso muito pelo tema dos bebês"*.

Psicanalista 43 – *"Devido ao impacto da pandemia e a situação que o país estava enfrentando senti que, como psicanalista, precisava ajudar quem necessitava de um apoio emocional"*.

A segunda pergunta, "Enquanto psicanalista, qual é a sua visão sobre a pandemia do coronavírus e a situação socioeconômica do Brasil neste momento e seu impacto na construção da subjetividade?", procurava aprofundar essa discussão e produziu os seguintes depoimentos:

Psicanalista 5 – *"A pandemia agravou de maneira intensa os problemas socioeconômicos de grande parte da população mais pobre e a falta de um planejamento e condução por parte do nosso governo de atender às populações mais carentes".*

Psicanalista 31 – *"A situação pandêmica teve sua gravidade amplificada pela desconsideração exercida pelas ações desconexas do governo federal o que gerou prejuízos inomináveis, além dos já esperados por uma situação pandêmica de tal extensão. Situação socioeconômica do Brasil – Os donos do capital se enriqueceram e agravou-se a situação de pobreza no país, com queda expressiva da capacidade de compra, inclusive dos bens de consumo necessários à sobrevivência. Ampliação do índice de desemprego gerando suas consequências; famílias desagregadas; incremento da violência doméstica e ampliação expressiva do índice de violência urbana. Polaridade política fragilizando a nação".*

Psicanalista 39 – *"A pandemia evidenciou a desigualdade social, escancarando um mundo de privilégios em detrimento da população e como analistas estamos imersos, e frente à realidade de uma grande maioria da população submetida a condições impossíveis ou quase de isolamento social, evidenciando as inexistentes políticas de atendimento social, políticas sanitárias e econômicas que pudessem ter socorrido os mais necessitados".*

Esses comentários atestam o grau de envolvimento que os psicanalistas demonstraram, frente à consciência do que a pandemia fazia emergir quanto à situação prévia e atual em que vive a maior parte da população brasileira. Junto ao caos cresce o medo, o desamparo, a angústia e inúmeros outros sofrimentos. Isso ocorre de forma completamente codeterminada pelo agravamento geral das condições de vida, pelo desemprego e miséria crescentes. Junto com as mortes da pandemia vêm os graves índices de desestruturação familiar, aumento da violência contra as mulheres e crianças, tudo isso causando inúmeros agravos na construção da subjetividade nos seres em formação, nos lares brasileiros.

O levantamento estatístico sobre essa segunda pergunta produziu o seguinte resultado:

- Agravamento geral das condições de vida / Desemprego / Miséria: 91,48% (43 psicanalistas).
- Medo / Insegurança / Desamparo: 62,34% (34 psicanalistas).
- Levar atendimento à população que não dispõe (carências sociais): 59,57% (28 psicanalistas).
- Desestruturação familiar / Violência contra as mulheres / Impacto na construção da subjetividade nos seres em formação: 57,44% (27 psicanalistas).
- Perdas e lutos: 44,68% (21 psicanalistas).
- Distanciamento social / Isolamento: 38,29 % (18 psicanalistas).

Esses dados numéricos retratam bem as preocupações desses profissionais. Os itens assinalados demonstram o quanto a maioria deles reconhecia a situação brasileira, em 2021-2022, como crítica. Aqui vão mais algumas das considerações feitas pelos psicanalistas do SOS Brasil, quanto à inter-relação da situação socioeconômica, a pandemia e seus impactos na população brasileira:

Psicanalista 2 – *"O impacto na construção da subjetividade de bebês e crianças afetadas pela tragédia da pandemia foi enorme, e o projeto SOS Brasil surgiu do desejo de amenizar esse sofrimento".*

Psicanalista 7 – *"Vejo a situação como algo impactante que trouxe uma instabilidade em vários aspectos da vida das pessoas. Perdas repentinas, crianças órfãs, isolamento social de crianças e adolescentes, pais de bebês que nasceram nesse período trouxeram consequências que afetaram e continuarão afetando outras gerações por um longo tempo ainda".*

Psicanalista 8 – *"Uma situação muito mal administrada pelo poder público gerando impactos ainda incalculáveis sobre a construção da subjetividade em nossas crianças, gerando medo, perdas afetivas fundamentais (pai e mãe), perdas na capacidade de sobrevivência material, perdas na riqueza afetiva do contato humano, na segurança emocional e na esperança para o futuro. E tudo isso afeta a construção e manutenção de uma subjetividade sadia, entre outras coisas".*

Psicanalista 9 – *"Na minha perspectiva, a pandemia do coronavírus impactou o mundo e Brasil, em função, principalmente, do distanciamento social e isolamento longo, que retirou crianças de seu convívio social, interações que ocorrem no espaço sociocoletivo da escola. Impactou e desestruturou famílias, fundamentalmente as de nível socioeconômico mais baixo, as de outras classes sociais foram também afetadas. Interferindo profundamente na construção de subjetividade de bebês e crianças, e dos adolescentes em processo de construção e desenvolvimento de sua subjetividade. Enfim, imagino que ainda não sabemos de toda a extensão emocional deste impacto nestas gerações".*

Psicanalista 20 – *"A pandemia trouxe muitos impactos subjetivos devido a perdas e mudança na vida de cada um. Vivemos por um tempo considerável, dois anos, muita insegurança, medo de adoecer, morrer, perder familiares e amigos. Vivências de desamparo e de imprevisibilidade e medo que nos afetaram fortemente, exigindo muita adaptação e metabolização de afetos intensos como raiva, medo, tristeza".*

Psicanalista 24 – *"Sem dúvida, viver num momento de incertezas e tamanha vulnerabilidade teve um grande impacto em toda nossa população. Defesas vividas anteriormente passaram a não dar conta. Novas vivências familiares eclodiram problemas até então adormecidos".*

Psicanalista 30 – "*Pandemia do Corona vírus e a situação econômica do Brasil foram fortes demandas para o impacto da subjetividade. Perdas, fome, desamparo, medo*".

Psicanalista 33 – "*A pandemia trouxe um enorme impacto socioeconômico para todas as classes sociais, mas especialmente a população mais vulnerável sofreu com a falta de itens básicos de higiene. Além da gestão genocida dos líderes políticos com o processo de negação, denegação da gravidade da situação. Tudo isso provocou uma avalanche de mortes evitáveis, perdas de familiares e amigos. Crianças abandonadas, violência doméstica, abuso de substâncias. A Covid provocou uma quebra na continuidade de vida das crianças, privação de contato com o outro e isolamento social. Do meu ponto de vista ocorreram falhas na constituição psíquica e penso que algumas consequências serão visíveis no decorrer do tempo*".

Essa aguda consciência necessitava materializar-se em ação. "Qual é, na opinião dos 47 psicanalistas, a contribuição possível da psicanálise, nessa situação e para essa população?" Esse era o tema da terceira pergunta.

Psicanalista 1 – "*A principal contribuição, a meu ver, é escutar as histórias e relatos das experiências destas pessoas. Isto confere visibilidade e audibilidade, que se sentem existindo e sendo validadas para alguém. O efeito dessa experiência parece mágico. Não conseguimos resolver seus problemas, mas as pessoas acabam se reconhecendo como existentes e capazes por meio de nossos olhos e palavras. Suas palavras e dramatizações do que viveram também servem para representar a experiência sofrida e assim dela se apropriam, encontrando, pela historização, um lugar em suas mentes*".

Psicanalista 4 – "*Na minha opinião a contribuição é oferecer possibilidades de 'saída' de 'ampliação' por meio da continência, da possibilidade de pensar e conhecer e ter acesso a serviços de direito do cidadão*".

Psicanalista 5 – *"Para mim a psicanálise oferece um espaço de escuta, de acolhimento do sofrimento extremo e a criação de um vínculo humano que propicia a crença na relação humana e afetiva e a possibilidade do enfrentamento das crises existenciais".*

Psicanalista 8 – *"Com nossas oito sessões de atendimento, levamos não só nossa compreensão psicanalítica para esses lugares até então inacessíveis à nossa intervenção, mas levamos uma escuta empática, uma possibilidade de contenção das angústias, um sopro de esperança por dias melhores, uma possibilidade de fazer renascer nessas pessoas, lares, instituições um acreditar em si mesmo, na possibilidade de reconstruir o futuro, de acreditar outra vez na vida. E a possibilidade de encaminhamentos para serviços da comunidade".*

Psicanalista 9 – *"A psicanálise pode viabilizar o acolhimento e o* holding *para pacientes que vivenciaram tantas confusões familiares, e processos depressivos em função de se depararem (incluindo os analistas) com o desamparo, perdas de toda ordem, ameaças diárias de morte. Especificamente para pessoas em emergência social, podemos escutá-los, mostrar-lhes que não estão "invisíveis", que alguém se preocupa com elas, podendo oferecer-lhes espaço para 'pensar juntos' os enfrentamentos com os quais estão se deparando".*

Psicanalista 12 – *"A psicanálise, enquanto espaço de escuta da vida mental e de construção da subjetividade, pode contribuir muito por meio da minimização das angústias, continência para o sofrimento humano, para os conflitos familiares e, sem dúvida alguma, é um campo que pode favorecer a construção de possíveis transformações advindas desse processo".*

Em termos estatísticos, a proporção encontrada nessa pesquisa foi:

- Escuta / Compreensão / Acolhimento / Continência: 85,10% (40 psicanalistas) Elaboração de perdas e lutos / Dar sentido ao sofrimento / Dar esperança: 57,44% (27 psicanalistas).

- Desenvolver recursos pessoais / Realizar transformações: 55,31% (26 psicanalistas).
- Porta de entrada para a psicanálise / Contribuição da psicanálise: 40,42% (19 psicanalistas).
- Encaminhamentos para continuidade de tratamento: 8,51% (4 psicanalistas).

Como esperado, pelo fato de essa pesquisa estar estruturada psicanaliticamente, o principal aspecto salientado pelos entrevistados foi exatamente a escuta acolhedora, que os psicanalistas, em um total de 85%, salientaram como a maior contribuição a ser ofertada para as pessoas em sofrimento. Com o enorme número de perdas humanas, a angústia e a impossibilidade de elaboração psíquica, para 27 psicanalistas (57%), foram as principais causas de direcionamento para sua ajuda. Isso se concretiza também em desenvolver os recursos pessoais e encaminhar para continuidade do tratamento psicanalítico, considerados por 26 e 19 psicanalistas, respectivamente. Finalmente, também o encaminhamento para outros serviços de saúde mental foi levantado por quatro psicanalistas.

Mas são os depoimentos, ou seja, a dimensão qualitativa dessa pesquisa, o que melhor permite apreender o profundo sentimento de solidariedade, desencadeado pela "leitura de realidade" sobre o desamparo e o sofrimento psíquico, que habilitaram esses psicanalistas a se engajarem no Projeto SOS Brasil. Observe-se, nos depoimentos, o quanto a formação teórico-técnica possibilita uma compreensão muito mais profunda de todos os agravos que vinham como consequência de uma crise sanitária se abatendo sobre um contexto de crise social permanente. É inevitável que essa conjugação de crises exerça um profundo efeito disruptivo nas famílias brasileiras e, em efeito cascata, prejudique os vínculos conjugais, fraternais, parentais e comunitários. Quanto mais vulnerável estiver a população, mais severos serão os prejuízos em todas as dimensões da existência.

A quarta questão era: “Quantas pessoas você atendeu, no presente projeto do SOS? Qual era a queixa ou situação que motivava a procura por atendimento?” O número variou entre uma única pessoa atendida (por três psicanalistas) até um máximo de doze pessoas (por um psicanalista), com uma média de cinco pessoas por psicanalista. Esse número exclui as instituições atendidas, que foram cinco, e esses atendimentos eram feitos em grupo. Quanto às queixas ou situação, obtivemos as seguintes descrições e porcentagens relativas:

- Desamparo / Sofrimento psíquico: 72,34% (34 psicanalistas).
- Depressão / Suicídio: 38,29% (18 psicanalistas).
- Conflitos familiares / Violência doméstica / Abuso sexual: 38,29% (18 psicanalistas).
- Perdas / Lutos não elaborados: 34,04% (16 psicanalistas).
- Isolamento / Solidão: 34,04% (16 psicanalistas).
- Preocupações com os filhos / Problemas na criação dos filhos / Questões da adolescência / Problemas escolares: 31,91% (15 psicanalistas).
- Ansiedade / Pânico: 8,51% (4 psicanalistas).
- Questões institucionais: 4,25% (2 psicanalistas).
- Somatizações: 2,12% (1 psicanalista).

As informações colhidas pelos psicanalistas, reflexo das problemáticas que eles encontram em seus atendimentos clínicos, mostram que as questões relacionadas ao desamparo e ao sofrimento emocional foram marcantes para três quartos (72%) dos entrevistados. Contudo, todas as demais categorias também trazem implícito o sofrimento, pois depressão e suicídio (38%), conflitos familiares/violência doméstica/abuso (mesma porcentagem da anterior), perdas e lutos não elaborados e isolamento/solidão (ambos os itens com 34% das respostas), preocupação com os filhos (32%), e ansiedade e pânico (com 8,51%), todas essas categorias são formas particularizadas de dores emocionais, que também podem se materializar no corpo (somatizações) ou nas relações institucionais, como salientado por dois psicanalistas.

Alguns dos relatos exemplificam esse cenário:

Psicanalista 6 – *"Atendi cinco jovens. A procura foi devida a um quadro excessivo de ansiedade, dificuldade de relacionamento entre os familiares e uma necessidade de desenvolver uma compreensão sobre si mesmo"*.

Psicanalista 10 – *"Atendi oito pessoas no total. Uma pessoa procurou atendimento para a filha devido à morte da esposa por Covid; crianças com diagnóstico de autismo; outra criança teve de lidar com a morte dos avós maternos, mas nenhum deles por Covid; depressão; criança cuja mãe não conseguia lidar com seu choro"*.

Psicanalista 15 – *"Cinco pessoas. Pessoas que tiveram suas problemáticas internas agravadas e emergentes no desamparo que estavam vivendo. Mães que se sentiam impotentes para enfrentar a nova situação e o isolamento imposto, para cuidar também das tarefas acadêmicas dos filhos. Os sintomas percebidos em todos foram depressão e ansiedade"*.

Psicanalista 29 – *"Participamos com rodas de conversa em dois grupos na Casa X (uma metrópole brasileira) em média de dez a doze pessoas. São muitas dificuldades e queixas nos abrigos, desde o desconhecimento total da história de vida da criança e do adolescente pelos técnicos e cuidadores; o altíssimo* turnover *que dificulta a criação de vínculos afetivos com uma população que vem repleta de vivências traumáticas com os laços familiares; as pessoas que lidam diretamente com as crianças e adolescentes precisam de apoio psicológico para lidar com dores emocionais de toda ordem"*.

A seguir, indagamos: "Qual foi seu eixo de atendimento? O que você considerou característico no atendimento desta faixa etária no Projeto SOS Brasil?"

E as respostas, que denotam os traços principais característicos de cada faixa etária, como distribuídos nos ateliês, mas que aqui se apresentam aglutinados, resultaram na seguinte distribuição numérica:

- Questões específicas da fase de vida (infância / adolescência / adultez): 57,44% (27 psicanalistas).
- Ansiedade / Insegurança / Angústias / Problemas de sono / Preocupações com o futuro / Sobrecarga emocional / Desamparo: 51,06% (24 psicanalistas).
- Dificuldades com função (papel parental) / Identidade profissional: 40,42% (19 psicanalistas).
- Depressão / Solidão / Isolamento e dificuldades devidas à pandemia: 31,91 % (15 psicanalistas).
- Questões e conflitos familiares / Abandono / Violência / Dificuldades de separação: 27,65% (13 psicanalistas).
- Questões institucionais / Falta de preparo dos profissionais dos abrigos e de continência: 4,25% (2 psicanalistas).

As questões próprias a cada etapa do ciclo de vida representaram o principal conjunto de respostas, na opinião de 24 dos psicanalistas pesquisados, ou seja, 57% deles. Segue-se, em ordem de importância, a ansiedade/insegurança/desamparo, assinalados por 24 pesquisados, e então um item significativo, assinalado por dezenove dos psicanalistas (40%), que indica o quanto os pais e cuidadores se sentiam preocupados com o desempenho de suas tarefas. Já era esperado um índice considerável de depressão devido à solidão e as dificuldades decorrentes da pandemia do Covid-19, e isso foi salientado por quinze dos psicanalistas. As questões e conflitos familiares representaram 28% das respostas, e as questões características de quem fez o atendimento de instituições foram indicadas por dois dos psicanalistas.

O que os 47 psicanalistas pesquisados declararam?

Psicanalista 5 – "*Eixo de adolescentes. Isolamento trazendo ansiedades e depressão por falta de vivências na escola ou sociais, acirramento de tensões na família, uso maior de internet e celular levando a problemas de sono, dificuldades escolares*".

Psicanalista 7 – "*Crianças – em comum que vivem situações de abandono, violência, com histórias de vida bastante difíceis*".

Psicanalista 9 – "*Eixo crianças. Na maioria dos casos que atendi, foi necessário um trabalho de escuta e* holding *das mães. Os pais não participavam de nenhum dos atendimentos. Chamou atenção o número de mães solo*".

Psicanalista 23 – "*Atendi adultos. Considerei muito proveitoso poder dar a possibilidade de as pacientes vivenciarem uma conversa diferente, que as fizeram refletir sobre suas vidas, sobre a pandemia e a reverberação em suas vidas*".

Psicanalista 25 – "*Adultos. Foram três mulheres que estavam sobrecarregadas emocionalmente com as demandas da realidade*".

Psicanalista 26 – "*Instituição. Faixa etária adulta com rodas de conversas. Pessoas lutando com muita coragem, mas sem apoio. Com boa vontade intensa, mas totalmente sem condições de formação, contando consigo mesmas*".

Psicanalista 32 – "*Meu eixo é o atendimento pais-bebê e a característica maior foi a relação das mulheres com seus bebês no sentido de suas angústias, dúvidas, questionamentos e sentimentos. Apareceram questões tanto relacionadas à maternidade em geral, quanto ligadas a pandemia e a tudo que as assombrava na proteção dos seus filhos*".

Psicanalista 35 – *"Atendi três duplas mãe-bebê, com queixa relacionada às dificuldades em lidar com seus filhos, ligadas principalmente aos limites, subjetividade".*

A sexta questão foi: "Como você avalia a forma como o(s) paciente(s) experienciou a postura do psicanalista no atendimento do SOS Brasil?"

Obtivemos as seguintes proporções entre as categorias escolhidas:

- Amparo / Acolhimento / Vínculo / Reconhecimento de disponibilidade / Percepção da seriedade dos atendimentos oferecidos / Aumento da capacidade de pensar, refletir e agir: 68,08% (32 psicanalistas).
- Gratidão / Positiva / Esperançosa / Alegria / Alívio: 48,93% (23 psicanalistas).
- Desejo de prosseguimento com as sessões: 17,02% (8 psicanalistas).
- Encaminhamentos para outros serviços: 6,38% (3 psicanalistas).
- Incômodo com as pausas e o silêncio no tratamento online: 4,25% (2 psicanalistas).
- Falta de engajamento emocional com a proposta: 4,25% (2 psicanalistas).

Esses resultados numéricos são muito expressivos. Além da evidente aceitação do trabalho analítico refletida nos sentimentos de gratidão, alegria, alívio, amparo, acolhimento e desejo de prosseguir com as sessões, apenas dois sentimentos de ordem mais negativa (falta de engajamento emocional e incômodo com as pausas e silêncio) foram relatados por quatro dos psicanalistas. Amparo e acolhimento foram apontados por 68% dos entrevistados. Uma pessoa não respondeu a essa pergunta.

Vejamos alguns depoimentos:

Psicanalista 3 – "*Muito positiva e esperançosa*".

Psicanalista 14 – "*Senti que as pacientes que atendi ficaram muito agradecidas e até surpresas com o cuidado que estavam recebendo*".

Psicanalista 19 – "*Ter um espaço onde há uma pessoa disponível para escutar, interessada, oferecendo seu olhar, sua mente, para descrever o que via, sem julgar... acho que a experiência de se sentir acompanhado para encontrar-se com o outro, ajudou todos a se aproximarem de si mesmos*".

Psicanalista 37 – "*O trabalho do psicanalista foi sentido como de grande valia aos pacientes, que relatavam o quanto a frequência pode atingir o objetivo da emergência e do sofrimento pelo trauma*".

Psicanalista 44 – "*A princípio, houve certa surpresa e ao mesmo tempo, um desalento, talvez pela transitoriedade e, também, certa gratidão*".

Essas respostas talvez não causem surpresas para os psicanalistas e outros profissionais da saúde mental, mas são muito importantes de serem ressaltadas porque indicam que não bastam políticas públicas de atenção dirigidas exclusivamente à saúde física, ou medidas apenas econômicas; deve ser combatida, com informação, a postura de que a população carente não saberia reconhecer um trabalho psicanalítico como parte significativa da atenção que ela deve ter, principalmente em momentos de ainda maiores agravos à sua integridade física e psíquica.

A seguir, os pesquisadores buscaram conhecer "Que ferramentas técnicas da psicanálise você utilizou ao longo dos atendimentos?"

O que resultou na seguinte distribuição numérica:

- Escuta / Acolhimento / Continência / Oferecimento do psiquismo do analista: 82,97% (38 psicanalistas).

- Assinalamentos / Pontuações / Interpretação: 40,42% (19 psicanalistas).
- Transferência / Contratransferência: 38,29% (18 psicanalistas).
- Associação livre / Atenção flutuante: 27,65% (13 psicanalistas).
- Recursos gráficos concretos: livros, imagens etc.: 14,89% (7 psicanalistas).
- Observação: 14,89% (7 psicanalistas).
- Contrato / *Setting*: 10,63% (5 psicanalistas).
- Tecnologia online: 10,63% (5 psicanalistas).
- Sonhar / Brincar: 10,63% (5 psicanalistas).
- Método de observação da relação mãe-bebê: 8,51% (4 psicanalistas).
- Orientações: 6,38% (3 psicanalistas).
- Supervisão: 2,12% (1 psicanalista).
- Encaminhamentos: 2,12% (1 psicanalista).

Observe-se a fortíssima incidência da escuta/acolhimento, assinalada por 83% dos psicanalistas, seguida pelos assinalamentos, pontuações e interpretação, anotados por dezenove pesquisados (40%), seguidos pelo item da transferência/contratransferência, com 38,29% (dezoito psicanalistas) e pela associação livre/atenção flutuante, referidas por treze entre eles (27%). Os recursos gráficos, sempre necessários no trabalho com crianças, foram citados por sete psicanalistas, a observação, o contrato/*setting*, o sonhar/brincar e a tecnologia online por cinco analistas (10%) cada uma dessas categorias. Orientações, supervisão e encaminhamentos foram menos pontuados.

As citações literais das respostas deixam mais clara a abrangência dos recursos empregados nos atendimentos emergenciais:

Psicanalista 11 – "*Difícil especificar. Adotei postura semelhante a que uso em meus atendimentos, me adaptando à situação online*".

Psicanalista 16 – "*Eu me vali de minha formação em atendimentos breves em atendimentos pais-bebê, como proposto pelos autores estudiosos da intervenção precoce*".

Psicanalista 17 – "*Basicamente a observação, a escuta e a presença terapêutica*".

Psicanalista 18 – "*Difícil responder; se ferramentas quer dizer arcabouço teórico, segui muito Winnicott e suas consultas terapêuticas e minha experiência em atendimento de psicoterapia breve e focal; procurei participar das reuniões de grupo e as supervisões mensais com colegas experientes em atendimentos convidadas pelo SOS Brasil*".

Psicanalista 27 – "*Utilizamos nossa capacidade de escutar as demandas do grupo e ao mesmo tempo poder estimular que a equipe pudesse pensar nas situações trazidas por vértices diversos, menos engessados*".

Psicanalista 36 – "*Considero que as técnicas que utilizamos boa parte do tempo acompanham a forma como propomos o nosso trabalho, como: associação livre, a transferência, a contratransferência, o inconsciente*".

Psicanalista 44 – "*Sobretudo a escuta e perguntas que evocassem pensamento*".

Psicanalista 40 – "*Minha capacidade de ouvir e conseguir, dentro de minhas possibilidades, oferecer uma continência para as angústias compartilhadas e, também, poder identificar junto com a pessoa as motivações do seu sofrimento*".

Psicanalista 46 – "*A escuta com acolhimento, a observação, pontuações dos sentimentos e angústias apresentados nos relatos e orientações*".

A oitava questão era: "Quais dificuldades você enfrentou durante o tratamento psicanalítico da(s) pessoa(s) atendidas no SOS Brasil?"

Comecemos com a leitura das formulações feitas pelos psicanalistas, antes de apresentarmos as frequências estatísticas de suas respostas:

Psicanalista 21 – *"Inicialmente a forma virtual; também o limite do número de sessões"*.

Psicanalista 22 – *"A maior dificuldade creio ter sido a frustração de não ter retorno sobre todos encaminhamentos, e o número de atendimentos, que para mim foi reduzido"*.

Psicanalista 38 – *"Não tive muitas dificuldades, por sorte somente dois atendimentos não foram de oito sessões, mas por motivos claros. Senti que a aceitação foi muito boa sem dificuldades"*.

Psicanalista 41 – *"As principais dificuldade em alguns casos foram a falta e a não construção do vínculo. Em outros casos, a dificuldade foi a de encontrar condições de privacidade para que as sessões pudessem acontecer"*.

Psicanalista 42 – *"A internet do paciente era muito ruim, se ela me via não dava para falar. As duas primeiras fizemos sem vídeo"*.

Psicanalista 45 – *"Algumas pessoas não tinham um local reservado para uma conversa privada. Havia sempre alguma interferência de filhos, companheiros, alguém batendo na porta..."*

Agora apresentamos a estatística referente a essa pergunta:

- Falta às sessões / Dificuldade com o enquadre ou contrato: 31,91% (15 psicanalistas).
- Dificuldades técnicas para conexão online / Pacientes sem recursos tecnológicos: 25,53% (12 psicanalistas).
- Nenhuma dificuldade / Pacientes bem encaminhados pela triagem: 14,88% (7 psicanalistas).

- Contratransferência / Enfrentar a impotência ante as terríveis situações sociais, econômicas, educacionais e psíquicas: 14,88% (7 psicanalistas).
- Número reduzido de sessões / Desejo de mais ajuda: 14, 89% (7 psicanalistas).
- Questões de privacidade: 12,76% (6 psicanalistas).
- Dificuldades para encaminhar o paciente / Falta de retorno sobre os encaminhamentos realizados: 10,63% (5 psicanalistas).
- Outros / Tempo / Covid: 10,63% (5 psicanalistas).
- Problemas econômicos interferindo: 4,25% (2 psicanalistas).

Observando esses dados, diversos aspectos chamam atenção. Comecemos pelo último: seria de se esperar, dada a conhecida condição de pobreza em que vive a maior parte do povo brasileiro, que os problemas econômicos apresentassem forte interferência nos atendimentos. Mas apenas dois psicanalistas colocaram acento nesse fator, o que provavelmente implica que ambos, psicanalista e paciente, procuram superar da melhor maneira possível os efeitos dificultadores da condição econômica para o pedido de ajuda psíquica. Mas também devemos considerar o segundo item mais pontuado, o das dificuldades técnicas com a conexão online e a falta de recursos tecnológicos, apontados por 25% dos psicanalistas. Se somarmos a esse o item "questões de privacidade", apontado por seis psicanalistas, podemos ver que de fato os problemas econômicos estavam subjacentes aos atendimentos. Sabe-se que muitas famílias brasileiras vivem em casas de poucos cômodos. Sabe-se também o quanto custa manter internet, celulares e computadores. Assim, provavelmente, o que os psicanalistas quiseram dizer é que é possível, sim, o atendimento a essas pessoas, mesmo nesta condição socioeconômica tão desfavorecida. Essa população convive cotidianamente com essa realidade, mas para os psicanalistas atender nessas situações era um grande desafio.

Por outro lado, o que emerge das respostas é que os problemas de enquadre, incluindo as faltas, a queda do sinal, a presença de outras pessoas no ambiente, e outros fatores, são poderosos obstáculos ao trabalho psicanalítico. Isso foi apontado por um terço dos psicanalistas. Associa-se também a isso outros itens assinalados, como a dificuldade para fazer os encaminhamentos e a necessidade de maior número de sessões.

Agora, muito expressiva, para alguns psicanalistas, é a categoria "contratransferência", que inclui as sensações de impotência e impossibilidade de enfrentar a avalanche de aspectos da realidade material concreta, como o desemprego, a pobreza e outros fatores associados. De fato, que poder tem a interpretação diante da realidade avassaladora? Contudo, é exatamente nisso que reside toda a potência do Projeto SOS Brasil: capacitar a poder pensar, fortalecer, acolher, ampliar a mente, desenvolver os recursos emocionais, pessoais e intersubjetivos, fortalecer os vínculos, compartilhar.

As respostas à próxima questão ampliam essas considerações.

Perguntamos: "Em sua opinião, quais foram os resultados do atendimento psicanalítico para a pessoa e/ou a família que você atendeu?"

Essa pergunta obteve as respostas agrupadas nas seguintes categorias, apresentadas com as porcentagens respectivas:

- Acolhimento / Auxílio na crise / Alívio de sintomas / Mudança de humor: 53,19% (25 psicanalistas).
- Aumento da percepção / Consciência / Autoestima / Capacidade de representação / Aprendizado: 44,68% (21 psicanalistas).
- Conhecimento do trabalho analítico / Vontade de prosseguir a terapia: 34,04% (16 psicanalistas).

- Encaminhamentos para outros serviços: 27,65% (13 psicanalistas).
- Conquistas na comunicação familiar / Conquistas no ambiente de trabalho: 21,27% (10 psicanalistas).
- Gratidão: 17,02% (8 psicanalistas).
- Sem resultados / Indiferente: 4,25% (2 psicanalistas).

O acolhimento, auxílio na crise e alívio de sintomas foram assinalados por mais da metade dos psicanalistas, em número de 25. Porém, se somarmos esse item com todos os que vêm a seguir, à exceção do último, "sem resultados/indiferente", observamos que os primeiros seis itens dizem respeito a variações ou matizes da complexa experiência clínica, que é o atendimento psicanalítico. De fato, quando se afirma que há aumento de consciência, de percepção, de autoestima, de aprendizado e da capacidade de representação, que foram assinalados por 21 psicanalistas (44%), ou quando se ressaltam as conquistas na comunicação familiar ou no ambiente de trabalho, sinalizadas por outros dez psicanalistas, e ainda a "gratidão", expressa por oito deles, todos esses itens remetem ao reconhecimento dos pacientes e, portanto, a resultados obtidos pelo atendimento oferecido. Desse modo, apenas 4,25%, ou seja, dois psicanalistas, não obtiveram resultados, ou consideraram indiferentes.

Acompanhemos os comentários de alguns dos 47 psicanalistas:

Psicanalista 2 – *"Penso que a maioria dos pacientes se beneficiou do atendimento, passando a dialogar mais com os familiares, aumento de autoestima, e um desejo crescente de se conhecer melhor".*

Psicanalista 11 – *"Acredito que contribuí para que a família ficasse motivada a continuar o atendimento com os diferentes profissionais para os quais foram encaminhados".*

Psicanalista 36 – "*Na minha observação houve movimentação no estado psíquico, a pessoa movimentando-se de um estado paralisado, mais deprimido e encaminhando-se para um estado de aberturas e novas perspectivas*".

Psicanalista 47 – "*O resultado foi que mesmo à distância e com as dificuldades inerentes ao contexto on-line, ocorreu uma formação de vínculo entre paciente e analista e a percepção por parte do paciente e do analista de movimentos emocionais férteis, no sentido de alguma transformação*".

A partir desses depoimentos, e de inúmeros outros aqui não incluídos devido à limitação do espaço, podemos constatar que a proposta do SOS Brasil de atender pessoas em condição de sofrimento emocional exerce efeitos terapêuticos reconhecíveis, tanto pelos profissionais quanto pela população atendida. Os resultados são parciais, não tão profundos quanto em um tratamento presencial e de longo prazo, mas são reais, efetivos, necessários.

E então, prosseguindo essa investigação: "Houve transformações na experiência vivencial da(s) pessoa(s) que você atendeu? Comente."

Ouçamos os psicanalistas primeiro, para depois vermos os resultados percentuais.

Psicanalista 1 – "*Creio que sim. Dirigir nossa atenção para pautas de funcionamento nas relações consigo mesmo e com os outros, identificadas durante as sessões, permitiram que dois adolescentes se tornassem mais auto-observadores quanto à repetição daquelas pautas. Passaram a ver o que os levava a ser e agir daquela forma e se sentiram responsáveis pelos seus próprios atos. Se irão mudar ou não, é uma decisão que lhes cabe, mas gostaram de se ver a si mesmos*".

Psicanalista 10 – "*Sim, porque os pais entenderam na maioria dos casos que precisavam se cuidar para atender melhor às necessidades dos filhos*".

Psicanalista 14 – "*Em ambos os casos houve encaminhamento da situação para continuar o atendimento. Senti que houve uma abertura para que a pessoa pudesse buscar ajuda e se sentir mais acompanhada para enfrentar suas angústias*".

Psicanalista 26 – "*Penso que sim. Transformações que levam ao desejo de mudança*".

Psicanalista 32 – "*Penso que aconteceram transformações na vivência de cada um sim, é claro, de acordo com suas possibilidades. Observando o início e o fim dos oito atendimentos, já podia perceber as mudanças, pois este espaço analítico havia sido internalizado como uma forma de ampliação do pensamento e do acesso aos próprios sentimentos*".

Agora, os números:

- Sim / Pacientes manifestaram gratidão: 72,34% (34 psicanalistas).
- Muitas mudanças nos pacientes / Transformações significativas / Melhoras sintomáticas: 31,91% (15 psicanalistas).
- Maior integração familiar: 21,27% (10 psicanalistas).
- Acho, creio ou acredito que sim: 14,89% (7 psicanalistas).
- Encaminhamentos de familiares, vizinhos para o SOS Brasil: 6,38% (3 psicanalistas).
- Incerteza quanto aos resultados: 6,38% (3 psicanalistas).
- Transformação do analista: 4,25% (2 psicanalistas).
- Não: 4,25% (2 psicanalistas).
- Transformações nas instituições atendidas: 2,12% (1 psicanalista).

Essas respostas retratam a evolução dos tratamentos empreendidos. A gratidão manifestada é apenas a expressão externa de um processo reconhecidamente inefável que é o atendimento psicanalítico. Ressaltamos novamente o fato de apenas dois psicanalistas responderem que não houve resultados reconhecíveis, o que acontece mesmo nos tratamentos convencionais, em consultório. As transformações tanto nos pacientes quanto nos analistas atestam a consistência do trabalho analítico para essa população. Se somarmos o "sim", com o "acho/creio que sim" temos um total de 41 psicanalistas, ou seja, 87% do total, concordando com o alcance de resultados terapêuticos. Quem atuou no Eixo 5, Instituições, também observou resultados positivos.

A décima primeira questão foi "Como você avalia o atendimento psicanalítico com o limite de três a oito sessões? Aponte aspectos positivos e negativos".

Essa era uma das questões cruciais dessa pesquisa. Urgia conhecer e poder avaliar em profundidade o que essa proposta emergencial, limitada a um máximo de oito sessões, mas feita por psicanalistas, e assim tendo o referencial teórico-técnico da psicanálise como subjacente aos atendimentos, poderia produzir como resultados. Resultado aqui é uma palavra empregada em seu mais amplo sentido: houve validade em oferecer este trabalho? Ele foi útil e benéfico para os atendidos? Trouxe ganhos para os profissionais? É de fato Psicanálise, ou essa limitação no tempo e no *setting* a descaracteriza como prática psicanalítica? Vejamos o que os psicanalistas e, por meio deles, a pequena parcela da população brasileira que foi atendida nos permitem representar:

- Positivos / Permite dimensionar a tarefa do psicanalista / Produzir transformações: 72,34% (34 psicanalistas).
- Negativos (número insuficiente/reduzido – angústia do analista/impotência – incertezas sobre o encaminhamento): 31,91% (15 psicanalistas).

- Destaque para o aspecto emergencial do SOS: 29,78% (14 psicanalistas).
- Encaminhamentos (necessidade e desejo de continuidade): 21,27% (10 psicanalistas).
- Ajudar mais pessoas / Levar a psicanálise para pessoas em situação desfavorecida: 8,51% (4 psicanalistas).
- 8 sessões é bom, 3 é pouco: 17,02% (8 psicanalistas).
- O número de sessões deveria ser variável: 17,02% (8 psicanalistas).

Vejam o que pensam os psicanalistas que atenderam:

Psicanalista 13 – "*Acho que três sessões é muito pouco. Tenho sempre feito em oito sessões, pois vejo que tenho mais tempo com o grupo, e o paciente, também, para colocar suas angústias e trabalharmos com elas*".

Psicanalista 23 – "*Atendi em oito sessões. Não é uma situação ideal, porém é uma realidade possível. O ganho não é o mesmo que uma terapia convencional, mas abre-se a possibilidade de o paciente, se sentir acolhido e ser encaminhado a um atendimento em uma instituição que atenda gratuitamente!*"

Psicanalista 27 – "*Nessa instituição penso que oito encontros foram insuficientes*".

Psicanalista 35 – "*Referente a técnica de intervenção pais-bebês, o número de sessões de tempo breve ou determinado mostrou-se eficaz*".

Psicanalista 47 – "*Avalio que este número não deve ser fixo, depende muito de cada caso e não pode passar de oito, para não se caracterizar como um tratamento psicanalítico*".

Quase três quartos dos psicanalistas avaliaram o seu atendimento como: "Positivos / Permite dimensionar a tarefa do psicanalista /

Produzir transformações": 72,34% do total. Assim, para 34 psicanalistas, há validade e alcance nessa proposta do SOS Brasil. Quanto aos quinze psicanalistas que consideraram negativos os resultados, suas respostas, no plano qualitativo, demonstram que essa negatividade não se prendeu em si ao próprio trabalho, mas a diversos fatores de ordem ambiental, como as dúvidas sobre para onde encaminhar, e os aspectos concretos da pobreza e falta geral de condições adequadas de vida, gerando nesses psicanalistas fortíssimas reações contratransferenciais de angústia e impotência.

O atendimento psicanalítico emergencial desperta inúmeros interrogantes. O que os psicanalistas envolvidos com o Projeto SOS Brasil perceberam, a partir de sua prática, foi que essa forma de ajuda faz sentido tanto para quem a recebe como para quem a oferta. Por exemplo, cerca de um terço desses psicanalistas colocaram ênfase e deram destaque para o aspecto emergencial da situação psíquica das pessoas que recorreram a elas. Muitos psicanalistas também salientaram o desejo das pessoas por dar continuidade nos atendimentos, e se frustraram com as dificuldades do encaminhamento.

Quanto ao número proposto de sessões, oito psicanalistas (17%) consideraram esse número adequado, salientando que três sessões seriam insuficientes, e também oito psicanalistas prefeririam que esse enquadre não fosse fixo, propondo número variável de atendimentos, de modo a adequar a quantidade de sessões às necessidades específicas, singulares, de cada paciente que busca ajuda no SOS. De qualquer forma, o enquadre proposto parece ter preenchido as demandas mais prementes, permitindo alívio e resolução para algumas das questões mais críticas e emergenciais dos pacientes, famílias e instituições.

Finalmente, "O que significou para você a experiência de participar do SOS Brasil?"

Os resultados quantitativos das categorias foram:

- Trabalho muito gratificante / Rico / Ganho pessoal / Experiência emocional / Aprendizado com os pacientes: 87,23% (41 psicanalistas).
- Levar auxílio para pessoas desassistidas / Carentes / Traumatizadas / Ajudar / Contribuir: 55,31% (26 psicanalistas).
- Aprender e compartilhar nos ateliês com colegas de outras regiões: 42,55% (20 psicanalistas).
- Aprender nas supervisões com os coordenadores e supervisores internacionais / Aprender sobre trabalho emergencial / Psicoterapia breve / Focal: 38,29% (18 psicanalistas).
- Conhecer mais e melhor a realidade brasileira: 23,40% (11 psicanalistas).
- Propiciar ampliação / Expansão da psicanálise: 19,14% (9 psicanalistas).
- Aprender o trabalho psicanalítico online: 2,12% (1 psicanalista).

Observe-se que a ampla maioria dos psicanalistas, 87,23%, 41 deles, considerou muito relevante sua participação nesse projeto. Avaliaram como rica e gratificante sua própria experiência emocional em atender e auxiliar as pessoas que demandaram o projeto. Levar ajuda, auxiliar, contribuir foram os aspectos que 55% dos psicanalistas ressaltaram. Mas, para vinte deles, ou seja, 42%, também a aprendizagem com os colegas, coordenadores e supervisores internacionais foi muito significativa. O conhecimento da realidade brasileira proporcionado por esse trabalho foi assinalado por onze psicanalistas, enquanto propiciar a ampliação do alcance da psicanálise foi anotado por nove respondentes (20%), e aprender a atuar de forma online representou item importante para um dos psicanalistas.

Em suas próprias palavras, ouçamos o que significou para cada um deles participar do SOS Brasil:

Psicanalista 31 – *"Crescimento e aprimoramento pessoal. Integração com profissionais de várias regiões do país. Fortalecimento do meu respeito pelo trabalho desenvolvido pelo SOS Brasil. Ética e solidariedade humana. O ateliê do qual eu participo é de uma riqueza ímpar, tanto em sua coordenação quanto em relação aos profissionais que o integram. Prazer e aprimoramento clínico e teórico-técnico na riqueza das supervisões efetuadas em grupo por profissionais de reconhecimento internacional. Gratidão a esse belo e complexo projeto e a toda a equipe que o conduz e que o compõe".*

Psicanalista 28 – *"Aprendizado riquíssimo e contato direto com outra realidade".*

Psicanalista 22 – *"Uma experiência rica, emocionante, que me remeteu ao profundo desamparo de uma população, e que nós, pacientes e analistas, vivenciamos, a e ainda uma profunda intimidade com seus medos, desamparos e esperança".*

Psicanalista 30 – *"Sinto como uma grande experiência na minha função de psicanalista de adultos, adolescentes, crianças e pais e bebês. Temos um grupo produtivo [no ateliê], o que preenche nossas reflexões e aprendizado".*

Psicanalista 39 – *"A experiência de participar do SOS é muito gratificante, pois além de me levar aos recônditos do nosso país, ouvindo realidades e subjetividades que jamais teria oportunidade de alcançar, também renova minha fé na potência da psicanálise".*

Psicanalista 41 – *"O público que é atendido pelo SOS Brasil é socioeconomicamente diverso do que costumamos atender no consultório e, também, diverso de nosso lugar social como psicanalistas. Como são sessões on-line, isso implica estarmos dentro da casa das pessoas via câmera, e são realidades nas quais várias pessoas vivem;*

em só um cômodo, com dificuldades de conseguir privacidade, ou com quem deixar as crianças para poder ter um momento para elas. Sinto que essa experiência traz com mais nitidez a noção de nossos abismos sociais e aguça um senso de responsabilidade de nosso papel nesse contexto".

Aprofundamento teórico e desdobramentos

Pelo simples fato de sermos psicanalistas, reconhecendo a longa, cara e sofisticada formação que tivemos após a Universidade, sabemos que pertencemos ao 1% economicamente mais favorecido da população brasileira. Conscientes da profunda iniquidade da estratificação social existente no país, nós nos posicionamos ética e profissionalmente diante dos grandes e manifestos sofrimentos existenciais de nosso povo. Consideramos que a psicanálise é um saber social e uma prática muito efetiva de cuidados à saúde mental. É nossa obrigação destiná-la socialmente, como o próprio Freud aspirava (Freud, 1919/1980; Danto, 2019).

O grupo de profissionais e instituições reunidas em torno do SOS Brasil considera que a psicanálise, além de ser uma ciência sobre o psiquismo humano e um método de tratamento e de desenvolvimento individual, é uma ferramenta de promoção humana e de desenvolvimento civilizatório, mantendo um compromisso ético com a verdade e com a progressiva ampliação da liberdade individual e coletiva.

Nós do SOS Brasil pensamos que, sim, a psicanálise é um "tratamento de luxo", mas que é esse tratamento luxuoso que merecem todos, especialmente aqueles que mais sofrem e que mais estão passíveis de traumatismos irreparáveis, os cidadãos vulneráveis de toda ordem que necessitam os melhores serviços e tratamentos. A psicanálise deve ser destinada aos pobres, mas deve levar o que ela tenha de melhor, não pode ser uma pobre psicanálise.

Sabemos que muito ainda precisa ser pensado e pesquisado para que possa haver o necessário aprofundamento teórico que permitirá fornecer as bases metapsicológicas que sustentem a prática psicanalítica emergencial para a população marginalizada. Muitos estudos e práticas psicanalíticas, em muitos contextos e cenários sociais, são urgentemente necessários, tanto devido à permanente situação social quanto porque ainda estão se desenvolvendo os aspectos conceituais e metodológicos dessa psicanálise comprometida com a realidade social.

Quanto à questão, extremamente importante, de se isso é ou não psicanálise, podemos dizer provisoriamente, em uma glosa a uma famosa frase de Winnicott, que esse é um atendimento suficientemente psicanalítico.

Conclusões

A presente pesquisa pretendeu dar voz aos profissionais que atenderam psicanaliticamente bebês, crianças, adolescentes, pais e cuidadores, cidadãos brasileiros em situação de vulnerabilidade, no contexto do Projeto SOS Brasil, nos anos de 2021 e 2022, enquanto o país sofria com a pandemia da Covid-19 e com a iníqua organização sócio-político-sanitário-educacional-ambiental em que se encontrava.

Ao dar voz aos psicanalistas, procuramos ouvir seus anseios por um país melhor, seu profundo desejo de trazer sua contribuição pessoal, sua compreensão da inter-relação da crise social com as crises psíquicas que se abatiam sobre a população e, principalmente, sua decisão de oferecer o conhecimento e o acolhimento psicanalíticos, no formato online, que lhes permitia atingir da melhor maneira possível um enorme contingente de pessoas que, devido a carências econômicas, ou por residirem em locais distantes de recursos adequados, não poderiam se beneficiar dessa forma tão eficaz de ajuda.

Os resultados dessa pesquisa são inequívocos. A crueldade do momento histórico, a indagação de suas causas e a firme decisão de fornecer auxílio psicanalítico para o povo brasileiro transparecem em cada um dos itens e resultados dessa investigação. A satisfação demonstrada tanto pelos pacientes atendidos como pelos próprios psicanalistas confirma e ressalta a validade do atendimento psicanalítico emergencial para pessoas em condição de vulnerabilidade e o acerto da proposição do Projeto SOS Brasil.

Pretendemos agora prosseguir buscando o aprofundamento teórico-técnico dentro da psicanálise, que estabeleça com maior consistência a validade metapsicológica dessa extensão da Psicanálise, que, além de renovar o *setting* e as técnicas empregadas, dá a espessura ética para a psicanálise que seu criador sempre desejou, e que tantos de nós consideramos imprescindível.

Referências

Danto, E. A. (2019). *As clínicas públicas de Freud: Psicanálise e justiça social 1918-1938*. Perspectiva.

Figueiredo, L. C., & Minerbo, M. (2006, junho). Pesquisa em psicanálise: algumas ideias e um exemplo. *Jornal de Psicanálise, 39*(70), 257-278.

Freud, S. (1919/1980). Linhas de progresso na terapia psicanalítica. In S. Freud, *Edição Standard das Obras Psicológicas Completas* (Vol. 17). Imago.

Rustin, M. (2016). Grounded theory methods in child psychotherapy research. *Journal of Child Psychotherapy, 42*(2), 179-197.

Turato, E. R. (2003). *Tratado de metodologia clínico-qualitativa.* Vozes.

Turato, E. R. (2005). Métodos qualitativos e quantitativos na área da saúde: definições, diferenças e seus objetos de pesquisa. *Revista de Saúde Pública, 39*(3), 507-514.

Posfácio

Marly Terra Verdi

Caros leitores

Agora que terminaram a leitura deste livro e já conheceram o trabalho desenvolvido pelo SOS Brasil, esperamos que estejam fartamente alimentados de ideias sobre como podemos fazer algo pela população brasileira. Somos um grupo que pensa sempre em dar uma condição mental melhor para aqueles que não contam com condições econômicas para fazer essa busca e a quem o governo ainda não ampara.

Viemos em uma dura realidade social e política, além do medo trazido pela pandemia. Estarmos unidos neste trabalho nos fortaleceu como cidadãos e como psicanalistas, como pode-se ver nos relatos em nossa pesquisa. Atender as pessoas que nos procuram constitui a ampliação de nossa identidade profissional.

Espero que ler sobre os atendimentos nas diversas etapas – início da vida até os 3 anos; as crianças a partir dessa idade até os 11 anos; os adolescentes dos 12 aos 21 anos; e os adultos que deles cuidam – tenha contribuído para uma maior percepção da qualidade deste acolhimento, a presença da escuta psicanalítica apurada, enfim, o pensamento psicanalítico como pano de fundo de todos esses atendimentos.

Essa foi e tem sido uma grande descoberta diária no Projeto SOS Brasil; somos psicanalistas e nossa formação nos ajuda a ajudar em todos os momentos os nossos pacientes, dentro ou fora de nossos consultórios, em muitas ou poucas sessões, presencialmente ou online. Ser psicanalista é formar-se para assumir uma postura ética e profunda, um acolhimento, mas, mais do que isso, uma compreensão e busca de sentido que usamos em todos os momentos de nosso trabalho.

Essas pessoas que nos procuram são de todos os lugares, dos mais remotos rincões aos grandes centros, e são atendidos por psicanalistas de todas as partes do Brasil. Essa troca de experiências culturais tem sido também uma grande riqueza. Os pacientes que necessitam continuidade de atenção psíquica têm sido encaminhados depois a outros psicólogos, a atendimentos em seus lugares de origem nos equipamentos públicos de atenção à saúde mental, por meio da assistente social. Enfim, nós tentamos nos responsabilizar por aqueles que nos procuram, buscando não os deixar à deriva, sem o atendimento necessário. Sentimos que esse espírito de trabalho parece ser a rede que nos sustenta e aos que acolhemos.

Temos ainda um eixo que atende às instituições que cuidam da infância e adolescência nas diversas áreas, saúde, educação, judiciário e assistência social. Atender a essas instituições põe-nos em contato, muitas vezes, com a riqueza e a precariedade que sempre estão presentes no atendimento público no Brasil, no cuidado aos pequenos deste enorme país.

Nosso acolhimento pelo Projeto SOS aos pacientes é feito por uma colega, Thalita Salomão, que desde o início do trabalho, em 2021, recebe todos aqueles que buscam nossa ajuda, pertencem ao público-alvo do Projeto SOS Brasil, ou seja, os que estão ligados às crianças ou adolescentes, já que nós não atendemos adultos sem esse vínculo com a infância ou adolescência, pois existem outros trabalhos que fazem esse atendimento no Brasil. Quando esse for o caso, ela os encaminha. Enfim, ela é a pessoa que, com maestria, faz nossa porta de entrada e aciona os psicanalistas, encaminhando cada demanda ao seu eixo de atendimento.

Contamos também com uma médica sanitarista, a Dra. Maria Cecília M. M. Correa, que propõe e organiza os registros dos atendimentos dos pacientes e nossas estatísticas, para podermos avaliar e reorganizar o que precisa ser revisto, além de contar com esses dados para pesquisas.

Como coordenador de nosso grupo de pesquisa, contamos com a ajuda do Dr. Lazslo A. Ávila, livre-docente da FAMERP, que também participou da organização do presente livro.

Enfim, o SOS, além de ser um projeto de trabalho e atendimento psicanalítico, tornou-se uma rede de ações, encaminhamentos e um incentivo à formação de outros grupos de apoio ao trabalho. Temos o Grupo Corpo, que já conheceram neste livro; temos em São José do Rio Preto um grupo de quase cinquenta psicólogos no Projeto Solidariedade, coordenado pelo colega Luiz Tadeu Pessutto, psicanalista do Projeto SOS; temos grupos de estudos de outros colegas que se engajaram para a continuidade dos atendimentos.

Hoje, grande número de profissionais atende gratuitamente aos pacientes em diversas modalidades, dentro e fora do SOS, com oito sessões ou atendimentos por períodos mais prolongados, dependendo da demanda de cada caso.

Gostaria de compartilhar com todos vocês que agora nos conhecem a alegria e o entusiasmo de fazer parte deste grupo e o significado que tem para todos nós. Sempre me parece paradoxal que, atendendo casos tão difíceis, situações de tantas demandas e de tamanha gravidade social e psíquica, possamos nos alegrar com esses atendimentos. Mas penso que a alegria é podermos ser úteis e buscar ir além e, talvez, aprender mais e melhor sobre solidariedade entre pares e com todos os que precisam de ajuda, trabalho grupal efetivo e de qualidade; tudo isso é que nos faz construir o SOS.

Contamos também com a ajuda de diversas sociedades de psicanálise e de grupos de estudo psicanalíticos brasileiros, do CAP da Sociedade Brasileira de Psicanálise de São Paulo e, principalmente, da Febrapsi, que é a Federação Brasileira de Psicanálise, que desde o princípio apoiou este projeto e está sempre presente e atuante, seja com ajuda econômica quando necessitamos, seja com outras, como divulgação, apoio institucional etc.

Ainda queremos agradecer à IPA pela supervisão por intermédio do Pace e apoio deste Comitê e pela premiação do trabalho do SOS no Congresso de 2023 em Cartagena, Colômbia; à Fepal, que sempre divulgou o projeto no *Diarios de la Calle* e no Congresso de 2022. Também agradecemos à ALOBB pelo incentivo e divulgação.

Agradecemos especialmente aos supervisores que estiveram em nossas Reuniões Científicas, contribuindo com sua compreensão para nossa construção, trabalho do qual este livro é o resultado.

Temos muitos parceiros dentro e fora do Projeto SOS para agradecer, o que demonstra a força deste trabalho coletivo; ele não é só nosso, é de muitas mentes e mãos, formando uma grande rede de acolhimento aos que precisam de ajuda psíquica no Brasil.

Vemos como um dos grandes efeitos deste trabalho em nós também o fato de que, num momento histórico em que tudo parece depender do fator econômico, em que o dinheiro parece determinar todos os acontecimentos, construímos um projeto absolutamente feito com trabalho voluntário e atendimento gratuito e buscamos atender aos que não têm dinheiro, sem ter dinheiro, mas levando a estes um trabalho de muita qualidade e entusiasmo. Creio que esta forma em si mesma é um esperançar, para que sejamos, na contramão da história, uma prova de que nem só de pão vive o homem, mas também e, principalmente, do compartilhar, e que a alegria se baseia nisso.

Perguntaríamos com Arnaldo Antunes: "Você tem fome de quê? Você tem sede de quê?"

Nós, do SOS Brasil, temos fome de boa psicanálise e sede de um Brasil melhor. Buscando acreditar que um dia nenhum dos brasileiros passe fome ou tenha sede de educação, saúde e boas condições de vida.

Projeto SOS BRASIL

Participantes

Grupo gestor

Alicia Beatriz Dorado de Lisondo – Coordenadora geral – Membro efetivo e didata da SBPSP e SBPCamp.

Eloá Bitencourt – Representante da Febrapsi – DCC – Membro associado da SBPRJ.

Maria Cecilia M. M. Correa – Médica sanitarista responsável pela organização dos dados do Projeto SOS.

Marly Terra Verdi – Coordenadora dos ateliês – Membro efetivo e didata da SBPSP e GEPRPR.

Paula Zanardi – Antropóloga.

Regina Célia Cardoso Esteves – Membro efetivo e didata da SPFor.

Rossana Nicoliello Pinho – Coordenadora das Reuniões Científicas e do SOS Itinerante – Membro efetivo da SBPMG e SPRJ.

Sônia Beatriz dos Santos – Representante da ABC – Analista em formação da SBPRJ.

Thalita Salomão Rodrigues Alves – Recepção de todos os pacientes do SOS – Candidata da SPPEL.

Ateliês de pais-bebês

1. Coordenadora: Maria de Lourdes Negreiros de Lima – Membro efetivo e didata da SPFor.

Ana Maria Calazans de Toledo Piza – Membro associado da SBPSP.

Andreza Ribas – Membro filiado da SBPSP.

Cristiane Castilho Cadan – Membro filiado da SBPSP.

Delza Maria da Silva Ferreira de Araújo – Membro efetivo com função didática da SBPRJ.

Denise de Souza Feliciano – Membro associado da SBPSP.

Emilia Aparecida Afrange – Membro filiado da SBPSP.

Gracia Maria Fenelon – Membro efetivo da SBPGoiânia.

Nadia Franco Mariz da Silva – Membro associado da SPRJ.

Renata Viola Vives – Membro efetivo da SBPdePA.

Rosemari Boer – Membro filiado da SBPSP.

Silvana Rodrigues de Barros – Membro associado SPFor.

2. Coordenadora: Rosa Sander Lang – Membro efetivo e didata da SPRJ.

Andreia Lobo Costa Campos de Melo – Membro titular da SBP-Goiânia.

Andrea Cicareli Pereira Lima – Membro associado da SBPRP.

Ângela Fleck Wirth – Membro associado da SPPA.

Josênia Heck Munhoz – Membro associado da SPPA.

Lisandra Guillen Lopes de Sales – Membro associado da SPPA.

Maria Cristina Dias – Membro efetivo da SBPMG.

Maria Haydée Augusto Brito – Membro efetivo e didata da SPFor.

Maristela Priotto Wenzel – Membro associado da SPPA.

Rosangela Costa – Candidata do Instituto da SPPA.

Ateliês de crianças

1. Coordenadora: Joice Calza Macedo – Membro efetivo da SBPSP e didata da SBPCamp.

Celina Tiemi Kirizawa Sforza – Membro associado da SBPSP.

Dinora Maricevich – Membro efetivo da SPRPE.

Maria Lúcia Gomes Amorim – Membro associado da SBPSP.

2. Coordenadora: Leila Lombardi – Membro efetivo da SBPCamp e membro associado da SBPSP.

Eloisa Thomé Milani – Membro filiado da SBPSP.

Flavia Maria Saraiva Brasil Mello – Candidata da SPFor.

Liliana Dutra de Moraes – Membro titular da SPBSB.

Silvia Lobo – Membro efetivo da SBPSP.

Wadad Ali Hamad Leôncio – Membro associado da SBPSP.

Ateliê de adolescentes

1. Coordenadora: Anne Maria Pfluger – Membro associado da SPPA e do GEPSC.

Denise Vivian da Rocha Lahude – Membro aspirante da SPPA.

Ivana Marcia Cavicchioli de Marino – Membro filiado da SBPSP.

Maria Angélica Amoriello Bongiovani – Membro associado da SBPSP.

Teresa Cristina de Moura Peixoto – Membro titular SPBSB.

Ateliê de adultos e cuidadores

1. Coordenadora: Raya Angel Zonana – Membro efetivo da SBPSP.

Dora Tognolli – Membro efetivo da SBPSP.

Juliana Venâncio Impieri – Membro associado da SBPSP.

Sandra Mara Tavares de C. Almeida – Membro filiado da SBPMG.

Sérgio Lewkowicz – Membro efetivo e didata da SPPA.

2. Coordenadora: Susana Muszkat – Membro efetivo da SBPSP.

Alice Becker Lewkowicz – Membro associado da SPPA.

Ana Valéria Velly Lotufo – Membro associado da SBPSP.

Ana Valeska Maia Magalhães – Psicanalista em formação da SPFor.

Maria Nilza Mendes Campos – Membro associado da SPBSB.

Miriam Catia Bonini Codorniz – Membro efetivo da SPMS e da SPRJ.

Suzana Deppermann Fortes – Membro associado da SPPA.

3. Coordenadora: Maria Auxiliadora Campos – membro efetivo da SBPRP.

Ana Maria Benedetti Alves Garcia – Membro associado da SBPRP e do GEPRPR.

Giovanna Albuquerque Maranhão de Lima – Membro associado da SBPSP.

Juliana Lemos Garcia Ferreira – Candidata da SPFor.

Ateliê instituições

Coordenadora: Regina Célia Cardoso Esteves – Membro efetivo e didata da SPFor.

Adriana Augusta Lopes de Araújo Lima – Candidata da SPFor.

Alice Becker Lewkowicz – Membro associado da SPPA.

Inês Carolina Benevides de Castro Barbosa – Candidata da SPFor.

Joyce Goldstein – Membro associado da SPPA.

Marúcia Luna Neri Benevides – Membro efetivo e didata da SPFor.

Rúbia Malzac – Candidata da SPFor.

Grupo Corpo

Coordenador: Luiz Tadeu Pessutto – Membro associado da SBPSP e membro efetivo do GEPRPR.

Aline Medeiros Ávila – Osteopata.

Ana Carolina Lorga Salis – Médica e consultora em amamentação.

Ana Rita Dias Resende – Psiquiatra.

Claudia Janette Boutros Carvalho – Pediatra.

Jose Robson Samara Rodrigues de Almeida Junior – Psiquiatra.

Lara Karen de Oliveira Santos – Pediatra.

Maria do Carmo Líria Andreu Gardin – Assistente social.

Mônica Pinto Pinho de Brito e Silva – Fonoaudióloga.

Paulo Rogério Correa – Fisioterapeuta.

Rosana de Souza Heron – Fonoaudióloga.

Sônia Pimentel de Freitas – Enfermeira e consultora em amamentação.

Pesquisas

Coordenador: Lazslo A. Ávila, livre-docente, psicoterapeuta de orientação psicanalítica.

GRÁFICA PAYM
Tel. [11] 4392-3344
paym@graficapaym.com.br